金融与投资研究丛书

证券市场的微观结构、套利定价与风险控制

刘海龙 - 著

Microstructure，Arbitrage Pricing and
Risk Control of the Security Marke

上海交通大学出版社
SHANGHAI JIAO TONG UNIVERSITY PRESS

内容简介

本书是作者从事金融工程与金融风险管理教学与科研工作 20 多年来的主要研究成果,全书共分上下两篇:上篇微观结构与套利定价共 6 章,第 1 章～第 3 章是作者在证券市场的微观结构理论、证券市场交易机制、流动性风险度量方面的主要研究成果,第 4 章～第 6 章主要是套利定价方法在期权定价、期货定价与存款保险定价方面的研究;下篇交易策略与风险控制共 7 章,主要是在消费投资模型、证券投资决策、风险控制问题、微分对策方法、流动性风险控制和基于风险预算的资产配置策略方面的研究。

本书可供金融专业相关研究人员、高等院校金融专业教师与研究生以及从事量化投资与风险管理的实际工作者阅读参考。

图书在版编目(CIP)数据

证券市场的微观结构、套利定价与风险控制 / 刘海龙著. —上海:上海交通大学出版社,2019
ISBN 978－7－313－22166－7

Ⅰ. ①证… Ⅱ. ①刘… Ⅲ. ①证券市场-研究-中国
Ⅳ. ①F832.51

中国版本图书馆 CIP 数据核字(2019)第 249279 号

证券市场的微观结构、套利定价与风险控制
ZHENGQUAN SHICHANG DE WEIGUAN JIEGOU TAOLI DINGJIA YU FENGXIAN KONGZHI

著　　者:刘海龙			
出版发行:上海交通大学出版社	地　　址:上海市番禺路 951 号
邮政编码:200030	电　　话:021－64071208
印　　制:上海天地海设计印刷有限公司	经　　销:全国新华书店
开　　本:710 mm×1000 mm　1/16	印　　张:15.25
字　　数:270 千字	
版　　次:2019 年 11 月第 1 版	印　　次:2019 年 11 月第 1 次印刷
书　　号:ISBN 978－7－313－22166－7	
定　　价:68.00 元	

前　言 | Foreword

随着电子信息技术、计算机科学的发展，全球经济向一体化迈进，金融市场日趋国际化。金融工程学的诞生和发展为现代金融理论提供必要的技术手段，研究对象更加贴近金融实践。现代金融理论为金融工程学奠定了更为广泛的理论基础，特别是理性预期理论、有效市场理论、汇率理论、利率理论、无套利原理和估值理论等，现代金融理论在传统金融理论的基础上有了突飞猛进的发展。21世纪初，中国大多数学者认为，金融理论研究主要有三块：第一是宏观方面的金融框架体系问题，是否有最优的模式，以及各体系之间怎样比较；第二是微观方面，主要讨论资产定价和风险管理两大问题；第三是在过去30年研究非常活跃的公司理财问题。诺贝尔经济学奖获得者罗伯特·默顿（Robert C. Merton）认为现代金融理论的三大支柱为：货币的时间价值、资产定价和风险管理。可见，资产定价和风险管理已经成为现代金融理论研究的核心内容。

无论是历史悠久、比较成熟的证券市场，还是当下新兴、不够成熟的证券市场，都存在诸多不完善之处，像虚假报表、内幕信息、市场波动过于剧烈、证券价格人为操纵现象严重和一些证券流动性差等，这些问题一直是困扰市场发展的痼疾。综观世界各国证券市场的发展历史和现状，通过证券交易机制的创新，建立透明、稳定、高效和活跃的金融市场体系，是解决这些问题的基础，是证券市场健康有序发展的前提。另一方面，证券市场监管的本质在于为市场参与者提供一个信息对称、交易公平的环境，相关政策制定应当从具体市场环境着手，规范证券市场的发展。科创板的建立，交易机制的创新，都说明中国金融市场面临着前所未有的机遇和挑战。因此，本书将从证券市场的微观经济理论、套利定价理论、交易策略分析和风险控制理论方面给出作者的主要研究成果。

本书核心观点认为无论是研究宏观经济还是研究微观经济，无论是研究套期保值、套利策略还是研究风险控制都与定价有关，仅仅是出发点、落脚点和侧重点不同，因此定价是金融理论核心问题，而根据影响价格的因素又形成了现在的三大主流金融理论：第一是传统金融理论的价值确定，即价格应该是多少；第二是微观结构理论的价格形成，即实际价格是多少；第三是行为金融理论的价格预期，即价格锁定是多少。当然本书的内容不涉及行为金融理论。

马克思主义政治经济学是这样表达价值规律的：受供求关系的影响，商品的价格围绕着价值自发上下波动。这表明了价值决定价格，价格围绕价值波动。在资本资产市场，遛狗理论认为：股票投资中价值和价格的关系就像遛狗时人和狗的关系，受外界各种因素的影响，有时候价格高于价值，有时候价格低于价值，但终究围绕价值波动。就好像遛狗的时候，狗总是前后左右围着人转，而且经常跑在人的前面，既不会跑得太远，最后又都会回到主人的身边，正如股价的波动，常常远大于基本面的波动，最终会回到基本面一样。传统金融理论研究"人"的定位与方向，行为金融理论研究"狗"的定位与方向，微观结构理论研究"人"是否牵着遛狗，怎样牵着遛狗绳以及遛狗绳的弹性与长短。比如假设某金融资产当天的收盘价格是 10 元，反映了该资产的所有信息是合理的；如果当天晚上或第二天早上有新的信息到达市场，市场反应信息的合理价格是 20 元，就是传统金融理论定价是 20 元。那么即使是市场定价效率相当快，第二天开盘也只能是 11 元，因为有涨跌幅 10% 的限制，至少 7 个一字板也只能达到 19.48 元。行为金融研究如果市场过热，预期过高，或许还会多几个涨板，反之，预期过低，或许还少几个涨板。2019 年推出的科创板涨跌幅限制是 20%，这就是遛狗绳的弹性与长短问题。事实上，马克思主义政治经济学是这种表达价值规律的关系，在众多的社会经济关系现象中普遍存在，比如股市是否是经济的晴雨表，期货与现货的关系，某公司的 CDS（Credit Default Swap，信用违约互换）与该公司的股票价格关系等。

证券市场的微观经济理论、套利定价理论和风险管理理论是三个具有广阔研究前景的领域，有重要的理论意义和广泛的应用价值，是现代金融理论的主要研究方向。在这三个方向中，微观经济理论是基础，资产定价是核心，风险管理是目的。如前所述，目前，在证券市场的微观经济理论中，有关微观结构、资产定价和风险管理的理论与应用方面都已经有了丰富的研究成果。但是尚存的主要不足是：

（1）在证券市场微观结构研究方面，大多数的理论研究只集中在市场参与者的交易策略是指令流的线性函数这一方面，很少研究价格形成的非线性动力学模型，大多数实证研究只比较了交易机制的有效性和流动性问题，没有研究产生这些差异的根源，缺少机理性的研究和基础性的研究。尚未见到系统完整的证券市场质量指标评价体系，对不同交易机制的证券市场质量进行综合评价研究还未发现。在中国对有关证券市场交易机制和证券市场质量的研究尚处起步阶段。

（2）在资产定价理论研究方面，大多数研究是基于金融市场是在完全假设条件下进行的，包括标的资产和衍生资产定价，特别是以各种期权为典型代表的衍生资产的定价，都没有跳出布莱克-斯科尔斯期权定价（Black-Scholes option pricing）的思想。事实上，在非完全市场，期权价格不是一个确定的值，而是一个区间，这方面有许多需要进一步研究的问题。

（3）在风险管理的研究方面，大多数也是在金融市场是完全的假设下进行的，这种情况下风险资产能够完全被复制（replication），在此基础上研究各种套期保值策略。在风险管理的研究方面存在的另一个问题是常常假设标的资产服从几何布朗运动和某一标的资产服从对数正态分布或正态分布，这就产生了较大的局限性。关于流动性风险的度量与控制一直没有得到较好的解决，因此，基于各类金融风险的度量和控制还有许多问题需要研究。

本书的主要观点是传统资本资产定价理论提出的理论价格与微观结构理论提出的实际价格既有本质区别，又有密切关系。因此，关于证券市场的微观结构理论介绍与研究是重要组成部分，主要包括存货模型、信息模型、交易策略模型、证券市场交易机制、流动性风险度量等方面。核心研究成果主要是套利定价方法在期权定价、期货定价与存款保险定价方面的应用，以及交易策略与风险控制，主要包括消费投资模型、证券投资决策模型、风险控制模型、微分对策方法与流动性风险控制策略。具体内容结构安排包括上篇微观结构与套利定价共 6 章，下篇交易策略与风险控制共 7 章。

第 1 章重点阐述了什么是证券市场的微观结构，主要包括哪些内容，介绍了哈罗德·德姆塞茨（Harold Demsetz）的主要思想，简单回顾了证券市场的微观结构中的存货模型、信息模型和交易策略模型，最后分析了证券市场微观结构理论在中国的几次重大实践。

第 2 章在全面总结有关证券市场交易机制研究成果的基础上，对证券市场的微观经济理论的有关内容和研究方法进行了局部补充、改进和推广，重点研究了侠义的证券市场微观结构理论，对证券市场交易机制进行的分类，提出了评价证券市场交易机制质量指标体系。

第 3 章研究了证券市场流动性度量问题，给出了报价驱动机制传统证券市场流动性度量方法，具体包括深度、宽度、弹性和影响力，在此基础上，提出了指令驱动机制证券市场流动性度量的新方法，并运用传统方法和新方法对中国证券市场流动性进行了实证研究。

第 4 章描述了衍生资产的概念、种类和特征,综述了现代金融理论的主要成果,着重分析了完全市场期权定价方法,提出了非完全市场衍生资产定价方法,分别给出了单期离散时间的确定性套利定价公式、ε-套利定价公式和区间定价公式。

第 5 章在持有成本(cost of carry)模型的基础上,进一步考虑有摩擦期货市场的套利分析方法。首先,运用无套利基本原理,分别给出了事前预测和事后检验的期货无套利区间模型,然后运用这个模型研究了上海期铜市场的定价问题,得到了上海期铜的定价公式。这个公式与使用经典无套利定价方法确定的无摩擦市场期货价格本质上不同的是:这个价格不是一个确定的值,而是一个区间。最后,运用这个公式对上海期铜 9601 至 0206 共 78 个合约进行了实证检验,检验结果表明,价格虽然落在定价区间内的频率不高,但趋势越来越高,这标志着上海期铜市场在逐步走向成熟,市场的交易效率在不断提高,同时也说明上海期铜市场的定价效率还有巨大的提升空间。

第 6 章结合存款保险定价的期权定价法和期望损失定价法,提出了利用银行破产时被保险存款的期望损失来定价存款保险的新思路,该方法的特点是存款保险定价不仅仅与银行资产的风险和收益有关,而且与银行资本持有状况和存款的参保比率有密切关系;通过理论推导得到了存款保险定价公式。研究结果表明:银行持有的资本越多,银行破产的概率越低,存款保险机构偿付的概率也越低,存款保险的费用则越低;存款的参保比率越高,存款费率越低,这样可以客观地反映商业银行破产时被保险存款的期望损失。

第 7 章在假设证券收益存在有界不确定干扰和考虑交易费用的情况下,基于微分对策理论,研究了最差情况下的最优消费和投资策略问题。通过建立最优消费和投资决策的微分对策模型,证明了该微分对策模型存在唯一的值函数,并根据微分对策理论推导出了值函数满足的 IB 偏微分方程,通过求解 IB 偏微分方程,得到了最差情况下的最优消费和投资策略。最后,研究在证券价格服从一个带有随机方差几何布朗运动情况下的最优消费和投资问题,建立了最优消费和投资问题随机最优控制数学模型,运用随机最优控制理论,得到了最优消费和投资随机最优控制问题的值函数所满足的偏微分方程,基于最优控制问题的值函数给出了具有反馈形式的最优消费和投资策略,并与经典默顿问题进行了比较分析。

第 8 章运用随机最优控制理论研究了带有交易费用的 n 个风险证券的投资决策问题。首先,建立了证券投资决策问题的随机最优控制模型;然后,把证券投资决策问题归结为求解随机最优控制值函数问题;最后,给出了基于值函数的一般投资策略。

　　第 9 章在默顿和普利斯卡解决了金融风险控制问题中出现的一类一元二阶偏微分方程自由边界问题和普利斯卡和塞尔比解决了金融风险控制问题中出现的一类二元二阶偏微分方程自由边界问题的基础上,研究了金融风险控制问题中出现的一类多元二阶微分方程自由边界问题,给出两个重要研究结果。因为在金融风险控制问题中,变系数二元和多元偏微分方程是经常出现的,特别是在随机波动性领域出现的更多。虽然仍可研究用许多传统的方法去解决,但是,一般说来,直接解决是极端困难的,有时甚至是不可能的,本章只是通过适当地变换使问题变得更简单,计算起来更容易。

　　第 10 章针对在固定的时期内,使终期收益率最大化问题,研究了风险规避限制下的投资策略的一般问题,建立了相应的随机最优控制问题数学模型,推导出了随机最优控制问题值函数所满足的带有风险规避系数的 HJB(Hamilton-Jacobi-Bellman)偏微分方程;最后,针对具体的证券投资决策问题,给出了相应的风险规避投资者的投资策略,并进行了算例分析。

　　第 11 章在假定证券价格中的不确定干扰有界,而不对其加任何其他限制的情况下,把投资者看成微分对策的一方,而把不确定干扰看成微分对策的敌对一方,并针对不确定干扰的最差情况进行最优控制。也就是说,不确定干扰努力破坏投资者的目标,而投资者则使目标最大。鲁棒控制的思想就是在最差情况基础上进行最优化。这一章正是基于这种思考建立了微分对策模型。首先,研究只有一个风险证券的证券投资决策的微分对策方法;然后,再研究有多个风险证券的证券投资决策的微分对策方法;最后,把证券投资问题归结为求解微分对策值函数问题,并给出购入和抛出证券的策略。

　　第 12 章研究了机构投资者持有多种股票的流动性风险度量与控制策略问题。在假设股票价格变动只受波动、漂移和交易策略的冲击三方面影响的基础上,得到了流动性风险度量公式,建立了最优变现策略数学模型,得到了最优变现策略。通过一个算例进行了敏感性分析发现:最优变现策略对风险厌恶程度,股票价格波动率,短期市场深度和股票初始价格具有较大的敏感性;而对长期市场深度和超额收益率敏感性不高。

　　第 13 章总结了风险预算与资产配置研究成果,论述了研究基于风险预算资产配置问题的重要意义,指出了以往研究取得的主要成果和存在的不足,分析了未来可能的研究方向。

　　由于研究问题有一定深度和广度,思路和提法比较新,若存在这样或那样的问题和错误,欢迎广大读者批评指正。

目 录 | Contents

上篇　微观结构与套利定价

第1章　证券市场微观结构理论 ……………………………………………… 3

1.1　德姆塞茨的主要思想 …………………………………………………… 4

1.2　现代证券市场微观结构理论 …………………………………………… 6

1.3　未知情的噪声交易 ……………………………………………………… 12

1.4　中国证券市场微观结构理论的重大实践 …………………………… 13

1.5　本章小结 ………………………………………………………………… 16

第2章　证券市场交易机制 …………………………………………………… 17

2.1　概述 ……………………………………………………………………… 17

2.2　证券市场质量指标体系 ………………………………………………… 20

2.3　证券市场质量指标比较 ………………………………………………… 26

2.4　中国证券市场交易机制研究现状 …………………………………… 28

2.5　本章小结 ………………………………………………………………… 29

第3章　证券市场流动性度量 ………………………………………………… 30

3.1　传统流动性度量方法 …………………………………………………… 31

3.2　流动性度量方法的新思考 ……………………………………………… 33

3.3　实证研究 ………………………………………………………………… 36

3.4　本章小结 ………………………………………………………………… 39

第4章　衍生资产及其定价 …………………………………………………… 41

4.1　现代金融理论的主要成果 ……………………………………………… 41

4.2 期权定价方法综述 ···················· 50

4.3 非完全市场套利定价方法 ············· 55

4.4 算例分析 ···························· 60

4.5 本章小结 ···························· 64

第5章 有摩擦期货市场的套利定价方法 ···· 67

5.1 引言 ······························ 67

5.2 无套利定价区间 ····················· 69

5.3 上海期铜定价的实证检验 ············· 72

5.4 本章小结 ··························· 75

第6章 基于银行监管资本的存款保险定价 ···· 77

6.1 引言 ······························ 77

6.2 存款保险定价模型 ··················· 79

6.3 模型估计方法 ······················ 83

6.4 实证研究 ··························· 85

6.5 存款保险定价 ······················ 88

6.6 算例分析 ··························· 89

6.7 本章小结 ··························· 90

下篇 交易策略与风险控制

第7章 非完全市场最优消费投资问题 ······· 95

7.1 基于最差情况最优消费投资策略 ········ 96

7.2 考虑随机方差的最优消费投资策略 ······ 101

7.3 算例分析 ··························· 105

7.4 本章小结 ··························· 107

第8章 基于随机控制的证券投资决策问题 ···· 108

8.1 随机最优控制理论 ··················· 109

8.2 模型描述 ··························· 113

8.3 交易速率有限情况下的投资策略 ········ 114

8.4 交易速率无限情况下的投资策略 ········ 116

8.5 本章小结 ·· 117

第9章 金融风险控制的一类自由边界问题 ················· 118
9.1 普利斯卡和塞尔比的模型描述 ································ 118
9.2 普利斯卡和塞尔比的主要结论 ································ 120
9.3 普利斯卡和塞尔比结论的进一步推广 ·················· 124
9.4 本章小结 ·· 127

第10章 考虑风险规避的证券投资策略 ······················· 128
10.1 模型描述 ·· 129
10.2 带有风险规避系数的 HJB 偏微分方程 ··············· 130
10.3 最优投资策略 ·· 134
10.4 算例分析 ·· 135
10.5 本章小结 ·· 137

第11章 证券投资决策的微分对策方法 ······················· 138
11.1 微分对策理论 ·· 139
11.2 只有一种风险证券的微分对策模型描述 ············· 141
11.3 只有一种风险证券的投资策略 ···························· 143
11.4 多种风险证券的微分对策模型描述 ···················· 146
11.5 多种风险证券的投资策略 ···································· 147
11.6 本章小结 ·· 150

第12章 流动性风险度量与控制策略 ·························· 151
12.1 连续时间框架下流动性风险的度量 ···················· 152
12.2 基于 LrVaR 的风险控制策略 ······························ 156
12.3 基于均值方差效用的风险控制策略 ···················· 162
12.4 本章小结 ·· 166

第13章 基于风险预算的资产配置策略 ······················· 168
13.1 研究的背景和意义 ·· 168
13.2 国内外研究现状 ·· 173
13.3 未来研究方向 ·· 183

13.4　本章小结 ··· 184

结束语 ··· 186

附录 ··· 192

参考文献 ··· 207

索引 ··· 225

后记 ··· 228

上篇　微观结构与套利定价

9.334
4.25647
7.2235

第1章 证券市场微观结构理论

本章阐述了证券市场的微观结构理论的含义,主要包括哪些内容,介绍了哈罗德·德姆塞茨(Harold Demsetz)的主要思想,简单回顾了证券市场的微观结构中的存货模型、信息模型和交易策略模型,最后分析了证券市场微观结构理论在中国的几次重大实践。

现代金融理论以 Markowitz(1952)提出的证券组合理论为起点,包括 Sharpe(1964)、Lzntner(1965)和 Mossin(1966)提出的著名的资本资产定价模型(capital asset pricing model,CAPM),Ross(1976a)提出的套利定价理论(arbitrage pricing theory,APT),Modigliani & Miller(1956)提出了资产结构理论,以 Demsetz(1968)发表的论文《交易成本》为标志的金融市场微观结构理论,以及 Black & Scholes(1973)提出的期权定价方程。

资本资产定价理论是建立在现代资产组合理论基础上的。现代证券组合理论的历史是在 Markowitz(1952)作出的巨大贡献之后才开始的。他明确地假设投资者的偏好由资产组合总收益的均值和方差来刻画,并以此为基础建立了资产组合分析中著名的均方差法,这一方法也是资本资产定价理论的基础。20 世纪七八十年代以来,资本资产定价模型从单期发展到多期,又从多期发展到连续时间模型,形成了所谓的连续时间金融理论(continuous time finance)。与此同时,许多经济学家,如马柯维兹(Markowitz)、托宾(Tobin)、夏普(Sharpe)以及默顿(Merton)和斯科尔斯(Scholes)等也因他们在这些理论中的工作而获得诺贝尔经济学奖。以资本资产定价理论为基础的各种金融产品的定价方法对金融业的发展起到了巨大的推动作用。

相对于现代金融理论而言,近 30 年来最为活跃的研究领域无疑是证券市场的微观结构理论。一般认为德姆塞茨在 1968 年发表的论文《交易成本》正式奠定了金融市场微观结构理论的基础,但是,Glosten & Milgrom(1985)通过序贯交易模型将动态因素引入信息模型,从做市商的报价变动分析指令流与报价设定的动态关系出发,把交易看成信息传递的信号。这一研究在信息模型的发展史上具有划时代的意义。Kyle(1985)是首位从交易策略角度研究价格形成机理的学者。市场微观结构理论的研究重点转到了交易策略研究和做市商的动态学习过程，从此开始了现代证券市场微观结构理论的新时期。

根据 O'Hara(1995)提出的观点，证券市场微观结构是指证券市场中的微观因素对证券交易价格的形成过程的影响和证券市场运作机制，证券价格形成过程中的微观因素，包括交易品种构成、证券市场参与者构成、交易场所构成，以及参与者行为所遵循的交易制度结构等。其中交易品种构成、证券市场参与者构成、交易场所构成虽然在一定程度上也影响价格行为，但它们一般由政府机构决定。因此，市场微观结构主要是指市场参与者所遵循的交易制度结构。

1.1 德姆塞茨的主要思想

Demsetz(1968)的研究始于对交易成本的分析。他指出，交易是有成本的，交易成本包括两大部分：一部分是显性成本，如各项手续费、转让费等。另一部分成本是隐性的，这种交易成本隐藏在成交的价格中，是由证券市场交易机制本身决定的、交易被立即执行所付出的代价。另外，他强调证券市场不同于瓦尔拉斯拍卖市场，在市场中的供给和需求都存在两种交易者：一种是需要立即成交的卖出者和买入者，另一种是并不想立即成交的、处于观望之中的潜在卖出者和买入者。因此，存在着两重均衡：立即成交的短期均衡和潜在的动态均衡。尽管从长期来看，无疑存在单一的均衡价格，但在某一时点，当一方想立即卖出，而另一方并不急于购买或者想立即卖出的数量与想立即买进的数量不相等时，就不可能存在单一的使市场出清的价格。为了使处于观望中的卖出者或买入者不再观望，那些想立即交易的买入者或卖出者必须向观望中的卖出者或买入者提供更优惠的价格。否则，他们只好等待。这种价格让步实际上就是希望立即执行交易的交易商不愿等待的时间价值贴现。这是一种隐性的时间成本。也就是说，卖出方立即卖出的价格更低了，买入方立即买进的价格更高了，他们都支付了时间成本。因此说股票的价差是即时性提供者的报酬，价差包含了立即执行交易的隐性成本。这一理论第一次表明了证券市场的微观结构是决定股票价差的一个决定因素。

1.1.1 基于存货模型的微观结构理论

传统理论着重从宏观角度对证券市场进行分析，直到 20 世纪 60 年代末期，从 Demsetz(1968)对买卖价差的分析开始，人们才关注证券市场的微观结构，但其真正受到广泛重视是在 1987 年全球股市的剧烈波动之后。对证券市场微观结构的研究,首先是探讨存货问题,后来逐步与信息经济学相结合,研究市场参与者如何进行博弈的问题。

基于存货的证券市场微观结构理论侧重研究与供需的随机特性相联系的问题,以及做市商利用价差来平衡供给和需求的矛盾问题,其中做市商的存货状况(股票与现金存货)是研究的核心。它以交易成本(其中主要是存货成本)来解释价格形成,因而这类模型被称为存货模型。存货模型的基本思路是:当做市商在做市过程中面临交易商提交的不确定性指令(买卖指令不均衡)时,为避免做市失败(破产),做市商须有一定的股票和现金存货以平衡买卖委托的不平衡。为弥补持有存货的成本,做市商要设定买卖报价价差。委托不平衡导致了存货成本,存货成本的存在产生了价差。可以认为,存货模型的主要内容是研究买卖委托的不平衡对价格行为的影响。存货模型在对买卖指令流的性质进行某些假设后,根据最优化条件计算做市商的最优报价。

以下几位学者分别对存货模型的研究做出了贡献。Garman(1976)首次正式提出"证券市场微观结构理论"一词。Stoll(1978)发表文章认为,买卖价差是做市商提供交易即时性的补偿,以抵消他提供这种服务时所面临的风险和成本。Ho & Stoll(1981)又将斯托尔的分析从单周期扩展到多周期。Cohen et al.(1981)的研究发现,在竞争性市场上(有多个做市商提供流动性或靠不同种类的委托提供流动性),如果投资者既可提交市价委托也可提交限价委托,同时市场上不存在主动交易的做市商,那么价差就是由交易指令的成交概率和交易成本共同引导的。

Ho & Stoll(1983)又分析了存在多名相互竞争的做市商的情况下,对价格形成的影响:发现除了对存货头寸的预期,对其他做市商的成本及行为的预期也会影响该做市商的报价及价差。上述模型都是关于在报价驱动机制下证券市场均衡价格以及价差的决定理论。

1.1.2　基于信息模型的微观结构理论

Bagehot(1973)将博弈论的方法引入微观结构理论的研究中,尝试用信息成本来解释价差,被认为是证券市场微观结构理论关于信息模型的第一篇论文,标志着市场微观结构理论正式迈入了信息模型,研究的重点转到分析做市商如何从交易中获得信息并在一定时间后又如何反过来影响价格变化。从此,越来越多的经济学家将交易过程作为一种对策的博弈过程加以研究。价格并非仅由交易成本决定,信息在其中发挥着重要作用,市场参与者面临着学习的问题。白芝浩(Bagehot)将交易商分为知情交易商和不知情交易商。他认为,做市商的报价不仅受做市成本的影响,而且重要的是受信息不对称因素的影响。做市商掌握着关于股票真实价值的信息,因此,如果这些知情交易商知道了某股票会升值的准确信息,就会买进该股票;反之,就会卖出。知情交易商还有不交易的选择权,而做市商就不行,他有义务做市。做市商也知道,当他与一个知情的交易商交易时,他总是处于不利位置,总会造成期望损失。为此,他在报价时必须要求价差,以弥补其期望损失。由于做市商无法分辨哪些是知情的交易商,因而只有制定统一的价差,希望用与不知情交易商交易时产生的利润来弥补与知情交易商交易的损失。因此白芝浩认为,价差不仅受存货和交易成本的影响,也受信息成本的影响。

Copeland & Galai(1982)又引入了信息成本的概念,并建立了一个关于做市商定价问题的单周期模型。通过比较分析垄断做市商与多个竞争性做市商的价差设定情况,发现随着做市商的增多,总体市场价差将减少;如果知情交易商的比例增加,那么垄断做市商的价差会减少。做市商的决策仅是平衡收益与损失,未完全摆脱存货模型的影响。Glosten & Milgrom(1985)通过序贯交易模型将动态因素引入了信息模型,从做市商的报价变动分析指令流与报价设定的动态关系出发,把交易看成信息传递的信号。它重点分析了做市商是如何根据指令流的变化信息来对价格进行动态调整的,并运用贝叶斯学习过程就交易指令类型如何对做市商的定价产生影响进行了动态分析。

1.2 现代证券市场微观结构理论

信息基础模型中所有交易者的行为都是竞争性的,他们的交易竞争会影响证券价格的形成。拥有私人信息的知情者,进行策略性的证券交易,对其追求预期收益最大化的目标更为有利。现代证券市场微观结构理论研究的是各类交易者,包括知情者和未知情者,如何在信息存在的条件下安排其交易时间和交易数量,进行策略性交易以实现预期收益最大化或尽可能地减少交易损失。现代证券市场微观结构理论与理性预期理论密切相关。每个交易者都要对其他交易者的行为进行推测:知情者需要推测做市商的报价策略,做市商要从知情者的交易行为推测他所掌握的信息。Kyle(1985)对垄断知情交易商交易策略进行了考察,是第一个从交易策略角度研究价格形成机理的学者,被认为是现代证券市场微观结构理论的奠基人之一。Holden & Subrahmanyam(1992)则探讨了多个知情交易商的交易策略,发现知情交易商越多,信息融入价格的速度越快,市场深度越大,知情交易者越容易暴露,因此,很难通过私有信息谋取更大的利益。

如果市场上存在较多的知情者的话,关于竞争市场的假设是可行的,这时知情者会不断地进行交易直到价格充分反映其信息。但是如果市场上只有一个或少数几个知情者,他们就处于信息的垄断地位,关于知情者是竞争的假设也就难以成立。考虑到其交易对交易价格变化的影响,他们将会对交易指令的数量以及交易次数进行选择。这就要求他们对做市商的定价策略和未知情者的可能交易策略进行预测,从而确定其最佳的指令策略安排。

1.2.1　凯尔(Kyle)单期模型

凯尔(Kyle)单期模型比较简单,包括一个风险中性的知情者、多个需要流动性的未知情者和一个风险中性的做市商。在这个模型中,做市商汇集所有的买卖指令并设定一个单一的市场出清价格。不同于连续交易模型的是,凯尔成批交易模型不考虑价差,主要分析知情者如何选择交易以充分利用其个人信息。凯尔假定知情者得到的私人信息体现了股票的真实价值 v,v 是服从正态分布的随机变量,$v \sim N(p_0, \sigma_0^2)$,知情者确定的最佳指令需要在一次交易期内,与未知情者的指令共同提交给做市商。

凯尔还假定未知情者的交易行为是没有策略的,其指令流 u 服从正态分布 $u \sim N(0, \sigma_u^2)$。知情者根据掌握的资产真实价值 v 和未知情者指令流 u 服从的正态分布状况,确定自己的指令数量 x。而做市商把指令流 u 和 x 汇集在一起,设定一个价格 p,使这些指令成交。显然,在价格均衡情况下,知情者的盈利为 $\pi = (v - p)x$,做市商的定价策略为

$$P(x + u) = E(v \mid x + u).$$

凯尔进一步假定做市商的定价策略和知情者的交易策略与指令流之间呈现线性关系。那么,做市商的定价策略和知情者的交易策略分别为

$$P(x + u) = p_0 + \lambda(x + u) \tag{1.2.1}$$

$$X(v) = \beta(v - p_0) \tag{1.2.2}$$

其中,$\lambda = \dfrac{\sigma_0}{2\sigma_u}$,$\beta = \dfrac{\sigma_u}{\sigma_0}$。

如果假定均衡情况下函数 X 和 P 都是简单的线性函数,即有

$$P(x + u) = \gamma + \lambda(x + u) \tag{1.2.3}$$

$$X(v) = \alpha + \beta(v - p_0) \tag{1.2.4}$$

其中, $\lambda = \dfrac{\sigma_0}{2\sigma_u}$, $\beta = \dfrac{\sigma_u}{\sigma_0}$, $\gamma = p_0$, $\alpha = -\beta p_0$。

给定做市商的价格函数, 立即可得出知情者线性策略的最优解。

在资产价值 $v = \bar{v}$ 时, 知情交易者的预期盈利可以写成:

$$\begin{aligned}
\bar{\pi} &= E\{[v - P(x + u)]x \mid v = \bar{v}\} \\
&= E\{[\bar{v} - \gamma - \lambda(x + u)]x\} \\
&= (\bar{v} - \gamma - \lambda x)x
\end{aligned}$$

求解使该二次函数取极大值的条件, 有

$$(\bar{v} - \gamma - 2\lambda x) = 0, \quad x = \frac{1}{2\lambda}\bar{v} - \frac{1}{2\lambda}\gamma$$

与式(1.2.4)对比有

$$\beta = \frac{1}{2\lambda}, \quad \alpha = -\beta\gamma$$

另外有

$$\begin{aligned}
&Ev = p_0, \quad E(x + u) = \alpha + \beta p_0 \\
&Dv = \sigma_0^2, \quad D(x + u) = \sigma_u^2 + \beta^2\sigma_0^2 \\
&\mathrm{cov}(v, x + u) = \beta\sigma_0^2 \\
&\mathrm{cov}(v, x + u) = E(v - Ev)(x + u - E(x + u)) \\
&\qquad = E(v - p_0)(\alpha + \beta v + u - (\alpha + \beta p_0)) \\
&\qquad = E(v - p_0)(\beta(v - p_0) + u) \\
&\qquad = \beta E(v - p_0)^2 + E(v - p_0)(u - Eu) \\
&\qquad = \beta\sigma_0^2 + 0 \\
&\qquad = \beta\sigma_0^2
\end{aligned}$$

则根据正态分布随机变量的条件分布定理, 有

$$\begin{aligned}
P(x + u) &= E[v \mid x + u] \\
&= p_0 + \frac{\beta\sigma_0^2}{\sigma_u^2 + \beta^2\sigma_0^2}[x + u - (\alpha + \beta p_0)]
\end{aligned}$$

根据系数相等原则, 与式(1.2.3)对比有:

$$\gamma = p_0 + \frac{\beta \sigma_0^2}{\sigma_u^2 + \beta^2 \sigma_0^2}(\alpha + \beta p_0)$$

$$\lambda = \frac{\beta \sigma_0^2}{\sigma_u^2 + \beta^2 \sigma_0^2}$$

1.2.2　凯尔(Kyle)多期模型

凯尔还构造了一个多周期模型:

$$p_n = p_{n-1} + \lambda_n (\Delta x_n + \Delta u_n), \qquad n = 1, 2, \cdots, N \qquad (1.2.5)$$

$$x_n = x_{n-1} + \alpha_n + \beta_n v, \qquad n = 1, 2, \cdots, N \qquad (1.2.6)$$

在均衡中,做市商的定价策略和知情者的交易策略分别为

$$\Delta x_n = \beta_n (v - p_{n-1}) \Delta t_n, \qquad n = 1, 2, \cdots, N \qquad (1.2.7)$$

$$\Delta p_n = \lambda_n (\Delta x_n + \Delta u_n), \qquad n = 1, 2, \cdots, N \qquad (1.2.8)$$

做市商的预期盈利为

$$E\{\pi_n \mid p_1, p_2, \cdots, p_{n-1}, v \mid_{v=\bar{v}}\} = \alpha_{n-1}(v - p_{n-1})^2 + \delta_{n-1}, \qquad n = 1, 2, \cdots, N \qquad (1.2.9)$$

其中, $\lambda_n = \beta_n \sigma_n^2 / \sigma_u^2$, $\alpha_{n-1} = 1/4\lambda_n (1 - \alpha_n \lambda_n)$, $\beta_n \Delta t_n = (1 - 2\alpha_n \lambda_n)/4\lambda_n (1 - \alpha_n \lambda_n)$, $\delta_{n-1} = \delta_n + \alpha_n \lambda_n^2 \sigma_u^2 \Delta t_n$。

在凯尔模型中,做市商和所有的交易者都是风险中性的,这个假定简化了交易者的行为。假如交易者是风险厌恶者,那么交易过程中就会出现不同的情况。Subrahmanyam(1991)研究了风险厌恶对市场交易的影响,他论证在交易者是风险厌恶者的情况下市场流动性会下降。另外,当市场只有一个知情者时,他可以通过策略交易来控制信息的传递,价格会因此持续地波动;当市场有多个知情者时,由于难以控制信息的传播,价格将会逐渐调整至反映股票真实价值的水平。Back(1992)分析了知情交易者在持续性交易市场上的交易策略。这个模型可以看作凯尔连续拍卖模型中时间间隔达到极限时的情况。在这里,贝克假定市场中存在更多的知情交易者,对凯尔模型中关于均衡的分析以及追求流动性的未知情交易者的影响进行补充。

1.2.3　A-P模型

Admati & Pfleiderer(1988)假设在时期 T,资产价值 v 是外生决定的

$$v = \bar{v} + \sum_{t=1}^{T} \delta_t \tag{1.2.10}$$

式中，δ_t 是 t 时期公开的信息，$\delta_t \sim N(0, \sigma_\delta^2)$，$\bar{v}$ 是资产的事后清算价值。在时期 t，数目为 n_t（在这里假设 n_t 为常数）的知情交易者会观察到相同的私人信息 $\delta_{t+1} + \varepsilon_t$，其中 δ_{t+1} 是将在下一时期公开的信息，ε_t 是误差，$\varepsilon_t \sim N(0, \varphi_t)$。

假设 x_t^i，y_t^i，Z_t 分别表示第 i 个知情交易者在 t 时期提交的指令数量，第 i 个未知情策略交易者在 t 时期提交的指令数量，以及所有未知情噪声交易者在 t 时期提交的指令数量，则知情交易者和未知情策略交易者 t 时期提交总的指令流数量分别为

$$X_t = \sum_{i=1}^{n_t} x_t^i \tag{1.2.11}$$

$$Y_t = \sum_{i=1}^{m_t} y_t^i \tag{1.2.12}$$

t 时期总的流动性交易者提交的指令数量的方差为

$$\psi_t = \mathrm{Var}(Z_t + \sum_{i=1}^{m_t} y_t^i) \tag{1.2.13}$$

假设所有的随机变量 y_t^i，Z_t，δ_t，ε_t 都是均值为零的独立同分布正态随机变量。

做市商根据收到的总指令流 $X_t + Y_t + Z_t$ 和关于资产真实价值的先验期望 $\bar{v} + \sum_{t=1}^{T} \delta_t$，确定的线性定价规则为

$$p_t = P(X_t + Y_t + Z_t) = \bar{v} + \lambda_t(X_t + Y_t + Z_t) + \sum_{\tau=1}^{t} \delta_\tau \tag{1.2.14}$$

其中，λ_t 表示 t 时期的市场深度 $\left(\lambda_t = \dfrac{\sigma_{\delta_{t+1}}^2}{n_t + 1}\left(\dfrac{n_t}{\psi_t[\mathrm{Var}(\delta_{t+1}) + \varphi_t]}\right)\right)$。

知情交易者 i 在 t 时期的最优指令流为

$$x_t^i = \beta_t^i(\delta_{t+1} + \varepsilon_t) \tag{1.2.15}$$

其中，$\beta_t^i = \left(\dfrac{\psi_t}{n_t[\mathrm{Var}(\delta_{t+1}) + \varphi_t]}\right)^{\frac{1}{2}}$。

A-P 模型中的动态，产生于凯尔模型中的相对静态。在凯尔模型中，给定

私有信息总量,价格的方差不依赖于流动性交易量。凯尔、埃德马特和皮菲德尔为得到变动模式需要使私有信息量(或者是每个交易者的信息或者是交易者数目)在日内变动,考查了在一个存在长期信息模型中流动性交易随时间变动时,知情者利用的私有信息变化后,会使波动产生变化的情况。

1.2.4　其他模型

Back & Pedersen(1998)考察了长期存在的信息模型中流动性交易集中的效果,看它是否会产生同样的信息利用的集中,和其对波动及市场深度的影响,他们研究的模型是凯尔和贝克模型的扩展,同样只有一个知情交易者,由于不存在竞争,这使得该知情者考虑自己交易时间时具有较大的灵活性,这一点与埃德马特和皮菲德尔模型正好相反,在埃德马特和皮菲德尔模型中,由于知情者信息只存在一个时期,知情者不具备选择交易时机的能力。

前面关于知情者策略交易的模型中,其隐含条件是未知情者不进行策略交易。噪声交易者假定为模型的外生变量。策略交易对知情者有利,而进行策略交易对未知情者是不利的。如果未知情者的交易行为发生变动,那么知情者交易的最佳策略也要相应地发生变动。在知情者策略交易模型中,做市商试图从指令流中获取知情者所掌握的信息,知情者试图在交易中隐藏信息以获得更大利益,而未知情者则扮演了一个消极的角色。由于知情者的收益对应着未知情者的损失,前述模型中假定这些损失对未知情者来说是外生的。但是,未知情者同样可以把他们的交易对知情者隐藏起来,允许未知情者进行策略交易同样意味着会产生对他们有利的价格。

从价格有效性角度看,如果证券价格服从鞅过程,那么预期收益就应为零。由于预期收益为零,根本无法估计收益的变化情况,交易者不可能仅通过观察市场而获得收益。无论在分析做市商定价策略的序贯交易模型中,还是在分析知情交易者交易策略的批量交易模型中,证券价格都服从鞅过程,因此,这两类模型都不能直接用于分析收益问题。在 Glosten & Milgrom(1985)的序贯交易模型中,虽然做市商根据贝叶斯学习过程对价格所做的调整过程导致价格是服从鞅过程的,同时单个交易者也能影响价格,但是,简单的序贯拍卖模型和批量交易模型都不能分析总的交易量对证券收益变化方式的影响。以上这些分析的共性就是它们都运用了对策论理论。由于在知情者策略交易中也应用了对策论,当把他们与多个未知情者共同进行分析时就更加复杂。在这里,易控制的线性均衡失去了其存在的必然性。因为未知情者的最佳行为受市场其他参与者决策的影响,未知情者的最佳行为与知情者的行为密切相关,知情者能否推迟交易在分析中就显得非常重要。最简单的方法是假定信息的存在是暂时的,这样就不必考虑交易期之间的间隔问题。

1.3 未知情的噪声交易

Admati & Pfleiderer(1988)提出了未知情交易商通过选择交易时间来隐藏身份的策略模型。他们将未知情交易商分为两类:未知情的噪声交易商(non-discretionary traders)和未知情的策略交易商(discretionary traders),他们将一个交易日分为 T 个时段,未知情的噪声交易商一天只能交易一次,未知情的策略交易商可选择交易时间(可进行多次交易)。由于未知情交易商提交的指令并不依赖于资产的真实价值,知情交易商的盈利就是未知情交易商的损失,所以,未知情交易商的目标是尽量减少流动性交易所招致的损失。但知情者只存在面对一个交易期的问题,因为公众信息的到达会使他们的信息在下一个交易期失效。未知情策略交易者的指令流在每个交易期是外生的,未知情策略交易者虽然可以对其指令流进行时间安排,但假定他们只能在某一交易期内交易,而不能分别在几个交易期内进行交易。在模型中仍假定做市商的定价规则与指令流呈线性关系,在这个条件下,知情者和未知情策略交易者的最佳交易策略就可以确定。对未知情策略交易者来说,其最佳交易策略就是选择成本最小的交易期进行交易。未知情策略交易者的策略交易,反过来又影响到知情者策略交易的选择。因为知情交易者最佳指令数量的选择要依赖于全部未知情者交易数量的方差,其数量确定模型要与未知情策略交易者的一样,才能达到隐藏自己交易行为的目的。

进入 20 世纪 90 年代之后,一些学者探讨了更长时期公开信息与私有信息对未知情交易商的交易策略的影响,对未知情交易商进行大宗还是小额交易决策的影响,以及对风险厌恶的未知情套期保值交易商交易行为的影响。这一领域的研究进展首先集中在信息不对称情况下市场参与者结构的变化。

在 Foster & Viswanathan(1990)考察的交易模式中,知情者的信息优势随时间逐渐丧失。他们以凯尔的连续拍卖模型为基础,假定每天为一个交易期。有一个单一的风险中性的知情者每天收到一条个人信息。由于周末不进行交易,知情者在周一交易时与消息不灵通者相比具有更大的信息优势。如果他每天都充分利用其信息,周一时做市商从比平时数量大得多的指令流获知这一信息,从而对其定价产生明显影响。在福斯特和维斯瓦那珊模型中,未知情策略交易者最多可以将他们的交易行为推迟一天,并且仍不允许将其交易分在两个交易期内进行。由于未知情策略交易者在周一会推迟他们的交易以避开知情者最大的信息优势,周一的交易数量会是均衡交易量中最低的。

1.4　中国证券市场微观结构理论的重大实践

为了进一步理解什么是证券市场微观结构理论,证券市场微观结构是怎样影响资产价格的,我们来看看中国证券市场交易制度的典型实践经验。限于篇幅,下面主要介绍五类重大实践。

1.4.1　买卖盘揭示范围的变化

买卖盘揭示范围属于交易前信息披露透明度问题,在各类研究市场微观结构设计的基本目标和原则中,大多数包括流动性、成交立即性、市场透明性、有效的价格发现、较低的交易成本、公平性,以及有利于风险的防范与控制。市场微观结构的总体目标是评价交易机制优劣的基本标准。1994 年 7 月 25 日以前,中国证券市场买卖盘报价只揭示最高买价和最低卖价(不包括数量);1994 年 7 月 25 日,深交所将买卖盘揭示内容扩大为买盘和卖盘各五个价位及其委托数量;1994 年 9 月 7 日,买卖盘揭示范围调整为买盘和卖盘各三个价位及其委托数量;2003 年 12 月 8 日,正式调整买卖盘揭示范围为买卖盘各五个价位的委托价格和数量。研究表明,中国买卖盘揭示范围变化,提高了交易前透明度,显著地增加了流动性,而波动性变化不显著(张胜记,2005)。

1.4.2　保证金制度推出

融资融券(securities margin trading)又称"证券信用交易"或保证金交易,是指投资者向具有融资融券业务资格的证券公司提供担保物,借入资金买入股票(融资交易)或借入股票并卖出(融券交易)的行为。从世界范围来看,融资融券制度是一项基本的信用交易制度。2010 年 3 月 30 日,上海证券交易所、深圳证券交易所分别发布公告,将于 2010 年 3 月 31 日起正式开通融资融券交易系统,开始接受试点会员融资融券交易,标志着融资融券业务正式启动。

2019 年 5 月 31 日,中国金融期货交易所(下称中金所)发布公告称,为进一步促进股指期货市场的运行效率和功能发挥,决定自 2019 年 6 月 3 日结算时起,对股指期货实施跨品种单向大边保证金制度。股指期货跨品种单向大边保证金制度,是指对沪深 300 股指期货、上证 50 股指期货和中证 500 股指期货的跨品种双向持仓,按照交易保证金单边较大者收取交易保证金。此前,中金所自 2014 年 10 月 27 日起对股指期货和国债期货实施了同品种单向大边保证金制度,并自 2015 年 7 月 10 日起率先对国债期货实施了跨品种单向大边保证金制度。显然,这项制度变革有利于降低交易成本。

1.4.3　中国股票市场收盘价制度变化

1984 年 11 月 18 日,中华人民共和国第一个公开发行的股票飞乐音响向社会发行 1 万股,每股面值 50 元。为了解决股票的流通问题,到 1990 年 12 月底,上海已有 16 个证券交易柜台和 40 多个证券交易代理点,深圳共有 10 个股票交易柜台。经中华人民共和国国务院授权,中国人民银行批准,上海证券交易所于 1990 年 10 月 26 日正式成立,并于同年 12 月 19 日正式开业,深圳证券交易所于 1991 年 7 月 3 日开始营业。中国的这 2 家交易所,一开始就是采用指令驱动交易机制,而不是采用报价驱动的做市商交易机制。指令驱动交易机制又包括集合竞价和连续竞价。深圳证券交易所在 2004 年 6 月 25 日启动了中小板企业收盘集合竞价,并于 2006 年 7 月 1 日启用主板收盘三分钟集合竞价;而上海证券交易所一直使用最后一分钟加权平均价作为收盘价,直到 2018 年 8 月 20 日星期一,上海证券交易所收盘价决定方式由最后一分钟加权均价改为三分钟(14:57 至 15:00)集合竞价。研究表明,上海证券交易所收盘制度改革后,最后三分钟流动性变化不明显,波动性略有降低,尾盘操纵价格难度提高(吴怡,2019)。

1.4.4　熔断制度

熔断机制(circuit breaker),也叫自动停盘机制,一般是指为控制证券、期货或其他金融衍生资产的交易风险,为其单日价格波动幅度规定区间限制,一旦成交价触及熔断区间的上下限,交易则自动中断一段时间。其作用是避免金融产品交易价格波动过度,给市场一定时间的冷却期,向投资者发出风险警示,让投资者有一个冷静消化信息的过程,并为有关方面采取相关的风险控制措施和手段赢得时间和机会。

熔断机制最早起源于美国,美国的芝加哥商业交易所曾在 1982 年对标普 500 指数期货合约实行过日交易价格为 3% 的熔断区间限制。但这一规定在 1983 年被废除,直到 1987 年出现了股灾,才使监管者重新考虑实施价格限制制度。1987 年 10 月 19 日,由于没有熔断区间机制和涨跌幅限制,纽约股票市场发生了史上最大的一次崩盘事件,道—琼斯工业指数一天之内重挫 22.6%,下跌 508.32 点,这一天也被美国金融界称为"黑色星期一"。1988 年 10 月 19 日,美国商品期货交易委员会与证券交易委员会批准了纽约股票交易所和芝加哥商业交易所的熔断机制。熔断机制明确,当标普指数在短时间内下跌幅度达到 7% 时,证券市场交易均将暂停 15 分钟。Madhavan(2000)的研究认为,暂停期间应该采用集合竞价交易。

2015 年 6 月,中国股市出现了巨幅下跌,多次千股跌停,股市仅用了 2 个月就从 5178 点一路下跌至 2850 点,下跌幅度多达 44.9%。为了抑制投资者可能产生的羊群效应,抑制追涨杀跌,给投资者一个冷静思考期,降低股票市场的波动,使投资者有充分的时间可以传播信息和反馈信息,使得信息的不对称性与价格的不确定性有所降低,防止价格的剧烈波动,2015 年 12 月 4 日,中国证监会出台熔断机制,熔断相关规定,熔断基准指数为沪深 300 指数,采用 5% 和 7% 两档阈值,于 2016 年 1 月 1 日起正式实施。由于实施熔断机制后市场的恐慌性下跌,2016 年 1 月 8 日,经中国证券监督管理委员会(以下称"中国证监会")批准,上海证券交易所和深圳证券交易所决定暂停实施"指数熔断"机制。

2019 年 6 月,《上海证券交易所科创板股票异常交易实时监控细则(试行)》第三章第九条规定:"科创板股票竞价交易出现下列情形之一的,属于盘中异常波动,本所实施盘中临时停牌:① 无价格涨跌幅限制的股票盘中交易价格较当日开盘价格首次上涨或下跌达到或超过 30% 的;② 无价格涨跌幅限制的股票盘中交易价格较当日开盘价格首次上涨或下跌达到或超过 60% 的;③ 中国证监会或者本所认定属于盘中异常波动的其他情形。"这说明中国正式在科创板实施熔断机制。这是熔断交易机制在中国证券市场的又一次检验。

1.4.5　涨跌停板制度

涨跌停板制度源于早期证券市场,是证券市场上为了防止交易价格的暴涨暴跌,抑制过度投机现象,对每只证券当天价格的涨跌幅度予以适当限制的一种交易制度,即规定交易价格在一个交易日中的最大波动幅度为前一交易日收盘价上下百分之几,超过后停止交易。涨跌停板又叫每日价格最大波动幅度限制。涨跌停板的限制有两种形式:百分比和固定数量。如上海金属交易所的铜、铝涨跌停幅度为 3%,涨跌停板的绝对幅度随上日结算价变动而变动;而郑州商品交易所绿豆合约则是以昨日结算价为基准,上下波动 1 200 元/吨作为涨跌停板幅度。

中国证券市场现行的涨跌停板制度是 1996 年 12 月 13 日发布、1996 年 12

月 16 日开始实施的。制度规定,除上市首日之外,股票(含 A 股、B 股)、基金类证券在一个交易日内的交易价格相对上一交易日收市价格的涨跌幅度不得超过10%,超过涨跌限价的委托为无效委托。中国的涨跌停板制度与国外一些市场的主要区别在于股价达到涨跌停板后,不是完全停止交易,而是在涨跌停价位或涨跌停价位之内的交易仍可继续进行,直到当日收市为止。

中国的另一个制度创新是,从 1999 年 7 月 9 日开始,对连续亏损 3 年的股票暂停其上市资格;同时,在股票暂停上市期间,2 家交易所为交易者提供特别转让服务,即 PT(particular transfer)制度,投资者只能在每周五的开市时间内以集合竞价方式进行转让委托申报,申报价格的幅度以上一转让价格涨跌 5%为限;交易所在当日收市后对有效申报按集合竞价方法进行一次性撮合成交,对于所有的有效申报将以集合竞价产生的唯一价格成交,沪深交易所在其简称前冠以"PT",称为"PT 股"。2002 年 2 月 25 日,深沪交易所取消了特别转让服务制度(简称 PT 制度)。

1.5 本章小结

德姆塞茨于 1968 年在《经济杂志》上发表名为《交易成本》的文章,正式奠定了金融市场微观结构理论的基础,突破了市场均衡价格的形成是一个无摩擦的瓦尔拉斯均衡过程的传统理论框架,第一次将交易机制引入证券交易价格形成过程,认为证券市场还存在另一类非瓦尔拉斯均衡。从此,许多经济学家通过对证券市场结构的分析研究提出了各自的观点和看法。这些经济学家的主要理论贡献为:基于存货模型的理论(inventory models)、基于信息模型的理论(information models)和基于策略交易者模型的理论(strategic trader models)。Kyle et al. (2019)运用美国 TAQ 实际观察到的数据,并通过所建立模型,研究了微观交易结构不变性问题,这种不变性有利于评估交易成本或市场摩擦对流动性的影响。我们介绍这些经济学者研究的理论成果是为了指导建立高效公平的中国证券市场,因此,最后分析了中国证券市场微观结构理论的几次重大实践,颇具意义。中国于 2003 年 3 月 3 日沪深证券交易所对封闭式交易基金的最小报价单位进行改革,由过去的 1 分钱改为 0.1 分钱。这说明价格变化单位对市场质量是有影响的,试想一下:价格不到 1 元或 2 元的资产与价格是几百元或上千元的资产价格变化单位都是 1 分钱合理吗?这些都是微观结构理论在中国股票市场实践遇到的现实问题,需要深入研究。

第 2 章　证券市场交易机制

　　狭义的证券市场微观结构就是指证券市场的交易机制。证券市场交易机制是指在证券市场中将投资者的潜在供求转换成已实现交易的一系列过程,是价格发现机制,不同的交易机制在价格发现过程中所起的作用是各不相同的,各交易机制在所允许的指令类型、交易可能发生的时间、指令提交时投资者所能获得的市场信息的数量和质量,以及对做市商提供流动性的依赖性都会有所不同。本章在全面总结有关证券市场交易机制研究成果的基础上,对证券市场的微观经济理论的有关内容和研究方法进行了局部补充、改进和推广,重点研究了狭义的证券市场微观结构理论,对证券市场交易机制进行分类,提出了评价证券市场交易机制的质量指标体系。

2.1　概述

2.1.1　证券市场交易机制的分类

　　交易机制是指市场参与者按照确定的规则进行投融资和资产转让的方式。交易机制的划分方法有很多种,Thomas(1989)将证券市场交易机制分为两类,一类是报价驱动交易机制,即人们经常提到的做市商市场;另一类是指令驱动交易机制,包括集合竞价(call auction)和连续竞价(continuous auction)。Madhavan(1992)将兼具这两类特征的交易机制称为混合机制(hybrid mechanisms)。表 2-1 给出了现实中的证券交易机制的分类①。

　　一般而言,从交易的连续性角度来看,对证券市场交易机制的最主要分类是把交易机制分成连续交易机制和定期交易机制两种。在连续交易机制中,投资者的交易指令在提交后就可能在不同的价位上发生一系列的双边交易。连续交

---

　　①　事实上,现实中证券交易机制复杂多样,而且各国证券交易机制的创新层出不穷,这使得表 2-1 中只是一个粗线条的分类。

表 2‑1　世界主要证券交易所交易机制分类

交易方式	证券交易所(交易系统)
指令驱动	亚洲各主板市场　意大利　德国　新西兰　加拿大(CDNX)#　伦敦国内板　日本(MOTHERS)#　韩国(KOSDAQ)#　瑞士　巴黎　温哥华　伊斯坦布尔　圣地亚哥　圣保罗　维也纳　布鲁塞尔　德黑兰　里约热内卢　巴塞罗那　法兰克福
报价驱动	美国(NASDAQ)#　欧洲(EASDAQ)#　日本(JASDAQ)#　新加坡(SESDAQ)#　马来西亚(MESDAQ)#　欧洲新市场(EURO. NM)#　芝加哥　伦敦
混合机制	华沙　美国(AMEX)　英国(AIM)#　墨西哥　泰国(MAI)#　卢森堡　纽约　蒙特利尔　多伦多　阿姆斯特丹

资料来源：笔者依据各交易所网页和综合科研网(www. drcnet. com. cn)相关资料整理。

注：#号表示第二板(创业板)市场。

易机制又可进一步细分为报价驱动机制和指令驱动机制两类。而在定期交易机制中，投资者的交易指令被存储起来，等待在预先约定的时间同时执行。定期交易机制的特点是在同一价格上发生一组多边的交易，因此，定期交易机制也被称作集合竞价或者批量市场(batch market)。定期交易机制又可再进一步分为公开叫价机制、书面指令机制、连续市场的开市批量交易机制。

在实践中，随着电脑网络信息技术的快速发展，世界各大证券交易所逐渐由20世纪70年代以前的人工喊价为主的交易方式，过渡到以电脑自动交易为主的交易方式。电脑自动撮合交易系统的广泛应用实现了证券交易的迅捷便利，也成为当今世界范围内金融交易大规模膨胀的重要因素。

而在理论研究中，交易实现的电子自动化程度相对交易机制对交易价格形成的影响来讲，并不是特别重要(Madhavan,2000)。

交易机制可以通过参与者及其遵循的交易规则以及交易进行的场所来考察。参与者范围很广，主要包括提交买卖指令的投资者和代客买卖的经纪商(自营商)。而做市商由于其在证券市场中的特殊地位，使其同时具有自营商的功能。以上各种类型的市场参与者并不存在于所有的证券市场之中，但证券市场上各种各样的参与者按其作用可以按上述这样类型来进行划分。

传统上的交易场所是有固定场所的交易中心，在这里可以进行股票、期货和期权的交易。债券和外汇交易则主要是通过计算机和电话进行。计算机交易系统同样用于股票和期货的交易。交易场所的发展变化，显示出重要的不是场所的位置和形态，而是其所遵循的交易规则。这些规则规定了交易对象、交易主体、提交指令的时间和方式以及由谁处理指令、如何处理指令和如何确定价格。下面简要介绍一下纽约证券交易所(New York Stock Exchange)的交易机制。

在纽约证券交易所进行交易的约有2 000多家上市公司的股票。交易所共有400多名专营商(specialist),每种股票都有其指定的专营商。专营商不一定作为买入者或卖出者参加每次交易,但所有交易都必须通过专营商进行。交易指令包括市价指令和限价指令。限价指令记录在专营商的登记簿上,而登记簿的内容是不公开的,只有专营商知道。纽约证券交易所星期一至星期五进行交易,指定的节假日除外。交易时间从每天的美国东部标准时间上午9点30分到下午4点。纽约证券交易所的交易机制包括集合竞价和连续竞价,分别用于开盘交易和其后的当天交易。在集合竞价时,专营商为每种股票设定单一的市场出清价格,以使得所有累积的可执行指令进行交易。在连续竞价时,专营商报出其出价(bid price)和要价(ask price),各买卖指令分别进行交易。

开盘自动报告服务系统(opening automated report service)在开盘时收集所有的市价指令并把买入指令和卖出指令进行配比,专营商依此判断市价指令是否均衡并察看其各个价格水平的限价指令。然后,专营商根据保持价格连续性的目标以及避免与前一交易日收盘价有较大变动的原则,设定一个市场出清价格。在这一价格上他可能自己参与买卖,也可能完全依靠限价指令来抵消市价指令的不平衡。开盘后,交易进入连续竞价机制。专营商报出其出价和要价,专营商必须按出价和要价与交易者提交的符合条件的指令进行交易。专营商有维持市场稳定的责任。

2.1.2 目前各证券市场交易机制的变迁

从近几年各国家证券市场交易机制的不断创新和实际运行来看,即使是在竞争性做市商制度下,多名做市商之间仍有进行合谋维持较大价差的可能。Christie & Schultz(1994)称这种合谋者为"友好竞争者(friendly competitors)"。现实中也曾出现过针对做市商的集体诉讼事件,因此NASDAQ(纳斯达克)通过改革交易机制来解决这一问题,其中,除了继续强化原来的竞争性做市商制度外,最重要的就是引入指令驱动交易制度。现在NASDAQ的公共限价指令可以与做市商报价竞争,从而降低了做市商报价价差。1997年10月,伦敦股票交易所(LSE)用电子指令驱动的股票交易服务系统SETS代替报价驱动交易系统。在法国和德国,电子连续竞价市场NSC和XETRA分别引入了做市商,增加了流动性。1999年,在法国CAC系统流动性较差的股票用两日集合竞价来代替连续竞价交易。另一方面,1998年在FNM(French Nouveau Marche)上市股票由集合竞价系统转到了电子连续竞价系统。伦敦股票交易所(LSE)把流动性较差的股票转到了 SETS 上交易,几乎同时,德国交易所集团 DBAG(Deutsche Börse AG)通知,对于许多流动性差的股票,在 XETRA 用集合竞价代替连续交易。集合竞价也常常用来建立开盘价格,而收市集合竞价和日内集合竞价使用较少。中国从 1999 年 7 月 3 日开始,对连续三年亏损的股票暂停其上市资格,同时,在股票暂停上市期间,两家交易所为交易者提供特别转让服务,即投资者只能在每周五的开市时间内以集合竞价方式进行转让委托申报,申报价格的幅度以上一转让价格涨跌 5% 为限;交易所在当日收市后对有效申报按集合竞价方法进行一次性撮合成交,对于所有的有效申报将以集合竞价产生的唯一价格成交。

2.1.3 评价证券市场交易机制的质量指标体系

20 世纪 90 年代后期,虽然对不同交易机制下市场质量指标评价的文献较多,但大多数只比较了交易机制的有效性和流动性,也有研究交易成本和透明性问题的,但是缺少机理性的研究和系统性的研究,也没有研究产生差异的根源。本节的基本思想是,提出刻画证券市场质量指标的体系,即流动性、效率性、交易成本、透明性、稳定性和鲁棒性。强调综合运用这 6 个指标来进行全面分析,对比评价证券市场的交易机制。评价证券市场的指标体系如图 2-1 所示。具体内容详见 2.2 节。

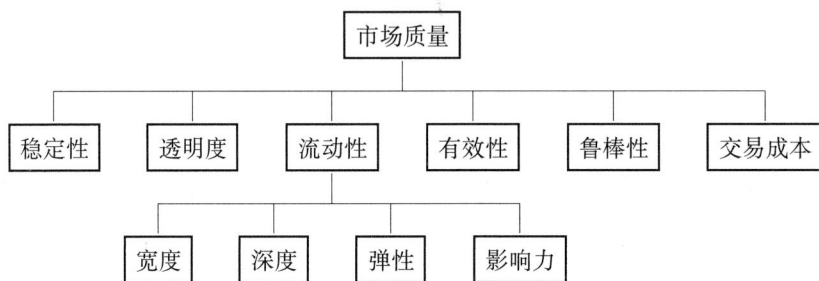

图 2-1 证券市场微质量指标体系

2.2 证券市场质量指标体系

不同交易机制存在着重要的形式上的差别,这种形式上的差别表现在市场的诸多操作程序和制度中,同时对市场质量也有决定性的影响。这种影响通过市场的 6 个基本属性表现出来,即流动性、效率性、交易成本、透明性、稳定性和鲁棒性。前述证券市场微观结构理论模型对证券市场的流动性、效率性和交易成本都有所涉及,下面将进一步分析并同时讨论这几个评价指标。

2.2.1　证券市场的流动性

证券市场的流动性(liquidity),是指交易者在买入和卖出较大量的股票时,价格波动的程度,或者说是在不使价格大幅度变动情况下迅速买进或卖出证券的能力。证券市场的流动性通常用市场深度、宽度、弹性和影响力来衡量。流动性高对市场各种参与者更具有吸引力,对证券价格和市场有效地加工信息的能力都有很大影响。流动性高可以减少买卖证券的风险,最终,流动性决定着市场的成功或失败。

证券市场的流动性主要包括以下几个方面:一是市场的价格发现功能是否完善,是不是随时能找到一个出清价格;二是价格对交易量的敏感度,即在不影响交易价格的情况下所能出清的最大交易量,市场深度越大,价格对交易量越不敏感,流动性越大;三是市场是否能够保证中小投资者为满足流动性需要而随时进行风险对冲以及这一功能的完善程度;四是指市场的容量指标,包括参与者人数、成交量的大小。

在以做市商为主的报价驱动机制的市场中,做市商作为市场的核心与组织者,其主要的职责是稳定市场、提供连续的报价和随时准备成为交易的对手方,按照报价买入或卖出一定数量的证券,为市场提供流动性,其报价是市场价格发现的基础。有些发行量和交易量小或者投资者愿意长期持有的股票,由于交投不活跃,难以形成连续性的价格,做市商就可以以合理的报价解决其流动性的问题,从而降低交易成本。而在竞价方式下,交易价格是通过投资者下达的买卖指令驱动并通过竞价而产生的,即使买卖指令到达市场的频率相同,买卖指令通常也不是同时到达市场的,从而市场上存在着"即时流动性"问题。有关"即时流动性"的问题还需要深入研究。

如前所述,衡量证券市场流动性的指标通常包括宽度、深度、弹性(resiliency)和影响力(impact)。宽度是指对某一给定数量的股票的买卖价差,在报价驱动机制的市场,一般用做市商报价价差(quoted spread)表示,在指令驱动机制的市场,一般用有效价差(effective spread)表示。一般认为宽度越小,市场就越紧密,交易成本就越低,流动性就越好,反之,流动性越差。深度是指在某一给定的价格范围内可以交易的股票数量,也可以说是价格每变化一个单位需要的交易量。显然,深度越大流动性越好。弹性是指由于交易引起的价格波动消失的速度,弹性越大流动性越好,同时也说明市场的效率越高。市场影响力是指当交易发生以后,市场价格发生变化时,市场吸收交易信息的能力,也反映了当一笔交易发生以后买卖价差扩大的程度。影响力越大,市场流动性越差。

2.2.2 证券市场透明性

市场透明性(transparency)是指参与者观察交易信息的能力和程度,如能看到所有交易指令的流入则表明透明度较高,否则,透明度较低。它包括指令流入信息的内容(指令数量、方向、时间、形式)及可观测指令的市场参与者(含做市商、场内经纪人、提交指令及准备提交指令的交易商)。透明度之所以如此重要,是因为交易信息可能经常影响到参与者的最优决策。

与做市商报价驱动的市场不同,由于竞价方式市场存在的基础是保证市场信息的完全公开,交易指令和成交回报等交易信息也有汇总发布的机制,并进行公开报价、集中竞价。而在做市商报价驱动机制的市场,做市商的寡头垄断地位使他们有可能不发布或少发布信息,为的是防止竞争对手通过交易及回报来推断其投资分布情况而牟利。因此在现实中,存在着许多不及时和不严格履行信息披露的行为。做市商制度本身也要求做市商享有买卖盘的特权,以了解发生单边市的预兆,因此实行做市商制度的市场透明性远低于实行竞价方式的市场。为加强透明性,需要进一步制定法律、法规和政策,如增加做市商的数量和及时公开有关信息,加强对共同操纵谋利行为的监管等,以增强投资者的信心。

2.2.3 证券市场稳定性

稳定性(stability)指价格变动的频率和幅度,即价格的非波动性,可以用价格变化的方差、半方差和极差来衡量,是证券市场的又一个重要特征,也受微观结构的影响。价格随着时间的变化而变化,是为了反映相对价值和绝对价值的变化,是基本的正常波动,但人们对稳定性考虑更多的是,价格的临时变动能不能正确反映均衡价值的变化,而且这种临时变动有时是很大的。稳定性与流动性和市场效率的联系是显而易见的。例如,在流动性强的市场上,交易成本,特别是买进报价和卖出要价之间的价差较小,结果一系列交易价格的波动较小。同样在效率较高的市场上,新的信息会准确迅速地反映到价格上去,即使引起价格偏离均衡价格,这种偏离也不会持久的。因此,如果其他条件恒定不变,有效率、有流动性的市场比没有效率、没有流动性的市场稳定性更好。这可以通过实证分析进一步论证。

稳定性显然主要是由于推动价格变化的基本经济因素造成的。因此,即使能设计出较好的微观结构来加强流动性和效率性,波动性将依然存在。为了把基本性的波动与由于信息不对称或买卖指令暂时不平衡造成的交易价格临时波动区分开来,证券市场微观结构可以帮助人们实现这一点。涨跌幅限制和熔断机制在价格变动超过一定水平时暂停交易,是一个很好的例证。涨跌幅限制和熔断机制让市场有一个冷却期,使交易者有时间传播和处理信息。当交易恢复时,人们逐渐变得理智和冷静,基本经济因素开始占主导地位。1997 年 NYSE 股票的暴跌就是采用的熔断机制暂停交易的,虽然涨跌幅限制和熔断机制可以发挥预期的作用,不过在有些方面仍有很大争议,其对流动性显然有不利影响。微观结构的设计再一次面对各种市场质量指标的权衡问题。

2.2.4　证券市场效率性

市场的效率(efficiency)更多的是指信息的获得方式、传输渠道及其在定价中的作用程度,反映信息融入价格的速度和准确性。市场的效率性有两个重要指标:一是信息容量指标,二是市场的连续性指标。一般来说,如果市场迅速而正确地把信息运用到定价中去,这个市场就是有效的。这一点是极其重要的,因为大多数交易者不能花费很多时间和资源去收集信息,往往需要依靠市场本身把所有信息恰当地反映到价格上。对于信息不灵通或未知情的交易者来说,信息不充分的市场是缺乏吸引力的,因为这意味着交易可能在对其不利的价格水平上进行。所以信息充分的市场才能吸引投资者,增强市场的流动性。

市场微观结构通过向参与者提供信息服务以及依靠交易系统本身的性质,使市场在提高信息应用效率方面发挥重要作用。如果对近期市场活动不了解而且没有个人信息,交易者就只有依靠市场的交易量、换手率和交易价格的变化等各种技术指标作为是否参与的信号。一方面,在有效率的市场上,现行交易价格是一种充分反映真实价值的统计指标;另一方面,交易者还可以从关于近期交易行为的信息中获取收益。关于交易量、换手率、市场深度和最近价格变动的信息都反映了市场活动的重要方面,投资者可以用来确定进行何种交易。如果人们能够获得大量的交易信息,就会提高对市场的兴趣,减少交易的不确定性,从而导致流动性增加。

与做市商报价驱动的市场不同,竞价市场的设计者假设市场上的所有参与者都是成熟的理性投资者,能够充分运用公开披露的市场信息,独立地对价格及其变动做出判断,反映在指令中,由市场去验证。市场组织者所要做的是保证市场的透明度,即信息的公开披露和交易程序的透明。在做市商报价驱动的市场,假设由做市商掌握各种信息,做市商可以迅速获得信息,并将其反映在报价中,公开在市场上让交易者去判断,交易者接受报价的程度将促使报价向公平价格接近。在这种交易机制下，限价指令簿不公开，只有做市商才能看到限价指令，因此做市商制度的信息公开性和透明度远低于竞价方式，而市场的成功与否还依赖于做市商的素质及其在市场上的信誉、市场组织者的监管水平等因素。由于做市商制度下的市场透明性相对较低，做市商是否根据有关信息来及时调整报价存在道德风险，因此，有人说，实行做市商报价驱动制度的市场较实行指令驱动的竞价方式市场有效性可能要低。未来需要通过大量的实证分析证明这一点。

2.2.5 证券市场鲁棒性

证券市场的鲁棒性(robust)是指在各种经济条件下市场正常运行的能力，这里的各种经济条件是指构成证券市场的所有上市公司的赖以生存的经济环境变化情况，正常运行是指证券市场的融资、投资、监管、交易和资源配置能正常进行。例如，1929年美国股市的崩溃，使证券市场丧失融资功能，交易不能正常进行，市场一片恐慌。1987年NYSE的大震荡，也一度使交易发生中断。1996年12月16日，沪深证券交易所连续两日跌停，所有交易者几乎都卖不出去股票，当时的场面触目惊心。麦德哈范(Madhavan)于1992年分析了连续报价驱动系统和指令驱动系统的价格发现过程，比较了连续交易和定期交易的特点，结果表明连续竞价机制通常会在信息极度不对称情况下发生交易中断，而集合竞价机制中指令的汇集可以克服信息不对称问题。集合竞价机制更具有鲁棒性。这是因为，一方面集合竞价机制下的交易是定期发生的，在下达指令时，交易者往往是根据一段时间内而不是一个时点得到的信息来决定价格的。随着时间的延长，交易者可以得到或者说有时间来寻找更多的信息，从而使得价格更接近股票的真实价值。另一方面，在集合竞价机制下没有像连续交易系统那样的成交价格序列，交易者无法推测市场信息，因此他们只得自己去收集信息，从而有利于减少信息不对称的程度。据此，麦德哈范认为，一旦连续市场失败，那么除非信息不对称的程度已经下降，否则该市场不可能重新开市。因此，在市场变动过大时暂停交易的措施实际上反而会激化原来的问题，并可能导致市场失败。这说明，与其暂停交易，还不如将连续交易自动转换到集合竞价交易市场，这样一种转换会使投资者观察到公开的信息信号(即集合竞价成交价格)，从而有可能使连续交易在不久以后重新开始。这是一个值得深思和借鉴的研究课题。

2.2.6 证券市场交易成本

证券市场交易成本(trading cost)对市场发展起着决定性的影响，很难想象一个交易成本昂贵的市场，能长期吸引众多的市场参与者。因此，如何降低交易成本一直是市场发展面临的突出问题。在不同的市场组织方式下,投资者的交易成本不同。在竞价市场上,证券价格是单一的,投资者的交易成本仅仅是付给经纪人的手续费;在做市商制度下,虽然不存在手续费,但同时存在着两种市场价格:买入价格与卖出价格,而两者之间的价差则是做市商的利润。而投资者总是面临高价买进,低价卖出的情形,所以有人认为做市商市场相对于竞价市场而言并不是一个公平的市场,投资者被迫担负了不必要的交易成本。不过,也有人认为,价差是做市商提供"即时性服务"所获得的合理报酬。

在做市商报价驱动机制下,就做市商而言,提供即时性服务的成本主要包括交易成本、输单成本、存货成本和非对称信息成本。① 交易成本主要是指佣金和税收。② 输单成本具有规模经济效应,电子交易技术的进步使市场统一程度大大增强,做市的规模经济效应也越来越明显,从而有效地降低了输单成本,由此可见,市场本身的发展与对市场的参与的程度是相辅相成的。③ 非对称信息风险大小与市场的成熟度、政策及监管的健全以及人们的自律意识密切相关。在一个处于发展初级阶段的不完善市场上,在人们的自律意识较差的情况下,非对称信息风险也比较大。健全有效的强制性信息披露制度是从制度上降低非对称信息风险总体水平的主要手段。④ 做市商制度发挥功能的前提是市场上存在充分竞争。在这种情况下,做市商的买卖价差(也就是投资者面临的交易成本)应该等于其提供及时性的成本,而不会获得不合理的垄断利润,也不具备左右证券价格的能力。正是市场上有众多做市商和投资者的相互竞争、相互约束,市场才得以在理性的轨道上运作。

如前所述,投资者为了进入市场而支付的这种价差,反映了各种因素的组合。在实行做市商制度的证券市场,确保市场的流动性是做市商的重要责任之一,与此相关的风险反映在买进报价和卖出要价之间的价差上,所以,价差正是做市商保持存货和承担信息风险的回报来源。如果有多个做市商,那么竞争会缩小这种价差。在连续竞价的指令驱动市场上,如果没有指定的做市商,也许价差会进一步缩小,但由于无人负责做市,投资者将会面临流动性降低的可能性。如果采用允许交易者竞争的微观结构,或者指定做市商做市,负责确保交易能够进行,微观结构在两者间的选择对交易成本和流动性将产生直接影响。

2.2.7　小结

微观结构通过它对市场质量指标,即流动性、透明性、鲁棒性、交易成本、市场效率和波动性的影响,可以影响到市场参与者行为策略。在对证券市场交易机制进行评价时,不能孤立使用一种指标,而是要考虑到各指标之间的密切关系。在世界经济一体化的大背景下,各国的金融资本通过相互渗透来角逐国际资本而引起的竞争日趋激烈,对微观结构重要性的认识也日渐深入。提高证券市场对国内资本和国际资本的吸引力,重要措施之一就是改善微观结构。市场设计者必须慎重评估微观结构,权衡其对证券市场质量各个指标的影响,以设计出符合实际需求的微观结构,使证券市场获得健康稳定发展。

2.3 证券市场质量指标比较

2.3.1 不同交易机制下证券市场质量指标比较

证券市场质量是刻画证券市场特性的一系列指标的集合,具体包括流动性、稳定性、透明性、有效性、鲁棒性和交易成本等指标。近年来,对证券市场质量的研究大多数先是集中在交易成本的度量上,相关的研究有 Lee(1993)、Chan & Lakonishok(1993)、Arnott & Wagner(1990)以及 Huang & Stoll(1996),然后逐渐转移到相互渗透、不可分割的流动性与透明度方面以及它们对证券市场质量各项指标的影响上。Pagano & Roell(1996)的研究认为加强对已完成交易的有关信息的披露可以减少信息不对称,降低流动性交易者的交易成本,进而提高市场的流动性。Chowdhry & Nanda(1991)认为做市商主动披露有关交易信息可以减少他的交易对手中知情者的比例,降低逆向选择风险,进而降低报价价差,吸引更多的流动性交易者与之进行交易,提高市场的流动性。但这方面的结论并不是统一的。Porter & Weaver(1998)比较了多伦多证券交易所(TSE)有关信息披露提高前后的交易数据,得出透明度提高反而导致市场交易量减少的结果,其理由是:在高透明度的市场中,由于限价指令必然成为其他交易者的免费期权,从而交易者不愿意提供限价指令,导致市场中指令减少,降低了市场的流动性。Madhavan(1995)也认为考虑到机构投资者的交易需求以后,由于机构投资者的交易规模比较大,对价格会产生较大冲击,他们通常选择分拆其指令,透明度的提高会使指令分拆难度加大,降低了他们的交易量。

Madhavan(1991)认为提高市场透明度对市场的影响要视市场的形态而定,对交易不活跃、竞争性不强的市场,增加透明度会使市场流动性下降;对具有足够宽度和深度、竞争性强的市场,提高透明度,才能降低波动性,提高流动性。Bloomfield & O'Hara(1999)、Christie & Schultz(1994)对有关市场透明度问题进行了实验室研究,也认为透明度不同的市场可以共存。Madhavan(2000)在考察了有关透明度方面的研究成果的基础上,认为完全的透明并不能总有利于市场运行,而透明度的变化通常是使一部分交易者获利,而另一部分交易者会受到损害。

Schnitzlein(1996)用 NYSE 股票的收盘价和开盘价分别计算了收益和方差,结论表明连续竞价与集合竞价的差异对收益具有影响。Amihud & Mendelson(1991a)、Stoll & Whaley(1990)、Forster & George(1996)通过对其他市场的研究也得出了同样的结论。Amihud & Mendelson(1991b)、Theissen(2000)比较了集合竞价市场、连续竞价市场和做市商市场的效率和流动性,认为集合竞价的股价波动较小,成交量较高,集合竞价和连续竞价市场的交易价格比做市商市场更有效。Madhavan(2000)认为连续竞价机制通常会在信息极度不对称的环境下会发生交易中断,而集合竞价机制中指令的汇集可以克服信息不对称的问题,但交易者会为收集市场信息付出较大成本。

2.3.2 特定交易机制下不同交易者行为策略的比较

这方面的研究大多数是针对有做市商的市场的。早期主要围绕着做市商买卖价差如何设定来展开,先后经历了做市商定价的存货模型(Garman,1976;O'Hara,1995;Ho & Stoll,1981)和信息模型(Dutta & Madhavan,1997;Porter & Weaver,1998;Benveniste et al.,1992;Back et al.,2000;Foster & Viswanathan,1996;Massound & Bernhardt,1996;Biais et al.,2000;Bischi & Valori,2000)两个阶段。随着信息经济学的兴起,运用信息的作用来解释市场的价格行为的信息模型成为研究做市商定价的主要模型。并且,信息模型还可以对作为做市商交易对手的交易者的行为策略做出解释,从而,信息模型逐渐成为金融市场微观结构研究的主流。

在对做市商行为的研究中,Dutt & Madhavan(1997)分析了 NASDAQ 市场中做市商之间的竞争与合谋,结论表明做市商之间存在默契合谋的可能性,共同获取超额利润,并且对于交易活跃的证券更容易出现这样的结果。Benveniste et al.(1992)研究了 NASDAQ 中做市商对交易信息的披露行为,认为他们会有意延迟对大宗交易的信息披露。Back et al.(2000)证明了当做市商拥有区别知情和未知情指令流的能力时会减少报价价差。

依据对特殊信息的占有可以将交易者区分为知情者和未知情者。Kyle(1985)最早考察了知情者的行为策略,认为市场中占据垄断地位的知情者的最优策略为线性交易策略,而最终私有信息会全部反映到价格上。Holden & Subrahmanyam(1992)进一步的研究表明,拥有相同信息知情者之间的相互竞争使信息会立即反映到价格上。Back et al.(2000)的研究认为当知情者拥有不同的信息时,他们的最优策略仍然是线性的,信息的扩散将比较缓慢。

在对未知情者交易策略研究方面,Admati & Pfleiderer(1988)分析了一个交易日内未知情者交易策略的时间性,指出相机抉择的流动性交易者会在同一交易时期进行交易,而且知情者数目的增加会降低流动性交易者的交易成本。但 Spiegel & Subrahmanyan(1992)考虑未知情者出于套期保值的动机进行交易时,知情者竞争的加剧反而会使未知情者的福利下降。Foster & Viswanathan(1996)则认为当不存在公开信息时,未知情者集中在同一时期进行交易并不能改善自身的处境,文中的有关结论可以很好地解释证券市场中的"周一效应"。

2.4 中国证券市场交易机制研究现状

中国证券市场仅走过了近 30 年的历程,其成就举世瞩目,但在迅速发展的同时也存在诸多不完善之处,如思想上认为发行股票是为了解决企业困境、市场波动过于剧烈、证券价格人为操纵现象严重和一些证券流通性差等问题一直是困扰市场发展的痼疾。纵观世界各国证券市场的发展历史和现状,通过证券交易机制的创新,建立透明、稳定、高效和活跃的金融市场体系,是解决这些问题的基础,是证券市场健康有序发展的前提。另一方面,证券市场监管的本质在于为市场参与者提供一个信息对称、交易公平的环境,相关政策制定应当从具体市场环境着手,规范证券市场的发展。中国自 1995 年加入 WTO 以来,中国金融市场面临着前所未有的机遇和挑战,因此设计适合中国具体国情的、与世界接轨的证券交易机制,探索建立一整套科学系统的证券市场质量评价体系和为证券监督管理部门的政策制定提供依据具有重要的现实意义。

由于中国证券市场发展的时间不长,国内对有关证券市场交易机制和证券市场质量的研究尚处起步阶段。学术界对科创板的设立也给予了一定的关注。陈伟忠(1997)是国内最早运用定量分析方法研究证券市场交易机制的学者之一,提出了证券市场动态定价模型。袁东(1997)、朱国华和余宙(1998)分析了做市商制度的运作机理。杨之曙和吴宁玫(2000)研究了证券市场流动性。戴国强和吴林祥(1999)从理论角度总结了有关做市商报价驱动机制的特点,交易者的交易策略和价格形成过程。何杰(2000)比较了 NASDAQ 的做市商制度和 NYSE 的专家制度(specialist institution),认为现阶段中国大陆市场引入做市商制度不可行,也没有必要。王建新和秦杰(1999)则认为,应当在目前公开竞价、电脑撮合的基础上引入做市商制。王晓春(2000)和张亿镭(1999)认为,在一定条件下可以仿效 NYSE 建立专家制度。随着中国金融市场的迅速发展和逐步全面开放,亟须对此进行深入研究。

2.5　本章小结

本章根据麦德哈范的研究成果,提出了刻画证券市场质量的六大指标,包括流动性、透明性、鲁棒性、交易成本、效率性和波动性,建立了评价证券市场质量的指标体系,特别强调了评价不同交易机制的市场质量要综合运用各种指标,不能以偏概全,指出了各指标之间的内在联系和矛盾所在,综述了前人对流动性、透明性和稳定性的研究成果,最后讨论了未来研究方向,一是结合中国的实际,研究探讨适合中国特点的证券市场交易机制;二是定量和定性相结合,通过各指标的综合分析,评价不同交易机制的市场质量,不仅要从各指标表面差异进行研究,更要从不同交易机制下的市场的微观结构这一深层次各要素的综合作用对证券市场质量进行研究。

第3章 证券市场流动性度量

本章研究了证券市场流动性度量问题,给出了报价驱动机制传统证券市场流动性度量方法,具体包括深度、宽度、弹性和影响力,在此基础上,提出了指令驱动机制证券市场流动性度量的新方法,并运用传统方法和新方法对中国证券市场流动性进行了实证研究。

随着中国证券市场法律法规的不断完善,中国证券市场正在逐步走向稳步健康发展的道路。随着各类投资机构的迅速发展,中国证券市场微观结构也在悄然发生变化。在这变化的同时,许多理论工作者和实际工作者日益重视对证券市场流动性的研究。众多研究表明证券市场流动性与市场的微观结构紧密相关(Kyle,1985;O'Hara,1995;Pagano & Roell,1996;Chowdhry & Nanda,1991;Theissen,2000;Easley et al.,2001;Chordia et al.,2001)。证券市场微观结构是指证券市场中的微观因素对证券交易价格的形成过程的影响和证券市场运作机制。证券价格形成过程中的微观因素,包括交易品种、证券市场参与者构成、交易场所构成以及参与者行为所遵循的交易制度结构等。Pagano & Roell (1996)的研究认为加强对已完成交易的有关信息的披露可以减少信息不对称,降低流动性交易者的交易成本,进而提高市场的流动性。Chowdhry & Nanda (1991)认为做市商主动披露有关交易信息可以减少他的交易对手中知情者的比例,降低逆向选择风险,进而降低报价价差,吸引更多的流动性交易者与之进行交易,提高市场的流动性。在1987年美国股市的大振荡以及在1998年亚洲和俄罗斯的金融危机中,证券市场的流动性出现了严重的问题。纵观世界各国证券市场发展的历史,建立流动性好的市场是解决这些问题的基础,是证券市场健康有序发展的前提。因此,研究证券市场的流动性及其度量方法,加强对市场流动性评估,适时运用市场手段增加市场流动性具有重要的理论意义和现实意义。

目前,中国证券投资基金的投资对象还是以债券和股票为主。在进行证券投资时,除了首先考虑盈利性以外,还必须考虑的重要问题之一就是流动性问题。Bagehot(1971)认为流动性是一笔交易的影响力。Black(1971)指出,流动的市场是指买卖价差相当小,小额交易可以被立即执行而对价格产生较小的影响。中国对证券市场流动性的研究尚处于起步阶段,比较有代表性的文献有何杰(2000)、王晓春(2000)、扬之曙和吴宁玫(2000)的研究。刻画证券市场流动性的重要指标之一是市场深度,目前对市场深度的研究已经成为金融市场微观结构理论研究的热点。Bushman et al.(1997)研究了根据公告进行交易是怎样影响市场深度的,认为公告将减少投资者的私人信息因而影响市场深度。Ahn & Cheung(1999)研究没有做市商的香港股票交易所市场价差和深度的日内模式时,发现价差与深度负相关。Kempf & Korn(1999)使用德国指数期货日内数据,运用神经网络方法,得出了指令对价格的线性影响假设是不可靠的结论。Goldsteint & Kavajecz(2000)研究了纽约证券交易所最小价格变动单位与市场深度的关系,结果表明由于纽约证券交易所最小价格变动单位由八分之一美元变为十六分之一美元,市场价差和市场深度也随之下降。Engle & Lange(2001)提出了一种市场深度的动态预测模型。事实上,市场深度的真正含义是保持价格在一定范围内变化的最大交易量,虽然这个定义比较容易理解,但按照这个定义却很难进行实证研究,因为这个量现实中是无法准确测出的。为此,本章试图在更大范围内,给出一种具有可比性和容易计算的市场深度指标。

3.1 传统流动性度量方法

传统度量股票流动性方法比较多,其中广为使用的方法主要有,交易股数 $Q(\Delta t)$、交易笔数 $S(\Delta t)$、交易金额 $N(\Delta t)$、换手率 $T(\Delta t)$ 和流通速度 $L(\Delta t)$,其计算公式分别为

$$T(\Delta t) = Q(\Delta t)/M(\Delta t) \tag{3.1.1}$$

$$L(\Delta t) = N(\Delta t) \bigg/ \frac{LM_1(\Delta t) + LM_2(\Delta t)}{2} \tag{3.1.2}$$

其中,Δt 表示所研究的期间(日、周、月、年和其他时间周期);$LM_1(\Delta t)$ 表示上期末流通市值;$LM_2(\Delta t)$ 表示本期末流通市值;$M(\Delta t)$ 表示 Δt 期间流通股数量;$Q(\Delta t)$ 表示 Δt 期间的成交量之和。

在报价驱动系统中还可以用宽度、深度、弹性和影响力四个指标度量证券市场流动性。宽度是指做市商报价价差,一般认为宽度越小,市场就越紧密,交易成本就越低,流动性就越好,反之流动性越差。深度是价格每变化一个单位需要的交易量,也可以认为深度是保持价格不变的最大交易量。显然,深度越大流动

性越好。弹性是指由于交易引起的价格波动消失的速度,弹性越大流动性越好,同时也说明市场的效率越高。市场影响力是指当交易发生以后,市场价格发生变化时,市场吸收交易信息的能力,也反映了当一笔交易发生以后买卖价差扩大的程度,影响力越大市场流动性越差。下面给出这四个指标的计算公式。

为了描述问题方便,引入如下符号:

$p_1(t)$ 表示 t 时刻最优委买价; $p_2(t)$ 表示 t 时刻最优委卖价; $q_1(t)$ 表示 t 时刻最优委买价为 $p_1(t)$ 时的委买数量; $q_2(t)$ 表示 t 时刻最优委卖价为 $p_2(t)$ 时的委卖数量; Δt 表示一笔交易的时间; T 表示一笔交易发生后买卖价差恢复交易前状态的时间; $q_1(\Delta t)$ 表示在 Δt 时间内委托买入量之和; $q_2(\Delta t)$ 表示在 Δt 时间内委托卖出量之和; $p(t)$ 表示 t 时刻成交价格; $q(t)$ 表示 t 时刻成交价格为 $p(t)$ 时的交易量。则在 t 时刻宽度 $W(t)$、深度 $D(t)$、弹性 $R(t)$ 和影响力 $I(t)$ 的计算公式分别为:

$$W(t) = p_1(t) - p_2(t) \qquad (3.1.3)$$

或

$$W(t) = (p_1(t) - p_2(t))/[(p_1(t) + p_2(t))/2] \qquad (3.1.4)$$

$$D(t) = p_1(t)q_1(t) + p_2(t)q_2(t) \qquad (3.1.5)$$

$$R(t) = \frac{|p_1(t) - p_1(t-\Delta t)|}{p_1(t-\Delta t)} \Big/ T \qquad (3.1.6)$$

$$I(t) = \frac{|p_1(t) - p_1(t-\Delta t)|}{p_1(t-\Delta t)} \Big/ \frac{q(t)}{q_1(\Delta t) + q_2(\Delta t)} \qquad (3.1.7)$$

式(3.1.3)表示可以直接用做市商买卖报价价差计算宽度,式(3.1.4)又称为有效价差,常用来衡量指令驱动机制下的市场宽度,式(3.1.5)表示用做市商买卖报价的总值计算深度,式(3.1.6)表示买方报价价格变化比率与交易发生后买卖价差恢复交易前状态的时间之比,式(3.1.7)表示买方报价价格变化率与相对交易量之比。式(3.1.6)和式(3.1.7)也可以用卖方报价 $p_2(t)$ 代替买方报价 $p_1(t)$。

Kyle(1985)假设做市商认为知情交易者的交易策略是市场深度的线性函数,并用 $1/\lambda$ 表示市场深度,反映了市场价格变化一个单位所需要交易量的大小。Back(1998)定义市场深度就是价格对交易量的一阶偏导数,即

$$\lambda(t, y) = \frac{\partial}{\partial y} p(t, y) \qquad (3.1.8)$$

其中，$\lambda(t, y)$ 表示在 t 时刻交易量为 y 时的市场深度，$p(t, y)$ 是关于 t，y 的连续可微函数，表示在 t 时刻交易量为 y 时的市场价格。

这些指标的主要特点是，成交股数和成交笔数在流通股数相近的情况下使用比较有效，成交金额在流通市值相近的情况下比较有效，换手率和流通速度分别是交易股数和交易金额的进一步发展，使在流通股数和流通市值有较大差异的情况下也能进行比较，具有可比性。但是，这些方法一个共同的问题是，当波动幅度存在较大差异时，都不能真正反映市场的流动性，这是因为即使当这些指标较大时，若波动性更大，也不能说市场流动性就好。

3.2　流动性度量方法的新思考

3.2.1　市场宽度

指令驱动机制与报价驱动机制是两种根本不同的机制，因此所使用的方法有所不同，但其基本含义是不变的。根据报价驱动系统中宽度的定义，在指令驱动机制下提出如下计算方法：

首先引入几个符号，用 $p_i(t)(i=-n, -n+1, \cdots, -1)$ 表示 t 时刻限价买入价格；$p_j(t)(j=1, 2, \cdots, m)$ 表示限价卖出价格，其中

$$p_{-n}(t) < p_{-n+1}(t) < \cdots < p_{-1}(t) < p_1(t) < p_2(t) < \cdots < p_m(t)$$

用 $q_i(t)(i=-n, -n+1, \cdots, -1)$ 表示 t 时刻限价买入价格为 $p_i(t)$ 时的买入量，用 $q_j(t)(j=1, 2, \cdots, m)$ 表示 t 时刻限价卖出价格为 $p_j(t)$ 时的卖出量，用 $p(t, q)$ 表示 t 时刻成交量为 q 的成交价格，$p(t, q)$ 是关于 t 和 q 的连续可微函数，M 表示流通股数量，T 表示一笔交易发生后买卖价差恢复交易前状态的时间。则按成交量加权计算在 t 时刻的买入价格为

$$P_b = \sum_{i=-n}^{-1} p_i(t)q_i(t) \bigg/ \sum_{i=-n}^{-1} q_i(t) \tag{3.2.1}$$

按成交量加权计算在 t 时刻的卖出价格为

$$P_s = \sum_{j=1}^{m} p_j(t)q_j(t) \bigg/ \sum_{j=1}^{m} q_j(t) \tag{3.2.2}$$

现在给出宽度 $W(t)$ 的计算公式分别为

$$W(t) = p_s(t) - p_b(t) \tag{3.2.3}$$

由于大量的隐性买卖不能在限价指令中体现出来,因此,式(3.2.3)只能计算出市场提供的流动性大小,无法计算出市场消耗的流动性大小,因此在实证分析中,不使用这种方法。

3.2.2 有效流速

为了解决指令驱动机制下,计算市场宽度的局限性,这一部分给出有效流速的概念。

1. 股票流动性计算

由于股票市场的不断发展,退市机制的推出和转配股等原因,用交易股数、交易金额和交易笔数计算股票流动性无法进行不同时期和不同股票之间的比较,因为不具有可比性。市场的波动性也使得换手率和流通速度不能真正描述股票流动性,下面举一个极端的例子,说明这个问题,以便加深对股票流动性的理解。

假设某日股票 A 由 10 元最低价开盘上升到了 10.50 元最高价收盘,换手率为 5%;股票 B 由最低价 10 元开盘上升到了最高价 10 元收盘,换手率也为 5%;股票 C 由最低价 10 元开盘上升到了最高价 10.10 元收盘,换手率也为 5%。如果用换手率计算股票的流动性,必然得出这三只股票流动性相等的结论;而按照下面给出的公式计算三只股票流动性,则是不相等的。

假设 $p_1(\Delta t)$ 表示期间为 Δt 的最高成交价格,$p_2(\Delta t)$ 表示期间为 Δt 的最低成交价格,h 表示最小价格变动单位 $(h=0.01)$,$M(\Delta t)$ 表示 Δt 期间流通股数量;$Q(\Delta t)$ 表示 Δt 期间的成交量之和,这时股票流动性计算公式为

$$EL(\Delta t) = \frac{Q(\Delta t)}{M(\Delta t)} \Big/ VR(\Delta t) \qquad (3.2.4)$$

其中,当极端情况 $p_1(\Delta t) = p_2(\Delta t)$ 发生时,波动幅度 $VR(\Delta t)$ 表示为

$$VR(\Delta t) = \frac{h}{p_2(\Delta t)}$$

否则

$$VR(\Delta t) = \frac{p_1(\Delta t) - p_2(\Delta t)}{p_2(\Delta t)}$$

式(3.2.4)就是本章提出的计算股票流动性的新方法——有效流速。

按照式(3.2.4)计算出股票 A 的流动性为 1,股票 B 的流动性为 50,股票 C

的流动性为 5。

式（3.2.4）表明股票流动性就是换手率 $\dfrac{Q(\Delta t)}{M(\Delta t)}$ 与波动幅度

$\dfrac{p_1(\Delta t)-p_2(\Delta t)}{p_2(\Delta t)}$ 之比。股票流动性是换手率的增函数，是波动幅度的减

函数。

2. 市场流动性计算

假设 Δt 表示所研究的期间（日、周、月、年和其他时间周期）；$LM_1(\Delta t)$ 表示上期末流通市值；$LM_2(\Delta t)$ 表示本期末流通市值；$p_1(\Delta t)$ 表示期间为 Δt 的最高指数；$p_2(\Delta t)$ 表示期间为 Δt 的最低指数，$N(\Delta t)$ 表示 Δt 期间的总成交金额、$L(\Delta t)$ 表示流通速度，这时市场流动性计算公式为：

$$EL(\Delta t)=L(\Delta t)/VR(\Delta t) \tag{3.2.5}$$

其中，当 $p_1(\Delta t)=p_2(\Delta t)$ 发生时，选取使 $p_1(i\Delta t)\neq p_2(i\Delta t)$ 最小的 i，波动幅度 $VR(\Delta t)$ 表示为

$$VR(\Delta t)-\frac{p_1(i\Delta t)-p_2(i\Delta t)}{ip_2(i\Delta t)}$$

否则

$$VR(\Delta t)=\frac{p_1(\Delta t)-p_2(\Delta t)}{p_2(\Delta t)}$$

计算流通速度 $L(\Delta t)$ 见式（3.1.2）。之所以这样定义市场的流动性，是因为当罕见的极端情况 $p_1(\Delta t)=p_2(\Delta t)$ 发生时，波动幅度 $VR(\Delta t)$ 为零，这时流动性为无穷大，这显然是不合理的。

式（3.2.5）表明市场流动性就是流通速度 $L(\Delta t)$ 与波动幅度 $VR(\Delta t)$ 之比。市场流动性是流通速度的增函数，是波动幅度的减函数。

事实上这样定义股票流动性不仅反映了 Black(1971) 和 Kyle(1985) 论述股票流动性的原始思想，同时也考虑了市场的波动性，能较好地反映市场流动性，比如 B 股市场对境内居民开放的头几个交易日，股价空涨，而成交量极小，想买股票的人大多数人买不到，几乎没有几个人愿意卖股票，市场出现了一致看涨的局面，这时流动性是很差的，同样，当市场出现一致看跌时，流动性也很差。另一种极端情况是买卖股票的量都很大，但股票价格几乎没有多大变化，这时我们说市场流动性极好，股票流动性相当大。因此，有效流速表示一个单位的波动幅度

所能够达到的转换速度,或者说在一定波动幅度范围内所能够容纳的最大交易量。有效流速能真正地、更好地描述了股票流动性。

3.2.3 改进的市场深度和市场影响力计算公式

我们认为市场深度和市场影响力是反映市场流动性的最好指标。实证研究更经常考虑的是某一段时期的市场流动性,值得注意的是,如果采样周期 Δt 过长,用式(3.1.5)和式(3.1.7)表示的这两个指标将失效,比如 $\Delta t = 1$ 天或 $\Delta t = 1$ 周,这时最好采用如下公式代替式(3.1.5)和式(3.1.7)

$$D(\Delta t) = Q(\Delta t) / (p_1(\Delta t) - p_2(\Delta t)) \qquad (3.2.6)$$

$$I(\Delta t) = \frac{p_1(\Delta t) - p_2(\Delta t)}{p_2(\Delta t)} \bigg/ \frac{q(\Delta t)}{M(\Delta t)} \qquad (3.2.7)$$

其中,$p_1(\Delta t)$ 表示采样期间为 Δt 的最高成交价,$p_2(\Delta t)$ 表示采样期间为 Δt 的最低成交价,$q(\Delta t)$ 表示采样期间为 Δt 的成交量之和,这时深度 $D(\Delta t)$ 和影响力 $I(\Delta t)$ 能较好地反映中期流动性情况。当极端情况 $p_1(\Delta t) = p_2(\Delta t)$ 发生时,用最小报价单位 $h = 0.01$ 代替 $p_1(\Delta t) - p_2(\Delta t)$。

3.3 实证研究

3.3.1 A 股与 B 股的流动性比较

中国 B 股向境内投资者开放,改变了 B 股市场投资者的构成,市场微观结构发生了变化,因此研究证券市场的流动性及其度量方法,加强对市场流动性评估,考查市场微观结构发生了变化前后的流动性状况,适时运用市场手段增加市场流动性具有重要的理论意义和现实意义。

下面以上海证券交易所同时含有 A 股和 B 股的股票为例,截至 2000 年 12 月 29 日,上海证券交易所同时含有 A 股和 B 股的股票 41 只(不包括 PT 水仙),具体步骤如下:

(1)以周为单位收集这 41 只股票每周的交易量,收盘价格、最高价和最低价以及这 41 只股票流通 A 股数量和流通 B 股数量。

(2)由于 B 股股票对境内居民开放以后的头两周成交稀少,无法对流动性进行比较。按照流动性定义,这两周属于流动性最差的一种极端情况。因此,为了使比较更加有效,选取 2000 年 12 月的最后一周和 2001 年 3 月的最后一周这两段时期进行比较。

（3）运用式(3.2.6)和式(3.2.7)分别计算深度 $D(\Delta t)$ 和影响力 $I(\Delta t)$，计算结果见附表 D-1 和附表 D-2。

通过对附表 D-1 和附表 D-2 的结果进行分析，可以发现 B 股在向境内投资者开放以后的 2001 年 3 月最后一周的流动性指标明显好于开放前的 2000 年 12 月的最后一周，其中换手率增加 266%，深度增加 93%，影响力减少 64.53%，而含有 B 股的 A 股股票两个时期的流动性比较相差不大。通过对两个时期同时含有 A 股和 B 股的 A 股股票和 B 股股票进行比较，发现各指标的结果却不完全一致。在 B 股向境内居民开放之前的 2000 年 12 月的最后一周，A 股换手率 5.289% 高于 B 股换手率 3.114%，A 股股票深度 21 325.67 却小于 B 股股票 808 800，A 股股票的影响力 40.61 小于 B 股股票 76.45，而对 B 股股票向境内投资者开放后的 2001 年 3 月的最后一周进行比较，换手率和影响力都反过来了，而深度仍然是 B 股高，这是因为 B 股的流通股数量 614 223.4 万股远高于 A 股的流通数量 271 360.2 万股。扣除这种因素，说明在 B 股股票向境内投资者开放之前，A 股的流动性好于 B 股；在 B 股股票向境内投资者开放后，B 股的流动性好于 A 股。但这种情况能持续多久，从 2010 年到 2019 年 B 股的交易情况看，还需要继续跟踪研究。

进一步对开放政策实施前后的市场流动性的各项指标分别做配对 t 检验，结果如表 3-1 所示。

表 3-1　B 股向境内投资者开放前后市场流动性部分指标检验结果

检验指标	具有 A、B 股的 B 股股票指标比较结果			具有 A、B 股的 A 股股票指标比较结果		
	换手率差值	深度差值	影响力差值	换手率差值	深度差值	影响力差值
相关系数	0.352	0.859	0.277	0.055	0.800	0.448
相关系数 t 检验的双尾概率	0.024	0.000	0.079	0.731	0.000	0.003
平均值	−0.202 5	−18 433.1	1.203 4	$2.965×10^{-2}$	−34.947 6	$−7.58×10^{-2}$
标准差	$1.437×10^{-2}$	3 483.803	0.104 2	$2.198×10^{-2}$	83.266 1	0.103 4
差值的 t 检验值	−14.093	5.292	11.550	1.349	0.420	0.734
差值 t 检验的双尾概率	0.000	0.000	0.000	0.185	0.677	0.467

开放政策对同时具有 A、B 股的 A 股股票（以下简称 A 股）的流动性指标的

影响不如其对同时具有 A、B 股的 B 股股票(以下简称 B 股)流动性指标的影响显著。从对 B 股的差值 t 检验的双尾概率来看,差值 t 检验的双尾概率都非常小,接近于零,可以认为开放政策对 B 股各项流动性指标的影响是显著的;从对 A 股的差值 t 检验的双尾概率来看,差值 t 检验的双尾概率最小的也接近于 0.20,可以认为无法从统计中得出该政策对 A 股各项流动性指标影响显著的结论。通过对该项政策的实证分析,上述统计结论表明对同时具有 A 股、B 股的股票而言,其在 A 股市场和 B 股市场的各项指标具有相对独立性,针对 B 股市场的开放政策对 A 股市场影响并不显著。另外,从对 B 股的相关系数比较来看,对 B 股而言,开放政策前后其流动性各项指标的相关系数都比较大,这说明开放政策前的各项指标与开放政策后的各项指标有较强的正向相关关系;从对 A 股的相关系数比较来看,对 A 股而言,开放政策前后其流动性各项指标中,换手率之间的相关系数很小,这说明开放政策前后 A 股换手率指标之间没有明显的线性相关关系,而其他指标较大的相关系数则表明较强的正向相关。

3.3.2 大盘股与小盘股流动性比较

以中国证券市场 2001 年 5 月 28 日的股票为例,分别从沪深两市选出流通股超过 2 亿和流通股不足 3 500 万的股票各 60 只,其中不包括 2000 年 5 月 20 日之后上市的新股、不包括 ST 和 PT 的股票,分别用成交股数、成交金额、换手率、流通速度和有效流速计算每只股票的流动性,其计算结果见附表 D-3 和附表 D-4。

由附表 D-3 可以看出,运用传统度量股票流动性方法计算大盘股成交股数和成交金额最大的分别为宝钢股份和深发展,换手率和流通速度最大的都是泰山石油。成交股数、换手率和流通速度最小的都是银广夏,成交金额最小的是太钢不锈;而用本文提出的方法——有效流速来看,发现流动性最好的是上海汽车,最差的是银广夏。由附表 D-4 可以看出,运用传统度量股票流动性方法计算,小盘股成交股数、换手率和流通速度最大的都是轮胎橡胶,成交金额最大的是辽宁时代,成交股数和成交金额最小的都是炎黄在线,换手率和流通速度最小的都是重庆实业;而用本文提出的方法——有效流速来看,流动性最好的是轮胎橡胶,最差的是大龙泉。

进一步对大盘股与小盘股的各种流动性指标的总体样本均值进行了比较检验,检验结果如表 3-2 所示。结果表明:用交易股数和交易金额度量流动性,大盘股流动性明显好于小盘股,这说明大盘股的流动性风险小于小盘股,而用换手率、流动速度和有效流速来度量流动性,小盘股明显好于大盘股,反而说明小盘股的流动性风险小于大盘股,但从波动幅度来看,小盘股的波动风险明显大于大盘股。

表 3 - 2 　大盘股和小盘股流动性比较检验结果

检验指数		样本数	均值	标准差	误差均值	F 检验	尾概率	t 检验	尾概率
交易股数	大盘股	60	313. 324 3	256. 37	33. 097 22	28. 054	5.55×10^{-7}	7. 962 554	7.43×10^{-13}
	小盘股	60	47. 196 67	36. 025 5	4. 650 872				
交易金额	大盘股	60	3 253. 727	3 214. 388	414. 975 7	16. 472 98	8.91×10^{-5}	5. 184 624	9.07×10^{-7}
	小盘股	60	1 043. 563	755. 776 5	97. 570 33				
换手率	大盘股	60	0. 007 587	0. 004 72	0. 000 609	47. 591 01	2.79×10^{-10}	−6. 380 67	3.56×10^{-9}
	小盘股	60	0. 020 052	0. 014 377	0. 001 856				
流通速度	大盘股	60	0. 007 525	0. 004 709	0. 000 608	48. 095 91	2.32×10^{-10}	−6. 408 02	3.11×10^{-9}
	小盘股	60	0. 019 995	0. 014 319	0. 001 849				
波动幅度	大盘股	60	0. 023 198	0. 009 267	0. 001 196	5. 489 989	0. 020 8	−5. 396 73	3.55×10^{-7}
	小盘股	60	0. 034 788	0. 013 815	0. 001 784				
有效深度	大盘股	60	0. 357 305	0. 231 513	0. 029 888	9. 932 97	0. 002 058	−4. 276 42	3.88×10^{-5}
	小盘股	60	0. 585 785	0. 343 036	0. 044 286				

以上分析表明各种度量流动性风险指标各有利弊,都有一定局限性。因此,有必要进一步研究度量流动性风险的指标,提高度量流动性风险的科学性。

由此可见,有效流速指标最大的好处是在不同流通股数、不同流通市值、不同时间段和不同波动幅度的情况下,股票之间的流动性具有可比性。但是,当股票受主力机构完全控制时,这个指标完全失效是最大的缺点。

3.4　本章小结

本章对目前有关证券市场流动性的研究进行了概括性总结,给出刻画证券市场流动性的 4 个指标(包括宽度、深度、弹性和影响力)及传统的度量证券市场流动性的计算公式,主要有交易股数、交易笔数、交易金额、换手率和流通速度等,并指出了这些指标的局限性和应用范围,提出了改进方法。给出了有效流速和有效流量两个指标,并运用这两个指标对上海和深圳市场的股票流动性进行了计算,运用修改的市场深度和影响力计算公式比较了 B 股向境内投资者开放对同时含有 AB 股的 A 股股票和 B 股股票的流动性的影响,结果表明该项政策对 B 股的流动性影响显著,对 A 股流动性影响不显著。

需要特别指出的是,本章的实证研究,仅仅是比较了 B 股向境内投资者开放前后的两周的周指标,所得的结论还不具有说服力,尚需要继续跟踪研究。有关大盘股和小盘股的比较,也不能就此得出小盘股的流动性好于大盘股,因为所用数据仅是 1 个交易日的,还需要继续收集大量数据,进行统计检验,并考察是否具有周期性变化。

第4章   衍生资产及其定价

衍生资产(derivative security)是一种证券,其价值依赖于其他更基本的标的变量。衍生资产是企业、银行和政府等部门进行风险管理的主要工具,同时又是各大金融机构的重要投资对象。本章先介绍衍生资产,然后简要回顾金融经济的主要理论成果,重点分析了完全市场期权定价方法,提出了非完全市场衍生资产定价方法,分别得出了单期离散时间的确定性套利定价公式、ε-套利定价公式和区间定价公式。

4.1   现代金融理论的主要成果

金融工程学基本的中心点是金融风险的防范与控制、资本市场的运营、资本资产的供给和定价,其方法论是通过使资产的需求与供给相等来确定资产的均衡价格和使用相近的替代物给金融工具定价。在过去的几十年中,金融工程学的一项非常值得注意的进展是金融市场均衡模型的出现。金融市场是指债券、基金、股票、期货和期权等金融证券市场。金融风险问题是支撑这种进展的主要基石,可以说金融工程学的每一步进展都与金融风险问题有着密切联系,也可以说金融工程学是金融风险理论中一系列问题融合的结果。虽然这个分支学科还处在发展时期,但是,近几十年突飞猛进的发展,给这个分支学科带来了无限生机。在这个分支学科中,各种各样的金融市场模型占据着中心地位。其中,至今仍有重大影响的成果主要有:衍生资产发展,有效市场理论,证券组合理论,资本资产定价模型,套利定价理论,期权定价方程,资产结构理论。现简单介绍如下。

4.1.1   金融衍生资产的概念与种类

有关"金融衍生资产"这一概念还没有一个明确的界定,人们对其有不同的叫法,如金融衍生商品、金融衍生产品、金融衍生工具、派生金融工具、金融派生品、金融衍生证券等,英文也有"Financial Derivative Instrument""Derivative Financial Instrument""Derivative Security"等。经济合作与发展组织(OECD)对金融衍生品的定义是:"一般来说,衍生交易是一份双边合约或支付交换协议,它们的价值是从基本的资产或某种基础性的利率或指数上衍生出来的。今天,衍生交易所依赖的基础包括利率、汇率、商品、股票和 CDS 及其他指数";"衍生品一词还被用来包括具有上述衍生性,或包含了选择权的债务工具,如本金与利息收入而创造出来的债务工具"。John Hull(1993)将金融衍生品称为衍生证券,衍生证券(Derivative Security,也称衍生工具)是一种证券,其价值依赖于其他更基本的标的(也称基本的)变量。

1. 衍生资产的种类

衍生资产种类有多种分法:

(1) 按基础商品或资产的不同,可分为商品类衍生品和金融类衍生品。目前商品类衍生品包括以农产品、有色金属、黑色金属、能源、软产品、畜产品等为基础商品的衍生品;金融类衍生品则包括以债券、货币、股权等为基础资产的衍生品。

(2) 按衍生品自身交易方法及特点,又可分为 4 类:远期合约、期货、期权和互换;其中,远期合约是其他工具的始祖,其他衍生品可以认为是远期合约的延伸或变形。实际上,金融工程学科就是以这 4 种工具为基础的。

(3) 按照基础产品的交易形式不同,可分为 2 类:一类是交易双方的风险收益对称,都负有在将来某一日期按照一定条件进行交易的义务,包括远期合约、期货、互换;另一类是交易双方风险收益不对称,合约购买方有权选择履约与否,包括期权及期权的变通形式:股权证、可转换债券、利率上限(下限、上下限)等。

(4) 按交易地点的不同,可分为场内交易衍生品和场外交易衍生品。

(5) 从通用性和公开性角度看,又可将场外市场分为直接交易市场和间接交易市场。直接交易市场是指衍生品的价格信息可以直接从各种公开的媒介和金融信息网络终端获得。衍生品的结构是市场通用的,其交易是各家金融机构随时都可以提供报价成交的,它的交易对象主要是普通衍生品,如期权、远期、互换的交易。间接交易市场则完全不同,其内部结构是用专有产品的形式包装起来,不对外公开的。其价格是由银行等金融机构向客户提出,客户一般难以在公开市场上找到可供思考的价格标准。这类专有产品实际上就是结构性或复合型衍生品。目前,国际性大金融机构大多有结构性衍生品的设计部门,专门为客户或为自己达到营销目的而设计各种各样的产品。

(6) 衍生资产从形式上,可分为基础性衍生资产和结构性(structured)衍生资产。基础性衍生资产又称普通型衍生资产,包括期货、期权、远期和互换,其结构与定价方式已基本标准化和市场化。结构性衍生资产又称复合型(complex)衍生资产或奇异(Exotics)衍生资产。它是将各种基础性衍生资产组合在一起,有时也与存贷款业务联系在一起,形成一种特制的产品。这类产品或方案,是专门为满足客户某种特殊需要而设计的。

2. 金融衍生产品市场的发展历史

早在古希腊和古罗马时期,就已出现了中央交易场所、易货交易、货币制度,形成了按照既定时间和场所开展正式交易活动以及签订远期交货合约的做法。到 13 世纪,在普遍采用的即期交货的现货合同基础上,已开始出现根据样品的质量而签订远期交货合约的做法。而日本的大米现货交易最早可追溯至 18 世纪初期。1730 年,日本的大米市场开始进行大米的远期合约交易,除了大米市场,日本还成立了食用油、棉花和贵金属市场,但交易量远不及大米那样大。

期货交易可以追溯到大约公元前 1200 年的印度,随后出现于古罗马——格兰克时代。现代期货市场起源于法国和美国 13 世纪开始的中古时代集贸市场。不过第一次有记载的期货交易是在 1679 年的日本大阪。然而,真正的现代期货市场形式产生于美国 19 世纪中叶,芝加哥商品交易所(CBOT)于 1848 年由 82 位商人组建,其对期货市场的形成和发展功不可没。克里米亚战争和美国内战使得粮食价格波动不定,因而在内战期间粮食交易大增。据记载,最早的一份玉米远期合约签订于 1851 年 3 月 13 日,该合约的交易量为 3 000 蒲式耳,交货期为 6 月份,交易价格为每蒲式耳低于 3 月 13 日当地玉米市价 1 美分。严格地讲,作为一种交易方式,期权交易早已有之。据专家考证,早在古希腊、古罗马时期,一些地方即已出现了期权交易的雏形。到 18、19 世纪,美国和欧洲的农产品期权交易已相当流行。而股票期权早在 19 世纪即已在美国产生,但在 1973 年之前,这种交易都分散在各店头市场进行,因而交易的品种比较单一,交易的规模也相当有限。

互换交易的历史可能更为久远,原始社会的物物交换就是互换交易的雏形。尽管互换交易的对象主要为金融产品,是 20 世纪 80 年代初期在平行信贷基础上发展而来的,但互换业务的不断创新使其本质特征日益向物物交换这一最古老的交易方式回归。

然而,以上论述只能说明金融衍生品市场的历史,真正现代意义上的金融衍生品市场却是自 1848 年芝加哥商品交易所成立而开始的,其蓬勃发展则是由于石油危机、布雷顿森林体系解体所导致的全球经济波动性加大而促成的。1972年货币期货出现,1973 年股票期权出现。近 20 年来,其市场规模、范围不断扩大,其交易品种的类别迅猛增多。

4.1.2 有效市场理论

有效率的市场理论是由 Roberts(1967)和 Fama(1965)提出来的。简单地说,"有效率的市场"的真正含义是市场迅速准确地反映所有信息,但是,市场是有效还是无效,是高效还是低效,不是非此即彼的问题,有效程度是相对的、动态变化的。

一般认为高效市场具有以下几个特征:

(1) 证券价格应迅速准确地反映有关未来定价的所有信息。

(2) 证券价格从一个时期到下一时期的变化应该是随机的,因而今天的价格变化与过去的任何一天的价格变化无关。

(3) 区别将来某一时期的有利和无利的投资不可能以现阶段已知的这些投资的任何特征为依据。

(4) 投资者的投资收益只取决于机会,而不取决于能力水平,也就是说,我们无法根据投资收益来判断谁是"投资专家"谁是"无知的投资者"。

有效率的市场理论最简单的数学描述为:

$$E[R(t) \mid X(t)] = 1 + r(t) \qquad (4.1.1)$$

其中,E 表示期望算子、$R(t)$ 表示某种资产在 t 到 $t+1$ 持有期的总收益。$r(t)$ 表示在 t 时刻的机会成本率,$X(t)$ 表示可获得的信息集,式(4.1.1)表示在时期 t 可获得的信息集 $X(t)$ 所做出的条件预期等于机会成本,即投资者所预期的从某种资产投资中获得的收益将等于所有资金的机会成本。有效率市场假说方程式的另一表述是以价格 $P(t)$ 为工具的。对于一种没有花费的资产来说,由于

$$R(t) \equiv P(t+1)/P(t) \qquad (4.1.2)$$

我们可以将式(4.1.1)重写成

$$E[P(t+1) \mid X(t)] = [1 + r(t)]P(t) \qquad (4.1.3)$$

或

$$\frac{1}{1+r(t)} E[P(t+1) \mid X(t)] = P(t) \qquad (4.1.4)$$

折现价格必须服从鞅过程,经过对决定价格所使用的信息进行解释,就可给出有效率市场假说的经验内容。

　　有效率市场假设一直是激烈争论的问题之一，而且学者们进行了无数次的理论研究和实证考察，认为没有找到任何可利用的、充分有力的证据（Fama，1970）。20 世纪 80 年代初，Grossman & Stiglitz（1980）对有效率市场理论的逻辑基础提出疑义，认为同时相信这两点是自相矛盾：一方面，市场的有效率性是投机和套利的产物，而投机和套利都是有成本的活动；另一方面，因为市场是有效率的，所以投机和套利是得不到回报的。如果投机和套利得不到回报，这些活动就会停止。而一旦停止了投机和套利活动，市场又怎么能继续有效呢？无疑，投机和套利活动使得价格变得更为有效率，同样无疑的是，金融工程不断地以创新活动来利用市场的无效率，这些创新活动又会使市场变得更加有效率。事实上，正是这一矛盾统一体的不断变化，才使金融市场的效率呈现出统计上的周期性变化，即静态地看是矛盾的，动态地看是不矛盾的，因此有效市场理论是正确的。

4.1.3　证券组合理论

　　Markowitz（1952）发展了资产组合选择理论，这使得金融理论发生了一场革命，从而导致现代资本市场理论的发展，他运用概率论和线性规划的方法，提出的组合证券最优化模型被视为现代证券理论的基石。现将马克维茨（Markowitz）提出的组合证券最优化问题表示为如下二次规划模型：

$$\min_{X}\left[\boldsymbol{X}^{\mathrm{T}}\boldsymbol{\Sigma}\boldsymbol{X}\right] \qquad (4.1.5)$$

$$\boldsymbol{X}^{\mathrm{T}}\mu \geqslant r \qquad (4.1.6)$$

$$\mathrm{s.\,t.}\qquad \boldsymbol{H}^{\mathrm{T}}\boldsymbol{X}=1 \qquad (4.1.7)$$

$$\boldsymbol{L} \leqslant \boldsymbol{X} \leqslant \boldsymbol{U} \qquad (4.1.8)$$

其中，$\boldsymbol{X}=[x_1,\cdots,x_n]^{\mathrm{T}}$ 表示资产组合系数向量，x_j 表示投资在第 j 种证券的金额占总投资额的比例；$\boldsymbol{\mu}=[\mu_1,\cdots,\mu_n]^{\mathrm{T}}$ 表示收益的均值向量，$\boldsymbol{\Sigma}=(\sigma_{jk})_{n\times n}$ 表示收益的协方差矩阵，r 表示投资者所期望的最低收益率，$\boldsymbol{H}=[1,1,\cdots,1]^{\mathrm{T}}$，$\boldsymbol{L}=[L_1,\cdots,L_n]^{\mathrm{T}}$，$\boldsymbol{U}=[U_1,\cdots,U_n]^{\mathrm{T}}$ 分别表示买空卖空限制，比如，当 $L_i=0$，$U_i=1$ 时，表示不允许买空卖空第 i 种证券。式（4.1.5）表示投资者的目标是使投资风险 $\boldsymbol{X}^{\mathrm{T}}\boldsymbol{\Sigma}\boldsymbol{X}$ 最小，式（4.1.6）表示投资者的收益率不小于预期的最低收益率 r，式（4.1.7）表示投资者投资在各部分证券的资金比例之和是 1，式（4.1.8）表示对投资者的买空卖空限制。

　　该模型与任何其他经济模型一样，是建立在一系列严格的假设条件上的。

这些假设条件是：① 假设投资者的偏好仅与其资产组合期末预期收益的均值和方差有关；② 证券交易是在一个无摩擦的、完备的竞争市场中进行的，即没有税收和交易费用等，允许买空和卖空，每个投资者只被动地接受价格；③ 投资者对各种证券收益的概率分布有相同的估计；④ 在投资期的期末，投资者可以通过调整证券组合，使下一期投资效用极大化；⑤ 假设投资者偏好高收益低风险，即投资者是风险厌恶的(risk averse)，在满足这些假设后，模型的最优解就是证券投资的最优组合。

马可维茨的真知灼见是：风险为整个投资过程的重心，风险意味着可能发生的事比预期发生的更多，正如我们并不期待居住的楼宇火灾，但它可以发生火灾一样，我们为了避免这种可能损失，只有买保险。同样，我们不希望所持的股票跌价，但它可能下跌。因此，我们不把所有资金购进一种股票，即使它看起来前景那么美好。这确实能规避一定的风险，但是由于许多假设条件无法满足，使模型在现实中失效。即使基本满足这些条件，当 n 较大时，模型的计算也十分困难，不仅需要计算 n 个方差和 $n(n+1)/2$ 个协方差，而且当计算完 σ_{ij} 后，还要解决由方差矩阵产生的以二次型为目标函数的大型二次规划。为了克服这一困难，后来发展了资本资产定价模型(CAPM)和套利定价理论(APT)。

4.1.4 资本资产定价模型

所谓资本资产定价模型(CAPM)大体上是由 Sharpe(1964)、Lintner(1965)和 Mossin(1966)提出的。这个模型假设：① 投资者偏好仅与资产组合的预期收益的均值和方差有关；② 证券市场是一个无摩擦的、完全竞争的市场，投资者对收益概率的估计是相同的；③ 存在着一种无风险资产，投资者可以按照这一无风险资产的利率顺利借或贷。在这个假设条件下，其数学模型可描述为

$$E(r_i) - r_f = \frac{E(r_M) - r_f}{\sigma_M^2} \sigma_{iM} \text{ 或 } E(r_i) = r_f + [E(r_M) - r_f]\beta_i$$

$$(4.1.9)$$

其中，r_f 表示无风险利率，$E(r_M)$ 和 σ_M^2 分别表示证券市场所有证券的平均预期收益率及其方差，$E(r_i)$ 和 σ_{iM} 分别表示证券 i 的预期收益率及其与平均收益率 r_M 之间的协方差，$\beta_i = \sigma_{iM}/\sigma_M^2$。

CAPM 的意义之一是，它建立了证券收益与风险的关系，揭示了证券风险报酬的内部结构，即风险报酬是影响证券收益的各相关因素的风险贴水的线性组合。CAPM 的另一个重要意义在于它把证券的风险分成了系统风险与非系

统风险,比如根据式(4.1.9)可建立如下线性回归模型

$$r_i = \alpha_i + \beta_i r_M + \varepsilon_i \tag{4.1.10}$$

并假设 $E[\varepsilon_i] = 0$, $\mathrm{cov}(\varepsilon_i, r_M) = 0$。这时,收益 r_i 的风险为系统风险与非系统风险之和为

$$\sigma_i^2 = \beta_i^2 \sigma_M^2 + \sigma_{\varepsilon_i}^2 \tag{4.1.11}$$

资本资产定价模型一直是大量的实证研究的基础。总的说来,这些实证研究表明,资本资产定价模型可为金融市场的收益结构提供相当好的初步近似。

4.1.5 套利定价理论

由于 CAPM 应用研究有很大局限性,Ross(1976)就提出了套利定价理论(APT)。这个理论假定,证券收益是一个线性的多因子模型生成的,所有证券的风险残差,对每一种证券是独立的,因此,大数定律是适用的。套利定价理论可看作是 Markowitz(1952)引进的,并由 Sharpe(1964)加以发展和扩充的单一指标模型的扩展。显然,它同资本资产定价模型有着密切的关系。套利定价理论假定,每个投资者相信第 j 种证券的资产收益具有如下结构:

$$r_j = \sum_{i=0}^{p} \alpha_{ji} f_i + \varepsilon_j, \qquad j = 1, 2, \cdots, n \tag{4.1.12}$$

其中, $f_0 = 1$, $f_i(i = 1, 2, \cdots, p)$ 表示第 i 个影响证券收益的因素, α_{ji} 表示第 j 个证券的收益与第 i 个影响因素之间的协方差, ε_j 为拟合误差。假定式(4.1.12)中各因素相互独立,且 $E(f_k) = 0$;误差 ε_j 与各影响因素 f_k 也是不相关的,且 $E(\varepsilon_j) = 0$。

APT 的核心是假设不存在套利机会。套利机会是指在无风险又无资本的情况下就可以从投资中获取利益的机会。可以说,APT 在更加广泛的意义上建立了证券收益与宏观经济中其他因素的联系,APT 比 CAPM 为证券走势分析提供了更好的拟合。

4.1.6 期权定价方程

Black & Scholes(1973)发表了一篇关于期权定价的开创性论文,给出了期权定价模型。该模型的推导建立在 6 个假设基础上:① 没有交易成本、税收或卖空限制;② 无风险收益率是常量;③ 股票不付股息;④ 标的资产的随机价格服从几何布朗运动;⑤ 对于贸易市场是连续开放的;⑥ 期权是欧式的。自从布

来克(Black)和斯科尔斯(Scholes)的论文发表以后,由默顿、考克斯(Cox)、鲁宾斯坦(Rubinstein)、罗斯(Ross)、英格索尔(Ingersofl)等一些学者相继对这一理论进行了重要的推广并得到了广泛的应用(Merton,1973;Cox & Ross,1976a,1976b;Rubinstein,1976)。布莱克—斯科尔斯(Black-Scholes)的期权定价方法的基本思想是:衍生资产的价格及其所依赖的标的资产价格都受同一种不确定因素的影响,两者遵循相同的维纳过程。如果通过建立一个包含恰当的衍生资产头寸和标的资产头寸的资产组合,可以消除维纳过程,标的资产头寸与衍生资产头寸的盈亏可以相互抵消。由这样构成的资产组合为无风险的资产组合,在不存在无风险套利机会的情况下,该资产组合的收益应等于无风险利率,由此可以得到衍生资产价格的 Black-Scholes 微分方程:

$$
\begin{cases}
\dfrac{\partial P(x,t)}{\partial t} - rP(x,t) + rx\dfrac{\partial P(x,t)}{\partial x} + \dfrac{1}{2}\sigma^2 x^2\dfrac{\partial^2 P(x,t)}{\partial x^2} = 0 \\
P(x,T) = \max\{0, x-K\}, \ x > 0
\end{cases}
$$

$$(4.1.13)$$

其中,$P(x,t)$ 表示 t 时刻股票价格为 x 时期权的价值,T 表示期权的有效期限,r 表示无风险利率,σ^2 表示股票收益率变化速度的方差,描述的是股票价格的易变性,K 表示期权的执行价格。该方程的一个重要特性就是消去了预期收益率 μ,从而不包含任何反映投资者风险偏好的变量。由于风险偏好对期权定价不产生影响,所有投资者都是风险中性的假定是没有必要的。通过求解偏微分方程(4.1.13)可得欧式看涨期权的定价公式:

$$P(x,t) = x\Phi(d_1) - K\Phi(d_2)\exp[-r(T-t)] \qquad (4.1.14)$$

其中,$\Phi(\cdot)$ 是标准累积正态分布函数:

$$d_1 = \frac{\ln(x/K) + (r + \sigma^2/2)(T-t)}{\sigma\sqrt{T-t}}$$

$$d_2 = \frac{\ln(x/K) + (r - \sigma^2/2)(T-t)}{\sigma\sqrt{T-t}}$$

同理,可以得到欧式看跌期权的定价公式为:

$$P(x,t) = -x\Phi(-d_1) + K\Phi(-d_2)\exp[-r(T-t)] \qquad (4.1.15)$$

期权定价方程可以用来制订各种金融衍生产品的价格,是各种金融衍生产品估价的有效工具。期权定价方程为金融创新提供了有力的指导,是金融工程学的基础理论之一。

4.1.7　资产结构理论

在资本资产定价模型和套利定价理论模型中,公司的资产结构成了无关紧要的因素,然而在金融工程学中,公司的资产结构理论与有效市场理论和资产组合理论几乎是在同一时期发展起来的具有同等重要地位的成果。由于这一理论是由莫迪利亚尼(Modigliani)和米勒(Miller)于 1958 年提出来的,人们用两人姓名的第一个字母 M 命名这一理论,称之为 MM 定理。在这个定理中,假设银行利率等于债券利率,个人借贷和企业借贷是充分替代的;没有企业和个人所得税及破产风险;企业和投资者具有同等的边际成本和机会成本;资本市场充分有效运行。则在定理假设下,公司的资本结构与公司的市场价值无关,亦即企业的资本结构选择不影响公司的市场价值。

现以一个公司在某期限末要将全部资产变现为例,来说明这一理论。令 x 代表资产的随机变现值,假定这个公司有未清偿的债务,面值为 P,公司余下的资产值归股票持有者所有,他们在债券持有者之后拥有剩余债权。到期末时,如果 x 的值大于 P,股票持有者就会得到 $x-P$;如果 x 小于 P,股票持有者就什么也得不到。对股票持有者的最终支付为 $\max(x-P,0)$,此式可被认为是一种买方期权的最终支付。换言之,从对期权定价理论的普遍性质的贡献来说,股票持有者对公司的终值 x 有一种买方期权,其预购股票价格等于债务的票面价值 P。如果 x 不够用来支付所许诺的 P 的话,债券持有者能够要求全部资产的债权,他们至少会得到 $\min(x,P)$,公司的市场价值 V 定义为公司的自有资本价值 S 和公司的债务价值 B 之和。运用无套利分析,可以发现 V 不依赖债券的票面价值 P,因而也不依赖于债务和股本的相对数量,即

$$
\begin{aligned}
V &= B + S \\
&= E[\min(x,P)] + E[\max(x-P,0)] \\
&= E[\min(x,P) + \max(x-P,0)] \\
&= E(x)
\end{aligned}
\tag{4.1.16}
$$

这便说明了资产结构理论中最本质的东西。

MM 定理的假设条件是非常苛刻的,正是因为这些假定将大量的现实东西抽象化了,从而揭示了企业金融决策中最本质的关系——企业经营者和投资者行为及其相互作用。这就是 MM 定理的精髓。该理论公开发表以后,一些经济学家对这一定理用不同的方法从不同的角度作了进一步证明。其中最著名的有

Hamada(1969)用资本定价模型(CAPM)进行了再证明,还有 Stiglitz(1969)用一般均衡理论作了再证明,结论都与 MM 定理是一致的。

4.2 期权定价方法综述

期权是一种极为特殊的衍生产品,它能使买方有能力避免坏的结果,而从好的结果中获益,同时,它也能使卖方产生巨大的损失。当然,期权不是免费的,这就产生了期权定价问题。期权定价理论是现代金融理论最为重要的成果之一,它集中体现了金融理论的许多核心问题,其理论之深,方法之多,应用之广,令人惊叹。期权的标的资产也由股票、指数、期货合约、商品(金属、黄金、石油等)、外汇增加到了利率,可转换债券、认股权证、掉期和期权本身等许多可交易证券和不可交易证券。期权是一种企业、银行和投资者等进行风险管理的有力工具。

期权的理论与实践并非始于 1973 年 Black 和 Scholes 关于期权定价理论论文的发表。早在公元前 1200 年的古希腊和古腓尼基的贸易中就已经出现了期权交易的雏形,只不过在当时的认知条件下,人们不可能对其有深刻认识。期权的思想萌芽也可以追溯到公元前 18 世纪的《汉穆拉比法典》。公认的期权定价理论的始祖是法国数学家 Bachelier(1900)。令人难以理解的是,长达半个世纪之久,巴舍利耶(Bachelier)的工作都没有引起金融界的重视,直到 1956 年被克鲁辛格(Kruizenga)再次发现。

1973 年芝加哥委员会期权交易所创建了第一个用上市股票进行看涨期权交易的集中市场,首次在有组织的交易所内进行股票期权交易,在短短的几年时间里,期权市场发展十分迅猛,美国股票交易所、太平洋股票交易所以及费城股票交易所纷纷模仿,1977 年看跌期权的交易也开始出现在这些交易所内。有趣的是,布来克和斯科尔斯(Black & Scholes)发表的一篇关于期权定价的开创性论文也是在 1973 年,同年,默顿教授又对其加以推广和完善,不久,Black-Scholes 期权定价方程很快被编成了计算机程序,交易者只需键入包括标的资产价格、标的资产价格的波动率、货币利率和期权到期日等几个变量就很容易解出该方程,后来有人用这个方程对历史期权价格进行了验证,发现实际价格与理论价格基本接近。这一理论研究成果直接被应用到金融市场交易的实践中,推动了各类期权交易的迅猛发展。

关于期权定价的理论研究和综述文献已相当丰富(Ross,1976b;黄小原,1996;Toft,1996;Amin,1993;马超群和陈牧妙,1999;Sprenkle,1961;Kassouf,

1969；Boness，1964；Samuelson，1965；Cox et al.，1979；党开宇和吴冲锋，2000；顾勇和吴冲锋，2001；Zhang，1998；郑立辉，2000；宋逢明，1998；罗开位等，2000）。这一部分与以往综述类文献根本不同的特点是将金融市场分为完全的金融市场和非完全的金融市场，突出了适用于非完全市场期权定价理论的研究成果。金融市场是完全的假设下的期权定价问题的研究已经取得了丰硕的成果。如今，在金融市场不完全情况下的期权定价问题已经成为人们的研究热点（黄小原，1996；Toft，1996；Amin，1993；马超群和陈牧妙，1999）。股票期权价格是以所对应的标的股票价格为基础的，受股票价格的波动率及无风险收益率等参数的影响。目前关于期权定价方法研究的主要成果有：① 传统期权定价方法；② Black-Scholes 期权定价方法；③ 二叉树期权定价方法；④ 有限差分方法；⑤ 蒙特卡罗模拟方法；⑥ 确定性套利方法；⑦ ε-套利定价方法；⑧ 区间定价方法。为了更好地了解期权定价方法发展的脉络，接下来对此进行较详细的论述。

4.2.1　期权的基本概念

期权有两种基本类型：看涨期权（call option）和看跌期权（put option）。看涨期权的持有者有权在某一确定时间以某一确定的价格购买标的资产，看跌期权的持有者有权在某一确定时间以某一确定的价格出售标的资产。需要强调的是，期权赋予其持有者做某件事情的权限，而不要求其义务，也就是说，持有者不一定必须行使该权利。这一特点使期权不同于远期和期货，在远期和期货合约中持有者有义务购买或出售该标的资产。

期权合约中的价格被称为执行价格（exercise price 或 strike price）。合约中的日期称为到期日（expiration date 或 maturity）。美式期权（American options）可在期权有效期内的任何时候执行。欧式期权（European options）只能在到期日执行。在交易所中交易的大多数期权为美式期权。但是，欧式期权通常比美式期权更容易分析，并且美式期权的一些性质总是可以由欧式期权的性质推导出来。因此本节将重点研究欧式期权的定价及套期保值（hedging 或对冲）策略等问题。

每一个期权合约都有两方：一方是持有期权多头头寸的投资者（即购买期权的一方）；另一方是持有期权空头头寸的投资者（即出售期权的一方）。期权的出售方事先收取现金（称为期权费），但之后具有潜在的负债。期权有四种基本的头寸，即看涨期权的多头，看跌期权的多头，看涨期权的空头和看跌期权的空头。一般用期权到期日的损益来描述欧式期权投资者的头寸状况。如果以 K 代表执行价格，S_T 代表标的资产的到期日价格，则欧式看涨期权多头的损益

为 $\max(S_T - K, 0)$。这就表明,如果 $S_T > K$,就会执行期权,给其持有者带来好处;如果 $S_T \leqslant K$,就不执行期权。类似地,欧式看涨期权空头的损益为 $-\max(S_T - K, 0)$。欧式看跌期权多头的损益为 $\max(K - S_T, 0)$,欧式看跌期权空头的损益为 $-\max(K - S_T, 0)$。

4.2.2　传统期权定价方法

在 Black-Scholes 以前,公认的期权定价模型的提出者是法国的巴舍利耶。他发表了他的博士论文"投机理论"(theorie de la speculation),第一次给予布朗运动(Brown Motion)以严格的数学描述。他假设股票价格过程是一个没有漂移和每单位时间具有方差 σ^2 的纯标准布朗运动,得出到期日看涨期权的预期价格:

$$P(x, t) = x\Phi\left(\frac{x-k}{\sigma\sqrt{t}}\right) - k\Phi\left(\frac{x-k}{\sigma\sqrt{t}}\right) + \sigma\sqrt{t}\,\phi\left(\frac{x-k}{\sigma\sqrt{t}}\right) \tag{4.2.1}$$

其中,$P(x, t)$ 表示 t 时刻股票价格为 x 时期权的价值,x 表示股票价格,k 表示期权的执行价格,Φ 表示标准正态分布函数,ϕ 表示标准正态分布密度函数。

现在来看,巴舍利耶期权定价模型的主要缺陷是绝对布朗运动允许股票价格为负和平均预期价格变化为零的假设脱离实际,而且没有考虑资金的时间价值。

在巴舍利耶以后,期权定价模型的最新发展,当属 Sprekle(1961)。他假设了一个股票价格服从具有固定平均值和方差的对数分布,且该分布允许股票价格有正向漂移。他得到的看涨期权价值公式为

$$P(x, t) = xe^{\alpha t} \cdot \Phi\left[\frac{\ln(x/k) + \left(\alpha + \frac{1}{2}\sigma^2\right)t}{\sigma\sqrt{t}}\right] - (1-\pi)K \cdot$$

$$\Phi\left[\frac{\ln(x/k) + \left(\alpha - \frac{1}{2}\alpha^2\right)t}{\sigma\sqrt{t}}\right] \tag{4.2.2}$$

其中,参数 π 是市场"价格杠杆"的调节量,α 是股票预期收益率(不是无风险收益率),这一模型也没有考虑资金的时间价值。

这一期间,Kassouf(1969)、Boness(1964)和 Samuelson(1965)也相继给出了看涨期权定价公式,特别是博内斯(Boness)和萨缪尔森(Samuelson)的看涨期

权定价公式基本上接近 Black-Scholes 的期权定价公式。

4.2.3　现代期权定价方法

现代期权定价方法分为连续时间期权定价方法和离散时间期权定价方法，连续时间期权定价方法见 4.1.6 部分的内容，离散时间期权定价方法就是二叉树方法。二叉树方法是由 Cox，Ross 和 Robinstein(1979)提出来的，其基本思想是：把期权的有效期分为若干个足够小的时间间隔，在每一个非常小的时间间隔内假定标的资产的价格从开始的 x 运动到两个新值，运动到比现价高的值 xu 的概率为 p，运动到比现价低的值 xd 的概率为 $1-p$。由于标的资产价格的变动率服从正态分布，运用风险中性定价原理，可以求得

$$u = \mathrm{e}^{\sigma\sqrt{\Delta t}} \qquad d = \frac{1}{u} = \mathrm{e}^{-\sigma\sqrt{\Delta t}} \qquad P = \frac{\mathrm{e}^{\Delta t} - d}{u - d} \qquad (4.2.3)$$

假设初始时刻时间为 0，已知标的资产的价格为 x，时间为 Δt 时，标的资产价格有两种可能：xu 和 xd；时间为 $2\Delta t$ 时，标的资产价格有三种可能：xu^2，xud 和 xd^2。注意在计算每个节点标的资产价格时，要使用 $u = \dfrac{1}{d}$ 这一关系。一般情况下，$i\Delta t$ 时刻，标的资产价格有 $i+1$ 种可能

$$xu^j d^{i-j}, \qquad j = 0, 1, \cdots, i \qquad (4.2.4)$$

如果是看涨期权，其价值应为 $\mathrm{Max}(x-k, 0)$，这样，在已知到期日的股价之后，可求出二叉树的 $M+1$ 个末端期权的价格。依据风险中性定价原理，$T-\Delta t$ 时刻每个节点上期权的价格都可由 T 时刻期权价格的期望值以无风险利率 r 折现求得。以此类推，我们可由期权的未来值回溯期权的初始值。二叉树方法是由期权的未来值回溯期权的初始值，因此可以运用美式期权计算。美式期权在某个节点期权的价格是如下两个价格之中的较大者：一个是立即执行时的价格；另一个是继续持有 Δt 时间的折现值。

假设一个不付红利股票的美式期权的有效期被分成 N 个长度为 Δt 的小段。设 c_{ij} 为 $i\Delta t$ 时刻股票价格为 $xu^j d^{i-j}(0 \leqslant i \leqslant N, 0 \leqslant j \leqslant i)$ 时的期权价值，也就是节点 (i, j) 的期权值。由于美式看涨期权在到期日的价值为 $\max(x-k, 0)$，因此

$$c_{Nj} = \max[xu^j d^{N-j} - k, 0], \qquad j = 0, 1, \cdots, N \qquad (4.2.5)$$

在 $i\Delta t$ 时刻股票价格 $xu^j d^{N-j}$ 从节点 (i, j) 向 $(i+1)\Delta t$ 时刻节点 $(i+1,$

$j+1$)移动的概率为 p,即移动到股票价格为 $xu^{j+1}d^{i-j}$;向节点 $(i+1, j)$ 移动的概率为 $1-p$,即移动到股票价格为 $xu^j d^{i+1-j}$。假设不提前执行,风险中性倒推公式为:

$$c_{ij} = e^{-r\Delta t}[pc_{i+1, j+1} + (1-p)c_{i+1, j}] \quad (0 \leqslant i \leqslant N-1, 0 \leqslant j \leqslant i)$$
(4.2.6)

若考虑提前执行时,式(4.2.6)中的 c_{ij} 必须与看涨期权的内涵价值进行比较,因此可以得到:

$$c_{ij} = \max\{xu^j d^{i-j} - k, e^{-r\Delta t}[pc_{i-1, j+1} + (1-p)c_{i+1, j}]\} \quad (4.2.7)$$

因为计算是从 T 时刻倒推回来的,所以 $i\Delta t$ 期权价值不仅反映了在 $i\Delta t$ 时刻提前执行这种可能性对期权价值的影响,而且也反映了在后面的时间里提前执行对期权价值的影响。当 Δt 趋于 0 时,可以获得准确的美式看涨期权价值。如果不考虑提前执行,就得出欧式看涨期权价值。

4.2.4 蒙特卡罗模拟方法

蒙特卡罗模拟方法(Monte Carlo method)是一种对欧式衍生资产估值的方法(赫尔,1997),其基本思想是:假设已知标的资产价格的分布函数,然后把期权的有效期限分为若干个小的时间间隔,借助计算机的帮助,可以从分布的样本中随机抽样来模拟每个时间间隔股价的变动和股价一个可能的运行路径,这样就可以计算出期权的最终价值。这一结果可以被看作全部可能终值集合中的一个随机样本,用该变量的另一条路径可以获得另一个随机样本。更多的样本路径可以得出更多的随机样本。如此重复几千次,得到 T 时刻期权价格的集合,对几千个随机样本进行简单的算术平均,就可求出 T 时刻期权的预期收益。根据无套利定价原则,把未来 T 时刻期权的预期收益 X_T 用无风险利率折现就可以得到当前时刻期权的价格。

$$P = e^{-rT}E(X_T) \quad (4.2.8)$$

其中,P 表示期权的价格,r 表示无风险利率,$E(X_T)$ 为 T 时刻期权的预期收益。

蒙特卡罗模拟方法的优点在于它能够用于标的资产的预期收益率和波动率的函数形式比较复杂的情况,而且模拟运算的时间随变量个数的增加呈线性增长,其运算是比较有效率的。但是,该方法的局限性在于只能用于欧式期权的估价,而不能用于可以提前执行合约的美式期权,且结果的精度依赖于模拟运算次数。

4.2.5　有限差分方法

有限差分方法主要包括内含有限差分方法和外推有限差分方法,其基本思想是通过数值方法求解衍生资产所满足的微分方程来为衍生资产估值,将微分方程(4.1.13)转化为一系列差分方程之后,再通过迭代法求解这些差分方程(赫尔,1997)。总的来看,有限差分方法的基本思想与二叉树方法基本相似,它们既可以用来求解欧式期权的价格又可以用来求解美式期权的价格。

4.2.6　非完全市场期权定价方法

在非完全市场,对于期权 v 不存在完全复制策略,也就是说,找不到资产组合 θ,使得 $D^{\mathrm{T}}\theta=v$,套期保值者对它的资产不能完全套期保值。鉴于非完全市场衍生资产价格不是一个确定的值,运用众所周知的 Black-Scholes 期权定价方法、二叉树方法和蒙特卡罗模拟方法无法解决非完全市场期权定价问题,必须研究其他方法。下一节将给出非完全市场衍生资产定价方法完全适用的期权定价。主要方法有衍生资产的确定性套利定价方法、区间定价方法和 ε-套利定价方法。

4.3　非完全市场套利定价方法

经典的衍生资产定价所采用的方法就是无套利原则。Beja(1971)是最早用线性函数研究资产定价问题的学者,他认为均衡价格是存在的,而且注意到均衡性质要求泛函是线性的。罗思是最先提出无套利定价这一思想的著名学者之一(Ross,1976a;Ross,1976b),他认为客观上存在着一个不仅给实际上市的资产定价的规则,而且也存在能给所有资产定价的规则。套利机会是这样的一个投资策略,即保证在某些偶然情况下获取正报酬而没有负报酬的可能性,也无须净投资。换句话说,套利机会代表的是一个货币泵(money pump)。衍生资产定价理论是现代金融理论的重要内容之一,经典的衍生资产定价方法是构造一个与衍生资产收益完全相等的资产组合,称为完全复制策略,然后根据这一资产组合的价值来确定衍生资产的价格。但是,当金融市场不完全时,衍生资产的完全复制策略不一定存在,这时就不能进行合理的定价。而现实的金融市场是非完全的,那么,在这种情况下,怎样给衍生资产定价呢? Amin(1993)和郑立辉(2000)分别提出了基于鲁棒控制的定价方法。这种方法的基本思路是使衍生资产的价格首先满足卖方的要求,即用这笔衍生资产费用可以构造一个资产组合,使其收益总是大于或等于衍生资产的收益。这样的资产组合被称为强复制策略。Amin(1993)把强复制策略的最低成本作为衍生资产的价格,而郑立辉(2000)则要求衍生资产价格同时满足无套利的要求。事实上,非完全市场衍生资产价格不是一个确定的值,而是一个区间。在完全金融市场情况下,这个区间就退化为一个点,这时衍生资产定价与经典无套利定价方法得到的结果是一致的。本节在单期金融市场模型假设下,研究了非完全市场衍生资产定价问题,首先介绍了经典的无套利定价方法,指出了这种方法只适用于完全的金融市场的局限性,然后把无套利定价思想推广到了非完全市场,提出了衍生资产的定价区间方法和 ε-套利定价方法,最后通过算例进一步说明经典的套利定价方法是区间定价方法和 ε-套利定价方法的特殊情况。区间定价方法和 ε-套利定价方法是经典的套利定价方法的推广,运用 ε-套利定价方法所得到的结果一定在运用区间定价方法所得到的区间内。区间定价方法和 ε-套利定价方法都既适用于完全金融市场,又适用于非完全的金融市场。

4.3.1 经典套利定价方法

为了更好地理解非完全的市场衍生资产定价方法,还是先给出完全的市场单期离散时间情况下的衍生资产定价方法。

考虑单时期模型,假设在金融市场中只有 n 种线性无关的风险资产(无风险资产可以看作特殊的风险资产),相应的期初价格向量为 $q = [q_1 \quad \cdots \quad q_n]^T \in \mathbf{R}^n$,风险资产在期末有 k 种不确定状态,用有限集合 $S = \{s_1, s_2, \cdots, s_k\}$ 表示。用 $n \times k$ 维矩阵 D 表示风险资产在不确定状态下的价格矩阵,其元素 d_{ij} 表示风险资产 i 在状态 j 情况下的价格。$\theta = [\theta_1, \theta_2, \cdots, \theta_n]^T \in \mathbf{R}^n$ 表示风险资产组合向量,其中的元素表示各种风险资产的持有量。资产组合 θ 的期初市场价值为 $q^T\theta$。用 $I = [1, 1, \cdots, 1]^T$ 表示元素都是 1 的 n 维列向量。假设以 n 种风险资产为标的衍生资产收益函数为 $v: \mathbf{R}^n \to \mathbf{R}$,即它在不同状态下的收益为 $v_j = v(d_{.j})$。仍然用 v 表示衍生资产的收益向量,即 $v = [v_1, v_2, \cdots, v_k]^T$,下面我们来看怎样确定衍生资产 v 的价格 $p(v)$。

以下规定:

$\geqslant$:表示向量的所有元素非负;

$>$:表示$\geqslant$,且在某些分量上是大于;

$\gg$:表示向量的元素均为正数。

首先给出状态价格向量的定义:

定义 4.1 如果存在向量 X 满足 $DX = q$,则称 X 是一个状态价格向量。

在经典的金融理论中有如下结论(Duffie,1992):

定理 4.1　当且仅当金融市场没有经典套利机会时,存在一个满足 $\boldsymbol{X} \gg 0$ 的状态价格向量,使得 $p(v) = \boldsymbol{v}^{\mathrm{T}}\boldsymbol{X}$。

由状态价格向量的定义知,可以通过求解方程组 $\boldsymbol{q} = \boldsymbol{DX}$ 得到 $\boldsymbol{X}$,然后利用上述结果确定出衍生资产的价格。当金融市场完全时,该方程组有唯一的解,能够利用经典套利的概念确定出衍生资产的价格。但是,当金融市场不完全时,该方程组的未知变量数目大于有效的方程数目。因此方程组的解 $\boldsymbol{X}$ 不唯一确定,衍生资产的价格也不唯一确定。

定理 4.2　对于衍生资产 v,如果存在完全复制策略 $\boldsymbol{\theta}_v$,则当且仅当金融市场没有经典套利机会时,有 $p(v) = \boldsymbol{q}^{\mathrm{T}}\boldsymbol{\theta}_v$。

同样,当金融市场完全时,通过求解方程组 $\boldsymbol{D}^{\mathrm{T}}\boldsymbol{\theta} = v$,一定能得到完全复制策略 $\boldsymbol{\theta}_v$。当金融市场不完全时,则上述方程组不一定有解。因此,当金融市场不完全时,用这种方法不一定能够确定出衍生资产的价格。

4.3.2　ε-套利定价方法

我们还是考虑单期离散时间模型,假设条件与 4.3.1 节所述相同。首先,给出几个定义。

定义 4.2　如果资产组合 θ 满足 $\boldsymbol{q}^{\mathrm{T}}\boldsymbol{\theta} \leqslant 0$ 且 $\boldsymbol{D}^{\mathrm{T}}\boldsymbol{\theta} > 0$,则称 $\boldsymbol{\theta}$ 是一个传统套利。

定义 4.3　如果资产组合 θ 满足 $\boldsymbol{q}^{\mathrm{T}}\boldsymbol{\theta} \leqslant 0$ 且 $\boldsymbol{D}^{\mathrm{T}}\boldsymbol{\theta} \gg 0$,则称 $\boldsymbol{\theta}$ 是一个确定性套利。

定义 4.4　对于给定 ε,如果资产组合 θ 满足 $\boldsymbol{q}^{\mathrm{T}}\boldsymbol{\theta} \leqslant 0$ 且 $\boldsymbol{D}^{\mathrm{T}}\boldsymbol{\theta} + \varepsilon\boldsymbol{I} \geqslant 0$,则称 $\boldsymbol{\theta}$ 是一个 ε-套利。

确定性套利者在任意状态都得到正的套利收入,它是一个"确定性货币泵";而传统套利和 ε-套利只为套利者提供了获得无风险收益的可能,并不能保证其一定得到正的套利收入,它是一个"概率性货币泵"。ε-套利也是一个"概率性货币泵",但是,它是一个有风险套利。

为了研究非完全的金融市场中衍生资产的定价方法,下面进一步给出金融市场的结构性概念。

定义 4.5　对于任意衍生资产 v,如果资产组合 $\boldsymbol{\theta}$ 满足 $\boldsymbol{D}^{\mathrm{T}}\boldsymbol{\theta} = v$,则称 $\boldsymbol{\theta}$ 是衍生资产 v 的完全复制策略。

定义 4.6　对于任意衍生资产 v,如果资产组合 $\boldsymbol{\theta}$ 满足 $\boldsymbol{D}^{\mathrm{T}}\boldsymbol{\theta} \geqslant v$,则称 $\boldsymbol{\theta}$ 是衍生资产 v 的强复制策略。

定义 4.7　对于任意衍生资产 v,如果对于给定 ε,资产组合 $\boldsymbol{\theta}$ 满足

$\| D^{\mathrm{T}}\theta - v \| \leqslant \varepsilon$，则称 θ 是一个 ε-不完全复制策略。

记矩阵 D 张成的空间为 $\mathrm{span}(D) = \{D^{\mathrm{T}}\theta, \ \theta \in \mathbf{R}^N\}$，则下面三个定义等价：

定义 4.8 如果 $\mathrm{span}(D) = \mathbf{R}^S$，则称金融市场是完全的，否则称金融市场是非完全的。

定义 4.9 如果 $n \geqslant k$，则称金融市场是完全的，否则称金融市场是非完全的。

定义 4.10 在金融市场中，如果对于任意衍生资产 v，都存在资产组合 θ，使得 $D^{\mathrm{T}}\theta = v$，那么称金融市场是完全的，否则称金融市场是不完全的。

定义 4.11 在金融市场中，如果对于任意衍生资产 v，总存在 v 的强复制策略，那么称金融市场是广义完全的；否则，称金融市场是非广义完全的。

定义 4.12 在金融市场中，如果存在某一衍生资产 v，都找不到资产组合 θ，使得 $D^{\mathrm{T}}\theta = v$，那么称金融市场是不完全的。

记衍生资产 v 的 ε-复制策略构成的集合为 $H_\varepsilon(v) = \{\theta: \| D^{\mathrm{T}}\theta - v \| \leqslant \varepsilon\}$，则有：

定义 4.13 对于衍生资产 v 和给定 ε，其价格 $p^*(v)$ 定义为

$$p^*(v) = \{q^{\mathrm{T}}\theta: \min_{\theta \in H_\varepsilon(v)} \| D^{\mathrm{T}}\theta - v \|\} \tag{4.3.1}$$

这就是基于 ε-套利的衍生资产定价公式。

4.3.3 确定性套利方法

继续在 4.3.1 节给定的假设条件下，讨论基于确定性套利的衍生资产定价方法。显然，如果金融市场是完全的，那么它一定是广义完全的，否则，不一定成立。可见，广义完全性是对完全性的一种推广。

记衍生资产 v 的强复制策略构成的集合为 $H(v) = \{\theta: D^{\mathrm{T}}\theta \geqslant v\}$。

定义 4.14 对于衍生资产 v，其价格 $p^*(v)$ 定义为

$$p^*(v) = \min_{\theta \in H}q^{\mathrm{T}}\theta \tag{4.3.2}$$

式(4.3.2)就是基于确定性套利的衍生资产定价公式。一般来说，衍生资产的卖方要构造一个强复制策略来对他的潜在负债进行套期保值，因此衍生资产的卖方要求衍生资产价格不低于它的套期保值成本。于是 Amin(1993)把衍生资产的价格定义为最低的套期保值成本。

定义 4.15 衍生资产 v 的卖方价格定义为集合 $P_w(v) = \{q^{\mathrm{T}}\theta: \theta \in H(v)\}$

中的元素,买方价格定义为集合 $P_b(v) = \{p: p$ 使得金融市场无确定性套利$\}$ 中的元素,衍生资产的公平价格定义为集合 $P_f(v) = P_w(v) \bigcap P_b(v)$ 中的元素。

这一定义把所有满足套期保值条件的价格定义为衍生资产的卖价。另一方面,由于衍生资产的买方一般要求衍生资产价格不给卖方带来套利机会;否则他宁愿自己利用这一套利机会,而不会把它让渡给衍生资产的卖方。因此,在定义 15 中,衍生资产的买价被定义为满足无套利条件的所有价格。衍生资产的公平价格应该同时满足买卖双方的要求,这正是定义 15 中衍生资产价格的经济含义。下面给出基于确定性套利的衍生资产定价定理,定理的证明见郑立辉和张近(2001)的研究。

定理 4.3　当且仅当金融市场不存在确定性套利机会时,存在一个满足 $X > 0$ 的状态价格向量。

定理 4.4　如果金融市场不存在传统套利机会和确定性套利机会,那么定义 14 和定义 15 确定的衍生资产价格等价,即 $P_f(v) = \{p^*(v)\}$。

根据定理 4 可以得到如下结果:

推论 4.1　在金融市场不允许传统套利和确定性套利的条件下,对于任意衍生资产 v,如果存在完全复制策略 θ_v,则 $p^*(v) = \boldsymbol{q}^T \boldsymbol{\theta}_v$,或 $P_f(v) = \{\boldsymbol{q}^T \boldsymbol{\theta}_v\}$。

推论 4.2　当金融市场是广义完全的并且不允许传统套利和确定性套利时,对于任意衍生资产 v,由定义 13 和定义 14 确定的衍生资产价格存在,且是唯一的。

4.3.4　区间定价方法

区间定价方法(Musiela & Kutkowski,1997)的基本思想仍然采用无套利定价原理,虽然在非完全市场不能确定衍生资产的价格,但却可以确定衍生资产的价格区间。用 a 表示衍生资产买入者可接受的价格,用 b 表示衍生资产卖出者可接受的价格,合理的衍生资产价格一定在区间 $[a, b]$ 上。那么如何确定 a 和 b 呢? 运用无套利原理。衍生资产的买方希望衍生资产价格的确定不给衍生资产的卖方带来套利机会,否则他宁愿自己利用这一套利机会,而不会把它让给衍生资产的卖方。这样运用衍生资产卖方无套利原则确定的衍生资产价格就是 a。 同理,运用衍生资产买方无套利原则确定的衍生资产价格就是 b,下面在 4.3.1 节的假设条件下给出确定 a 和 b 的公式。

卖方无套利原则:对于衍生资产的买入者来说,就是要确定资产组合向量 θ,对买入的衍生资产可能带来的损失进行套期保值,使在保证期末有非负盈利

的情况下,把最大的初始成本作为衍生资产的价格,其数学模型为

$$\begin{cases} \max_{\theta} \boldsymbol{q}^{\mathrm{T}}\boldsymbol{\theta} \\ \text{s. t.} \quad v - \boldsymbol{D}^{\mathrm{T}}\boldsymbol{\theta} \geqslant 0 \end{cases} \tag{4.3.3}$$

若记衍生资产 v 的买方强复制策略构成的集合 $H(v) = \{\theta : v - D^{\mathrm{T}}\theta \geqslant 0\}$,则有:

定义 4.16 对于衍生资产的 v,其价格的下限定义为

$$a = \max_{\theta \in H(v)} \boldsymbol{q}^{\mathrm{T}}\boldsymbol{\theta} \tag{4.3.4}$$

按照这个价格,衍生资产的卖方无法构造套利组合。

买方无套利原则:对于衍生资产的卖出者来说,就是要确定资产组合向量 θ,对卖出的衍生资产可能带来的损失进行套期保值,使在保证期末有非负的盈利的情况下的最小初始成本作为衍生资产的价格,其数学模型为

$$\begin{cases} \min_{\theta} \boldsymbol{q}^{\mathrm{T}}\boldsymbol{\theta} \\ \text{s. t.} \quad \boldsymbol{D}^{\mathrm{T}}\boldsymbol{\theta} - v \geqslant 0 \end{cases} \tag{4.3.5}$$

若记衍生资产 v 的卖方强复制策略构成的集合 $G(v) = \{\theta : \boldsymbol{D}^{\mathrm{T}}\boldsymbol{\theta} - v \geqslant 0\}$,则有:

定义 4.17 对于衍生资产 v,其价格的上限定义为

$$b = \min_{\theta \in G(v)} \boldsymbol{q}^{\mathrm{T}}\boldsymbol{\theta} \tag{4.3.6}$$

按照这个价格,衍生资产的买方无法构造套利组合。

衍生资产的卖方通过构造的强复制策略来对他的潜在负债进行套期保值所确定的衍生资产的价格就是衍生资产的买方的无套利价格。衍生资产的买方通过构造的强复制策略来对他的潜在负债进行套期保值所确定的衍生资产的价格就是衍生资产的卖方的无套利价格。

非完全市场衍生资产价格区间为:

$$[a, b] = \left[\max_{\theta \in H(v)} \boldsymbol{q}^{\mathrm{T}}\boldsymbol{\theta}, \min_{\theta \in G(v)} \boldsymbol{q}^{\mathrm{T}}\boldsymbol{\theta} \right] \tag{4.3.7}$$

4.4 算例分析

例 4.1 假设金融市场只有两种资产,一种是风险资产,当前价格为 100

元；另一种是无风险资产，当前价格为 1 元，无风险收益率 $r=0.1$，考虑一种一年期以 100 元执行价格交割的风险资产的欧式看涨期权。试确定下列两种情况下的期权价格。

① 若期末风险资产的价格有两种可能，分别为 120 元和 90 元；

② 若期末风险资产的价格有三种可能，分别为 120 元、108 元和 90 元。

在情况①下，期末期权的价格向量为

$$\boldsymbol{v}=\begin{bmatrix}\max(120-100,0) & \max(90-100,0)\end{bmatrix}^{\mathrm{T}}=\begin{bmatrix}20 & 0\end{bmatrix}^{\mathrm{T}}$$

$$\boldsymbol{D}=\begin{bmatrix}120 & 90\\1.1 & 1.1\end{bmatrix}\qquad\boldsymbol{q}=\begin{bmatrix}100\\1\end{bmatrix}$$

• 运用经典套利定价方法：解方程组 $\boldsymbol{q}=\boldsymbol{DX}$ 得状态价格向量 $\boldsymbol{X}=\begin{bmatrix}0.606 & 0.303\end{bmatrix}^{\mathrm{T}}$，则期权价格为 $p(v)=\boldsymbol{v}^{\mathrm{T}}\boldsymbol{X}=12.12$。另外，通过求解 $\boldsymbol{D}^{\mathrm{T}}\boldsymbol{\theta}=v$，可得 v 的完全复制策略为 $\boldsymbol{\theta}=\begin{bmatrix}0.666\,7 & -54.545\end{bmatrix}^{\mathrm{T}}$。根据定理 4.2 也可以确定期权的价格 $p(v)=\boldsymbol{q}^{\mathrm{T}}\boldsymbol{\theta}=12.12$。

• ε -套利定价方法：由式(4.3.1)知，求解优化问题

$$\min_{\theta}\parallel\boldsymbol{D}^{\mathrm{T}}\boldsymbol{\theta}-v\parallel=\min_{\theta_1,\theta_2}\big[(120\theta_1+1.1\theta_2-20)^2+(90\theta_1+1.1\theta_2)^2\big]^{\frac{1}{2}}$$

得 $\theta=\begin{bmatrix}\theta_1 & \theta_2\end{bmatrix}^{\mathrm{T}}=\begin{bmatrix}0.667 & -54.545\end{bmatrix}^{\mathrm{T}}$，则期权的价格为 $p^*(v)=\boldsymbol{q}^{\mathrm{T}}\boldsymbol{\theta}=12.12$。

• 运用区间定价方法：由式(4.3.3)和式(4.3.4)知，求解优化问题

$$\max_{\theta_1,\theta_2}(100\theta_1+\theta_2)$$

$$\text{s. t.}\begin{cases}20-120\theta_1-1.1\theta_2\geqslant0\\0-90\theta_1-1.1\theta_2\geqslant0\end{cases}$$

得 $\theta=\begin{bmatrix}\theta_1 & \theta_2\end{bmatrix}^{\mathrm{T}}=\begin{bmatrix}0.666 & -54.545\end{bmatrix}^{\mathrm{T}}$，得期权的价格的下限为 $a=\boldsymbol{q}^{\mathrm{T}}\theta=12.12$。

同理，由式(4.3.5)和式(4.3.6)知，求解优化问题

$$\min_{\theta_1,\theta_2}(100\theta_1+\theta_2)$$

$$\text{s. t.}\begin{cases}120\theta_1+1.1\theta_2-20\geqslant0\\90\theta_1+1.1\theta_2-0\geqslant0\end{cases}$$

得 $\theta=\begin{bmatrix}\theta_1 & \theta_2\end{bmatrix}^{\mathrm{T}}=\begin{bmatrix}0.666 & -54.545\end{bmatrix}^{\mathrm{T}}$，得期权的价格的上限为 $b=\boldsymbol{q}^{\mathrm{T}}\boldsymbol{\theta}=$

12.12。所以,期权的价格为 $p^*(v) \in [a, b] = [12.12, 12.12]$,即期权的价格 $p^*(v) = 12.12$。

在情况②下,期末期权的价格向量为

$$v = [\max(120 - 100, 0) \quad \max(108 - 100, 0) \quad \max(90 - 100, 0)]^T$$
$$= [20 \quad 8 \quad 0]^T$$

$$D = \begin{bmatrix} 120 & 108 & 90 \\ 1.1 & 1.1 & 1.1 \end{bmatrix} \qquad q = \begin{bmatrix} 100 \\ 1 \end{bmatrix}$$

- 由于方程组 $q = DX$ 的解不唯一确定,不能用定理 1 进行定价。另外,也不存在完全复制策略,所以在这种情况下,不能用经典套利定价方法给期权定价。

- 运用 ε-套利的定价方法,由式(4.3.1)知,求解优化问题

$$\min_{\theta_1, \theta_2} \| D^T \theta - v \|$$

$$= \min_{\theta_1, \theta_2} [(120\theta_1 + 1.1\theta_2 - 20)^2 + (108\theta_1 + 1.1\theta_2 - 8)^2 + (90\theta_1 + 1.1\theta_2)^2]^{\frac{1}{2}}$$

得 $\theta = [\theta_1 \quad \theta_2]^T = [0.675\,43 \quad -56.603]^T$,则期权的价格为 $p^*(v) = q^T \theta = 10.94$。

- 运用区间定价方法:由式(4.3.3)和式(4.3.4)知,求解优化问题

$$\max_{\theta_1, \theta_2}(100\theta_1 + \theta_2)$$
$$\text{s. t.} \begin{cases} 20 - 120\theta_1 - 1.1\theta_2 \geqslant 0 \\ 8 - 108\theta_1 - 1.1\theta_2 \geqslant 0 \\ 0 - 90\theta_1 - 1.1\theta_2 \geqslant 0 \end{cases}$$

得 $\theta = [\theta_1 \quad \theta_2]^T = [1 \quad -90.9]^T$,得期权的价格的下限为 $a = q^T \theta = 9.09$。

同理,由式(4.3.5)和式(4.3.6)知,求解优化问题

$$\min_{\theta_1, \theta_2}(100\theta_1 + \theta_2)$$
$$\text{s. t.} \begin{cases} 120\theta_1 + 1.1\theta_2 - 20 \geqslant 0 \\ 108\theta_1 + 1.1\theta_2 - 8 \geqslant 0 \\ 90\theta_1 + 1.1\theta_2 - 0 \geqslant 0 \end{cases}$$

得 $\theta = [\theta_1 \quad \theta_2]^T = [0.666 \quad -54.545]^T$,得期权的价格的上限为 $b = q^T \theta = 12.12$。所以,期权的价格为 $p^*(v) \in [a, b] = [9.09, 12.12]$。

例 4.2 假设金融市场只有一个风险资产,当前价格为 10 元,期末的价格向量为 $D=\begin{bmatrix}12 & 11 & 9\end{bmatrix}^{\mathrm{T}}$,以该风险资产为标的看涨期权期末执行价格为 10 元,则期权的期末价格向量为

$$v=\begin{bmatrix}\max(12-10,\,0) & \max(11-10,\,0) & \max(9-10,\,0)\end{bmatrix}^{\mathrm{T}}=\begin{bmatrix}2 & 1 & 0\end{bmatrix}^{\mathrm{T}}$$

(1) 传统套利定价方法,由于不存在完全复制策略,所以不能用定理 4.2 进行定价。另外,方程组 $q=DX$(即 $12x_1+11x_2+9x_3=10$)的解不唯一确定,因此期权的价格 $p(v)=\boldsymbol{v}^{\mathrm{T}}\boldsymbol{X}$ 也不能确定。

(2) 确定性套利定价方法,由式(4.3.2)知,求解线性规划

$$\begin{cases}\min\limits_{\theta}10\theta \\ \mathrm{s.\,t.} \quad 12\theta\geqslant2,\ 11\theta\geqslant1,\ 9\theta\geqslant0\end{cases}$$

得 v 的最低成本 ε-复制策略 $\theta=0.166\,6$,因此期权价格是 $p^*(v)=q^{\mathrm{T}}\theta=10\times0.166\,6=1.666$。 在这种情况下,金融市场无确定性套利,但存在传统套利。

(3) ε-套利的定价方法,由式(4.3.1)知,求解优化问题

$$\min\limits_{\theta}\parallel\boldsymbol{D}^{\mathrm{T}}\boldsymbol{\theta}-v\parallel=\min\limits_{\theta}\big[(12\theta-2)^2+(11\theta-1)^2+81\theta^2\big]^{\frac{1}{2}}$$

得 v 的最低成本 ε-复制策略 $\theta=0.101$。 因此期权价格是 $p^*(v)=\boldsymbol{q}^{\mathrm{T}}\boldsymbol{\theta}=10\times0.101=1.01$。

例 4.3 考虑由 4 种线性无关的资产组合构成的衍生证券,假设这 4 种资产初始价格向量为 $\boldsymbol{q}^{\mathrm{T}}=\begin{bmatrix}62 & 33 & 45 & 1\end{bmatrix}$,期末有 5 种不确定状态,在这 5 种不确定状态下的价格矩阵为

$$\boldsymbol{D}=\begin{bmatrix}0 & 20 & 60 & 80 & 100 \\ 20 & 20 & 30 & 40 & 40 \\ 30 & 40 & 40 & 50 & 60 \\ 1 & 1 & 1 & 1 & 1\end{bmatrix}$$

若该衍生证券在期末不确定状态下的收益向量为

$$\boldsymbol{v}^{\mathrm{T}}=\begin{bmatrix}90 & 130 & 180 & 230 & 280\end{bmatrix}$$

试确定该衍生证券现在的价格。

- 由于方程组 $\boldsymbol{q}=\boldsymbol{DX}$ 的解不唯一确定,所以不能用定理 4.2 进行定价。另外,也不存在完全复制策略,所以在这种情况下,不能用经典套利定价方法给该衍生证券定价。

- 运用区间定价方法：由式(4.3.3)和式(4.3.4)知,求解优化问题

$$\begin{cases} \max\limits_{\theta} \boldsymbol{q}^{\mathrm{T}}\boldsymbol{\theta} \\ \boldsymbol{D}^{\mathrm{T}}\boldsymbol{\theta} \leqslant v \end{cases}$$

得 $\boldsymbol{\theta} = \begin{bmatrix} \theta_1 & \theta_2 & \theta_3 & \theta_4 \end{bmatrix}^{\mathrm{T}} = \begin{bmatrix} 1.25 & 0 & 2.5 & 5 \end{bmatrix}^{\mathrm{T}}$,则该衍生证券价格的下限为 $a = \boldsymbol{q}^{\mathrm{T}}\boldsymbol{\theta} = 195$。

同理,由式(4.3.5)和式(4.3.6)知,求解优化问题

$$\begin{cases} \max\limits_{\theta} \boldsymbol{q}^{\mathrm{T}}\boldsymbol{\theta} \\ \boldsymbol{D}^{\mathrm{T}}\boldsymbol{\theta} \geqslant v \end{cases}$$

得 $\boldsymbol{\theta} = \begin{bmatrix} \theta_1 & \theta_2 & \theta_3 & \theta_4 \end{bmatrix}^{\mathrm{T}} = \begin{bmatrix} 1 & 0 & 3 & 0 \end{bmatrix}^{\mathrm{T}}$,则衍生证券价格的上限为 $b = \boldsymbol{q}^{\mathrm{T}}\boldsymbol{\theta} = 197$。 所以,衍生证券的价格为 $p^*(v) \in [a, b] = [195, 197]$。

- 运用 ε-套利的定价方法,由式(4.3.1)知,求解优化问题

$$\min_{\theta} \| \boldsymbol{D}^{\mathrm{T}}\boldsymbol{\theta} - v \| = \min(\boldsymbol{D}^{\mathrm{T}}\boldsymbol{\theta} - v)^{\mathrm{T}}(\boldsymbol{D}^{\mathrm{T}}\boldsymbol{\theta} - v) = \min_{\theta}(\theta^{\mathrm{T}} DD^{\mathrm{T}}\theta - 2v^{\mathrm{T}} D^{\mathrm{T}}\theta + v^{\mathrm{T}}v)$$

得 v 的 ε-复制策略 $\theta = \begin{bmatrix} 1.025\,2 & 0.686 & 2.457\,4 & 0 \end{bmatrix}$。 因此期权价格是 $p^*(v) = \boldsymbol{q}^{\mathrm{T}}\boldsymbol{\theta} = 196.78$。

计算结果表明,在非完全市场情况下,衍生资产价格不是一个确定的值,而是一个区间。在完全金融市场情况下,这个区间就退化为一个点,这时衍生资产区间定价方法与经典无套利定价方法得到的结果是一致的。运用 ε-套利定价方法所得到的结果位于运用区间定价方法所得到的区间内。

4.5 本章小结

本章的各种定价方法从求解角度看,可分为解析方法与数值方法,前者包括传统期权定价方法和 Black-Scholes 方法;后者包括蒙特卡罗模拟方法、二叉树方法、有限差分方法、确定性套利方法、ε-套利方法和区间期权定价方法。从应用的角度看,可分为只适用于完全金融市场的方法和既适用于完全金融市场又适用于非完全金融市场的方法。前者包括 Black-Scholes 方法、蒙特卡罗模拟方法、二叉树方法和有限差分方法;后者包括确定性套利定价方法、ε-套利定价方法和区间定价方法。

Black-Scholes 期权定价方法的主要优点是：该方法能够得到套期保值参数

和杠杆效应的解析表达式,从而为衍生资产的交易策略提供较清晰的定量的结论,解析解本身没有误差。当需要计算的期权的数量较小时,直接使用 Black-Scholes 公式比较方便。但是,该方法也存在不足之处,即只能给出欧式期权的解析解,而且该方法也难以处理期权价格依赖于状态变量历史路径及其他的一些较复杂的情况。

数值计算方法各有其优缺点。蒙特卡罗模拟方法的优点在于能处理较复杂的情况,且计算的相对效率较高,但由于该方法是由初始时刻的期权值推导未来时刻的期权值,它只能用于欧式期权的计算,而不能用于对可以提前执行合约的美式期权。二叉树方法和有限差分方法是由期权的未来值回溯期权的初始值,因此可以用于美式期权的计算,但这两种方法不仅计算量大、计算效率低,而且难以计算期权值依赖于状态变量历史路径的复杂情况。就两者之间的优劣比较而言,Geske-Shastrid 的研究结果进一步表明,二叉方法更适用于计算少量期权的价值,而从事大量期权价值计算时有限差分方法更有效率。

在非完全市场情况下,传统期权定价方法、Black-Scholes 期权定价方法、二叉树期权定价方法、有限差分方法和蒙特卡罗模拟方法都不适用。衍生资产价格不是一个确定的值,而是一个区间。ε-套利定价方法所得到的结果位于运用区间定价方法所得到的区间内。在完全金融市场情况下,这个区间就变为一个点,这时衍生资产区间定价方法与二叉树定价方法和 ε-套利定价方法得到的结果是一致的。

二叉树定价方法是确定性套利定价方法、区间定价方法和 ε-套利定价方法的特殊情况,确定性套利定价方法、区间定价方法和 ε-套利定价方法是二叉树定价方法在非完全的金融市场的推广。运用 ε-套利定价方法所得到的结果一定在运用区间定价方法所得到的区间内,确定性套利定价方法、区间定价方法和 ε-套利定价方法都既适用于完全金融市场,又适用于非完全的金融市场。

本章是在离散时间单期假设下给出的确定性套利定价方法、区间定价方法和 ε-套利定价方法。事实上,这些方法完全可以推广到多期模型和连续时间模型,只不过计算更为复杂。确定性套利定价方法应用价值不大,区间定价法和 ε-套利定价法较符合实际。在多期模型假设下,区间定价法需要解 2 个多层次线性规划,ε-套利需要解 1 个多层次二次规划。

另外,完全可以寻找解决非完全市场的 Black-Scholes 期权定价方法、二叉树定价方法和有限差分方法。比如在一定假设条件下,按买方无套利和卖方无套利原则求解两个 Black-Scholes 期权定价方程,就可以得到连续时间框架下期权定价区间。当然,也可以按类似的思路、用其他方法解决此问题。应该充分认识到现在和将来,迫切需要创造性地研究出既符合实际又计算灵活方便的期权定价方法。

综上所述,无论是在连续时间模型框架下,还是在离散时间模型框架下;无论是在完全市场假设下,还是在非完全市场假设下;无论是对欧式期权、美式期权、亚式期权的定价,还是对其他复杂的衍生资产的定价,无套利定价原则都是一个普遍适用的基本原则。正如宋逢明(1999)教授在文献中所述:"不懂得无套利均衡分析,就是不懂得现代金融学的基本方法论,当然,也就不懂得金融工程的基本方法论。"

可以说,有关各类期权定价方法的研究还在不断地探讨和发展(Phelim & Vorst,1992;王承炜和吴冲锋,2001;David & Johnson,2000;郑立辉,1998)。从理论上讲,期权发展是无止境的;从实际上讲,期权是复杂多变和应用广泛的;因此,研究探讨期权定价方法的共性和个性,对于深入研究复杂期权的定价有重要意义,值得深入研究。

第5章 有摩擦期货市场的
套利定价方法

本章在持有成本(cost of carry,COC)模型的基础上,进一步考虑了由于交易费用、存贮费用、交割费用、增值税和保证金而导致的有摩擦期货市场的套利分析方法。首先,运用无套利基本原理,分别给出了事前预测和事后检验的期货无套利区间模型,然后运用这个模型研究了上海期铜市场的定价问题,得到了上海期铜的定价公式。这个公式与使用经典无套利定价方法确定的无摩擦市场期货价格本质上不同的是:这个价格不是一个确定的值,而是一个区间。最后,运用这个公式对上海期铜9601至0206共78个合约进行了实证检验。检验结果表明上海期铜的实际价格落在定价区间的频率约为7.83%,而且随着时间的推移,价格落在定价区间内的频率越来越高。这标志着上海期铜市场在逐步走向成熟,市场的交易效率在不断提高,同时也说明上海期铜市场的定价效率还有巨大的提升空间。

5.1 引言

衍生资产的定价问题一直是金融理论研究的重要问题之一。期货是一种以现货资产为标的的衍生资产。研究期货合约的定价,就应该了解影响期货合约定价的因素。影响期货合约定价的原因很多,主要有期货标的资产的供应量、需求量、进出口量、交易费、存储费、交割费、保证金、利率、汇率、税率以及市场的流动性和人们对未来的预期等。因此,研究期货产品定价是一个复杂的金融经济学问题,具有重要的现实意义和理论意义。Vignola & Dale(1980)在有关期货和远期利率关系的研究中,提出了 COC 模型。Kawaller & Koch(1984)在此基础上,对国债期货合约定价进行了研究,结果表明运用 COC 模型计算的期货利率同观测到的临近期货合约决定的远期利率基本吻合,这表明市场是有效的。Chow & Brophy(1982)对芝加哥商品交易所的国债期货合约定价进行了研究,发现价格存在严重扭曲现象，市场交易效率低，市场没有真正发挥价格发现功能。Hegde & Branch(1985)对芝加哥商品交易所的国债期货合约定价的研究也得出同样的结论。然而，Poskitt(1998,2002)的研究认为，由于 Chow-Brophy 和 Hegde-Branch 的研究使用模型不适当和数据采集不合理，因此得出的结论不可靠。他通过对 1998 年新西兰银行票据市场的研究认为，IFR(implied forward rate)模型用于研究 NZFOE(New Zealand Future and Options Exchange)票据期货合约的定价是适当的，他在 2002 年的研究进一步说明，虽然 IFR 模型是票据期货收益的有偏估计，但是这种偏差是很小的，以至于可以忽略不计。Ederington(1978)的研究成果集中在两个方面：一是在借款利率和贷款利率不同的情况下，运用 COC 模型推导出了无套利区间，二是进一步考虑了资本所得税和普通收入税情况下，得出了无套利区间。

　　本章运用无套利方法检验了有摩擦上海期铜市场的定价问题，无套利是指金融市场中的资产定价不会给投资者带来即无风险又无成本的利润，否则，就说资产定价存在套利机会，因此投资者的套利行为必然使价格向无套利价格回归。无套利分析方法伴随着整个近代金融理论的发展，取得了诸多突破性成果(Garman & Ohlson，1981；Prisman，1986；Klemkosky，1991；Mitchell et al.，2002)。Mitchell et al.(2002)的研究认为，套利是金融经济中的核心理念之一，是金融产品定价和保持市场有效运行的基本原理。这一基本原理无论是在完全市场还是在非完全市场都是成立的，只不过在完全市场运用这一基本原理得到的金融资产价格是一个确定的值，而在有摩擦的非完全期货市场，运用这一基本原理得到的金融资产价格不是一个确定的值，而是一个区间。因此，无套利分析方法已经成为现代金融理论研究以及资产定价的重要方法论。考虑由于存在存储费用、交易费用、交割费用和保证金而导致的市场摩擦，针对这样的摩擦市场得出了期货定价公式，并运用给出的期货定价公式对上海期铜定价的合理性进行了检验，与以往研究最大的不同是考虑了复杂的保证金制度。

　　本章的整个讨论需要在如下假设条件下进行：

　　(1) 市场是完全竞争的，即不存在完全的垄断现象。

　　(2) 市场是完全流动的，即按照市场价格能够买进和卖出指定数量的产品。

　　(3) 对市场所有的参与者，所有投资者都可以顺利借贷，货币市场的存款利率和贷款利率是相同的。

　　(4) 期货合约到期日的收盘价格就是标的资产当日的现货价格。

5.2　无套利定价区间

在有摩擦的非完全期货市场,期货价格不满足一价定律,那么怎样给期货定价更合理呢? 事实上,在有摩擦的期货市场,无套利定价原理是仍然成立的,只不过,运用无套利原理确定的价格不是一个确定的值,而是一个区间。为了给出期货的定价区间,下面研究期货与现货的关系,将用到的符号如下:

假设 u 表示单位现货商品在单位时间的存储费用; $F_k(t_i)$ 表示交割期为 k 日的合约在 t_i 时刻期货合约收盘价,其中, $t_i = k-i(i=0,1,\cdots,k)$ 表示距离交割日的天数; S_0 表示期货合约标的资产在初始时刻 t_0 的价格; S_k 表示期货合约标的资产在到期时刻 t_k 的价格; r 表示以连续复利计算的日无风险利率; α 表示开仓时的保证金比率; α_1 表示交割月第一个交易日的保证金比率; α_2 表示交割月第 5 日的保证金比率; α_3 表示交割月第 10 日的保证金比率,如果遇到公休日顺延; v 表示单位期货商品到期日的交割费用; η 表示单位期货商品的交易费用。

5.2.1　无套利区间的上限

首先,假定套利者要确定某日是否存在套利机会,依据的是当日无风险利率,并假设这个利率在合约到期日之前是不变的。然后,构造一个买现货卖期货的资产组合,即在初始时刻 t_0 以利率 r 从银行借款:

$$(1+\eta)S_0 + (\alpha+\eta)F_k(t_0) \tag{5.2.1}$$

其中, $(1+\eta)S_0$ 表示用来支付买现货的资金, $(\alpha+\eta)F_k(t_0)$ 表示卖期货所需要的保证金和交易费用,到了期末 t_k 把买的现货到期货市场上交割,获得的收入是:

$$-ku + F_k(t_0) + \psi_1 - v \tag{5.2.2}$$

其中, $-ku$ 是期末支付的存储费用, $-v$ 是交割时支付的交割费用, $F_k(t_0)$ 是把在现货市场上买的现货到期货市场上按合约价格卖出回收的现金, $\psi_1 = \alpha_3 F_k(t_p) + [F_k(t_{k-1}) - F_k(t_0)]$ 表示期末返还给客户的保证金。

期末还给银行的本利和为

$$-(1+\eta)S_0 e^{t_0 r} - \varphi_1 \tag{5.2.3}$$

其中，

$$\varphi_1 = (\alpha + \eta)F_k(t_0)\exp rt_0 + (\alpha_1 F_k(t_l) - \alpha F_k(t_0))\exp rt_l +$$
$$(\alpha_2 F_k(t_j) - \alpha_1 F_k(t_l))\exp rt_j + (\alpha_3 F_k(t_p) - \alpha_2 F_k(t_j))\exp rt_p +$$
$$\sum_{i=1}^{k-1}[F_k(t_i) - F_k(t_{i-1})]\exp rt_i \tag{5.2.4}$$

在式(5.2.4)中，t_l、t_j 和 t_p 分别对应交割月第 1 个交易日、第 5 个交易日和第 10 个交易日；$(\alpha + \eta)F_k(t_0)$ 表示期初从银行借入的用于卖出期货所需要的保证金和交易费用；$F_k(t_i) - F_k(t_{i-1}) > 0$ 表示第 i 个交易日从银行借入资金为 $F_k(t_i) - F_k(t_{i-1})$，用于弥补由于价格上涨而带来的浮动损失；$F_k(t_i) - F_k(t_{i-1}) < 0$ 表示第 i 个交易日存入银行的资金为 $|F_k(t_i) - F_k(t_{i-1})|$，这是由于价格下跌而带来的浮动收益；$\alpha_1 F_k(t_l) - \alpha F_k(t_0)$ 表示交割月第 1 个交易日多支付的保证金；$\alpha_2 F_k(t_j) - \alpha_1 F_k(t_l)$ 表示交割月第 5 个交易日多支付的保证金；$\alpha_3 F_k(t_p) - \alpha_2 F_k(t_j)$ 表示交割月第 10 个交易日多支付的保证金。

这个买现货卖期货资产组合的现金流如表 5-1 所示。

表 5-1　买现货卖期货资产组合的结果

	初始时刻 $(t = t_0)$	到期日 $(t = t_k)$
借款	$(1 + \eta)S_0$	$-(1 + \eta)S_0 e^{t_0 r}$
借款	$(\alpha + \eta)F_k(t_0)$	$-\varphi_1$
买现货	$-(1 + \eta)S_0$	$-ku + S_k$
卖期货	$-(\alpha + \eta)F_k(t_0)$	$F_k(t_0) + \psi_1 - S_k - v$
无套利条件	0	$\leqslant 0$

由于这样的资产组合在初始时刻的现金流为 0，所以，根据期货与现货的关系，运用无套利原理可以得到买现货卖期货的无套利条件是期末的现金流总和不大于 0，即

$$-ku - v - (1 + \eta)S_0 \exp rt_0 - (\alpha + \eta)F_k(t_0)\exp rt_0 - (\alpha_1 F_k(t_l) -$$
$$\alpha F_k(t_0))\exp rt_l - (\alpha_2 F_k(t_j) - \alpha_1 F_k(t_l))\exp rt_j - (\alpha_3 F_k(t_p) -$$
$$\alpha_2 F_k(t_j))\exp rt_p - \sum_{i=2}^{k-1}[F_k(t_i) - F_k(t_{i-1})]\exp rt_i + \alpha_3 F_k(t_p) +$$
$$F_k(t_{k-1}) - F_k(t_1)\exp rt_1 + F_k(t_0)\exp rt_1 \leqslant 0 \tag{5.2.5}$$

整理得

$$F_k(t_0) \leqslant \frac{ku + v + (1+\eta)S_0 e^{rt_0} + F_k(t_1)\mathrm{exp}rt_1 - F_k(t_{k-1}) + \sum\limits_{i=2}^{k-1}[F_k(t_i) - F_k(t_{i-1})]\mathrm{exp}rt_i + \Sigma_1}{\mathrm{exp}rt_1 - (\alpha+\eta)\mathrm{exp}rt_0 + \alpha\mathrm{exp}rt_l}$$

(5.2.6)

其中，$\Sigma_1 = \alpha_1 F_k(t_l)(\mathrm{exp}rt_l - \mathrm{exp}rt_j) + \alpha_2 F_k(t_j)(\mathrm{exp}rt_j - \mathrm{exp}rt_p) + \alpha_3 F_k(t_p)(\mathrm{exp}rt_p - 1)$

式(5.2.6)就是到期时间为 k 日的期货合约在 t_0 时刻的价格上限。

5.2.2　无套利区间的下限

同理,构造一个卖现货买期货的投资组合,可以得到到期时间为 k 日的期货合约的价格下限。即在初始时刻 t_0 把卖现货买期货的资金所得以当日无风险利率 r 存入银行,即

$$(1-\eta)S_0 - (\alpha+\eta)F_k(t_0)$$

(5.2.7)

其中,$(1-\eta)S_0$ 是卖现货扣除交易费用后的净现金流入,$-(\alpha+\eta)F_k(t_0)$ 是买期货的净现金流出。到了期末把期初卖出的现货再到期货市场上购回,所支付的资金为

$$-F_k(t_0) + \psi_2 - v$$

(5.2.8)

其中,$-v$ 是交割时支付的交割费用,$F_k(t_0)$ 是在期货市场上按合约价格购回现货交割时支付的现金,$\psi_2 = \alpha_2 F_k(t_p) - [F_k(t_{k-1}) - F_k(t_0)]$ 表示期末返还给客户的保证金。期末银行存款的本利和为

$$(1-\eta)S_0 e^{rt_0} - \varphi_2$$

(5.2.9)

其中,

$$\begin{aligned}\varphi_2 = {}& (\alpha+\eta)F_k(t_0)\mathrm{exp}rt_0 + (\alpha_1 F_k(t_l) - \alpha F_k(t_0))\mathrm{exp}rt_l + \\ & (\alpha_2 F_k(t_j) - \alpha_1 F_k(t_l))\mathrm{exp}rt_j + (\alpha_3 F_k(t_p) - \alpha_2 F_k(t_j))\mathrm{exp}rt_p - \\ & \sum\limits_{i=1}^{k-1}[F_k(t_i) - F_k(t_{i-1})]\mathrm{exp}rt_i\end{aligned}$$

(5.2.10)

在式(5.2.10)中, t_l、t_j、t_p、$\alpha_1 F_k(t_l) - \alpha F_k(t_0)$、$\alpha_2 F_k(t_j) - \alpha_1 F_k(t_l)$ 和 $\alpha_3 F_k(t_p) - \alpha_2 F_k(t_j)$ 如前所述。不同的是,$(\alpha+\eta)F_k(t_0)$ 表示期初从银行借入的用于购买期货支付的保证金和交易费用;$F_k(t_i) - F_k(t_{i-1}) > 0$ 表示第 i 个交易日存入银行的资金为 $F_k(t_i) - F_k(t_{i-1})$,这是由于价格上涨而带来的浮

动收益；$F_k(t_i)-F_k(t_{i-1})<0$ 表示第 i 个交易日从银行借入资金为 $|F_k(t_i)-F_k(t_{i-1})|$，用于弥补由于价格下跌而带来的浮动损失。

卖现货买期货资产组合的现金流如表 5－2 所示。

表 5－2 卖现货买期货资产组合的结果

	初始时刻（$t=t_0$）	到期日（$t=t_k$）
卖现货	$(1-\eta)S_0$	$-S_k$
买期货	$-(\alpha+\eta)F_k(t_0)$	$-F_k(t_0)+\psi_2+S_k-v$
借款	$(\alpha+\eta)F_k(t_0)$	$-\varphi_2$
存款	$-(1-\eta)S_0$	$(1-\eta)S_0e^{t_0r}$
无套利条件	0	$\leqslant 0$

该资产组合在初始时刻的现金流为 0，根据期货与现货的关系，运用无套利原理可以得到卖现货买期货的无套利条件为期末的现金流总和不大于 0，即

$$-v+(1-\eta)S_0e^{rt_0}-(\alpha+\eta)F_k(t_0)\exp rt_0-(\alpha_1F_k(t_l)-$$
$$\alpha F_k(t_0))\exp rt_l-(\alpha_2F_k(t_j)-\alpha_1F_k(t_l))\exp rt_j-(\alpha_3F_k(t_p)-$$
$$\alpha_2F_k(t_j))\exp rt_p+\sum_{i=2}^{k-1}[F_k(t_i)-F_k(t_{i-1})]\exp rt_i+\alpha_3F_k(t_p)-$$
$$F_k(t_{k-1})+F_k(t_1)\exp rt_1-F_k(t_0)\exp rt_1\leqslant 0 \qquad (5.2.11)$$

整理得

$$F_k(t_0)\geqslant\frac{-v+(1-\eta)S_0e^{rt_0}+F_k(t_1)\exp rt_1-F_k(t_{k-1})+\sum_{i=2}^{k-1}[F_k(t_i)-F_k(t_{i-1})]\exp rt_i-\Sigma_1}{\exp rt_1+(\alpha+\eta)\exp rt_0-\alpha\exp rt_l}$$

$$(5.2.12)$$

式（5.2.12）就是到期时间为 k 日的期货合约在 t_0 时刻的价格下限。

5.3 上海期铜定价的实证检验

5.3.1 数据来源和计算结果

文中所用到的数据除利率外全部来自上海期货交易所网站（www. shfe. com. cn）。其中，交易费用 $\mu=0.06\%$（上海期货交易所按 0.02％收，各期货公司另收 0.02％～0.04％不等，这里取上限），交割费用 $v=2$ 元／吨，存储费用为

0.25 元/日·吨,保证金比率分别为 $\alpha = 5\%$, $\alpha_1 = 10\%$, $\alpha_2 = 15\%$, $\alpha_3 = 20\%$ (2006 年新的保证金制度变化较大)。期货交易数据采用的是 1995 年 6 月至 2002 年 6 月各合约的日收盘价。由于没有期货合约标的资产现货交易的完整数据,因此,这里把期货合约到期日的收盘价格看作当日的现货价格,其他交易时间的现货价格可以通过两个相邻期货合约到期日的收盘价格进行线性插值得到。利用这样得到的现货价格,就可以运用式(5.2.6)和式(5.2.12)大致计算期货价格的上限和下限。这里使用当日上海市场债券回购利率来近似替代无风险利率。

运用式(5.2.6)计算期铜价格的上限,然后把期铜的实际价格与期铜价格的上限进行比较,统计出期铜的实际价格超过期铜价格上限的天数;同理,运用式(5.2.12)计算期铜价格的下限,然后把期铜的实际价格与期铜价格的下限进行比较,统计出期铜的实际价格低于期铜价格下限的天数;最后,统计期铜的实际价格落在定价区间的天数和频率,统计结果如表 5-3 所示。

表 5-3　上海期铜实际价格落在定价区间的统计结果

合约	9601	9602	9603	9604	9605	9606	9607	9608	9609	9610
样本数	124	125	119	120	117	118	118	119	126	122
超过上限天数	9	3	9	10	10	30	20	13	15	15
低于下限天数	103	113	105	104	100	80	85	102	106	104
在区间内天数	12	9	5	6	7	8	13	4	5	3
在区间内频率	0.097	0.072	0.042	0.050	0.060	0.068	0.110	0.034	0.040	0.025

合约	9611	9612	9701	9702	9703	9704	9705	9706	9707	9708
样本数	125	126	124	114	115	117	115	116	114	125
超过上限天数	7	23	20	15	29	32	33	37	41	45
低于下限天数	109	100	99	96	83	69	70	65	62	66
在区间内天数	9	3	5	3	3	16	12	14	11	14
在区间内频率	0.072	0.024	0.040	0.026	0.026	0.137	0.104	0.121	0.097	0.112

合约	9709	9710	9711	9712	9801	9802	9803	9804	9805	9806
样本数	124	121	124	123	123	117	117	119	119	118
超过上限天数	39	35	32	34	23	26	25	24	40	45
低于下限天数	64	58	70	81	91	84	85	80	66	63
在区间内天数	21	28	22	8	9	7	7	15	13	10
在区间内频率	0.169	0.231	0.177	0.065	0.073	0.060	0.060	0.126	0.109	0.085

合约	9807	9808	9809	9810	9811	9812	9901	9902	9903	9904
样本数	120	128	127	125	127	126	126	126	119	121
超过上限天数	66	89	103	120	114	103	91	83	66	50
低于下限天数	46	32	11	2	11	18	22	34	43	63
在区间内天数	8	7	13	3	2	5	13	9	10	8
在区间内频率	0.067	0.055	0.102	0.024	0.016	0.040	0.103	0.071	0.084	0.066

合约	9905	9906	9907	9908	9909	9910	9911	9912	0001	0002
样本数	121	120	121	122	122	123	123	123	119	112
超过上限天数	34	17	22	33	41	51	63	75	88	93
低于下限天数	70	89	84	83	74	65	54	35	23	9
在区间内天数	17	14	15	6	7	7	6	13	8	10
在区间内频率	0.141	0.117	0.124	0.049	0.057	0.057	0.049	0.106	0.067	0.089

合约	0003	0004	0005	0006	0007	0008	0009	0010	0011	0012
样本数	112	117	112	112	116	123	124	118	123	124
超过上限天数	94	101	97	88	90	102	97	96	100	99
低于下限天数	15	11	10	18	17	12	18	13	19	13
在区间内天数	3	5	5	6	9	9	9	9	4	12
在区间内频率	0.027	0.043	0.045	0.054	0.078	0.073	0.073	0.076	0.033	0.097

合约	0101	0102	0103	0104	0105	0106	0107	0108	0109	0110
样本数	122	115	115	120	115	116	116	123	123	118
超过上限天数	99	96	99	93	93	94	88	86	76	72
低于下限天数	13	12	9	20	16	18	15	24	30	35
在区间内天数	10	7	7	7	6	4	13	13	17	11
在区间内频率	0.082	0.061	0.061	0.058	0.052	0.035	0.112	0.106	0.138	0.093

合约	0111	0112	0201	0202	0203	0204	0205	0206	合计	
样本数	123	123	120	114	115	119	114	114	9 361	
超过上限天数	55	49	45	52	58	83	99	96	4 538	
低于下限天数	54	60	61	51	45	29	11	10	4 090	
在区间内天数	14	14	14	11	12	7	4	8	733	
在区间内频率	0.114	0.114	0.117	0.097	0.104	0.059	0.035	0.070	0.078	

图 5-1 给出了期铜实际价格落在定价区间频率的趋势。

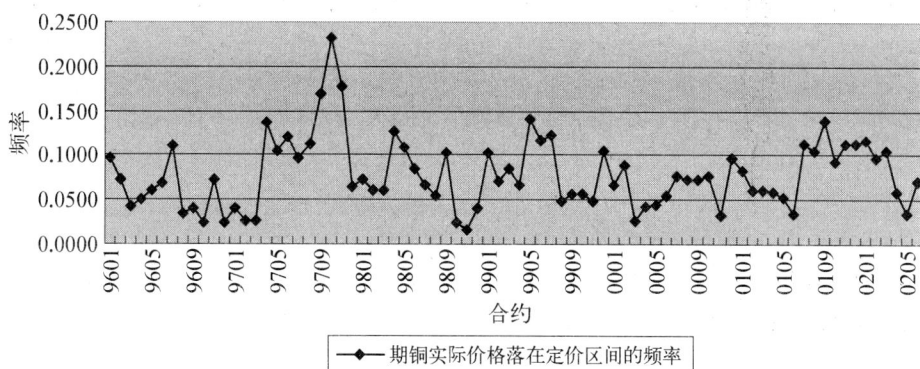

图 5-1　期铜实际价格落在定价区间的频率

5.3.2　检验结果

从表 5-3 的计算结果中分析,可以看出:

(1) 1996 年和 1997 年期铜的实际价格低于下限的机会大于期铜的实际价格超过上限的机会,说明这两年卖现货买期货的套利机会高于买现货卖期货的套利机会。

(2) 2000 年和 2001 年期铜的实际价格超过上限的机会大于期铜的实际价格低于下限的机会,说明这两年买现货卖期货的套利机会高于卖现货买期货的套利机会。

(3) 期铜的实际价格落在定价区间内的频率最高的和最低的分别是 9710 合约为 23.14% 和 9811 合约为 1.57%,说明期铜价格扭曲现象相对较为普遍,套利机会较多。

(4) 从图 5-1 还可以进一步看出,随着时间的推移,期铜的实际价格落在定价区间内的频率越来越高,说明上海期铜市场的交易效率在逐渐提高,市场规范程度在不断加强。

(5) 总体上看,上海期铜的实际价格超过上限的天数为 4 538 天,机会为 48.48%,低于下限的天数为 4 090 天,机会为 43.69%,落在定价区间内的天数为 733 天,频率约为 7.83%,说明期货出现不合理的定价机会较多。

5.4　本章小结

综上所述,一方面,说明上海期铜市场的交易效率在逐渐提高,中国的期货市场在逐步走向成熟,这与中国证监会和上海期货交易所近几年出台的一系列管理措施有关;另一方面,也说明上海期铜市场的交易效率仍然不高,需要认真研究、加强管理,充分发挥期货市场在国民经济中的作用。上海第一家期货交易所自 1992 年设立以来,走过了期货市场快速发展的初期,也曾经出现过内幕交易、操纵市场和严重投机等现象。经过不断整顿规范以后,目前逐步走上了健康发展的道路。当然,如果进一步考虑增值税、市场流动性和存贷款利率不同等问题,则无套利定价区间会放宽,结论会更有说服力。显而易见,考虑的因素越多,无套利定价区间越宽,套利机会越少,期货的实际价格落在定价区间内的频率就越高。有关这方面的问题需要进一步深入研究。

第6章 基于银行监管资本的存款保险定价

本章首先结合存款保险定价的期权定价法和期望损失定价法，提出了利用银行破产时被保险存款的期望损失来定价存款保险的新思路，该方法的特点是存款保险定价不仅与银行资产的风险和收益有关，而且与银行资本持有状况和存款的参保比率有密切关系；然后，通过理论推导得到了存款保险定价公式；最后，运用极大似然估计方法与测算原理，实证研究了其敏感性、可行性与合理性。研究结果表明：银行持有的资本越多，银行破产的概率越低，存款保险机构偿付的概率也越低，存款保险的费用则越低；存款的参保比率越高，存款费率越低，这样可以客观地反映商业银行破产时被保险存款的期望损失。

6.1 引言

存款保险制度是为了维护存款者的利益和金融业的稳健经营，在金融体系中设立存款保险机构，要求本国的存款经营机构按吸收存款的一定比率向保险机构交纳保险金，当金融机构发生支付危机、破产倒闭或者其他经营危机时，由存款保险机构通过资金援助、赔偿保险金等方式保证其清偿能力的一项制度安排。存款保险制度最早起源于美国，目前世界上已有80多个国家和地区建立了此项制度，并成为一国金融安全网的重要组成部分。2015年中国存款保险制度刚刚建立，各项制度需要进一步研究完善。

存款保险费率的确定是存款保险制度的核心内容，它主要有两种形式：单一费率(flat-rate premium)和风险费率(risk-based premium)。单一费率客观上存在着低风险银行补贴高风险银行的现象，且容易引发参保银行的道德风险激励。为降低参保银行的道德风险，存款保险机构更倾向于根据银行的实际风险状况来确定保险费率水平，这样也促进了存款保险定价的理论研究。

存款保险定价主要有两种方法。一种是基于期权的存款保险定价方法

(Merton,1977；Marcus & Shaked,1984；Ronn & Verma,1986；Boyd et al.，2002；Giammarino,1989)，该方法将存款保险看成保险人针对商业银行资产发行的一份看跌期权，它应用市场指标来评估银行资本与资产的价值，比较适合对上市银行存款保险定价的估算。该方法已成为研究存款保险定价的经典范式，但这种方法只刻画了银行资产的波动率对存款保险费率的影响，而忽略了银行资产收益率对存款保险费率的影响；且其通常假定"商业银行的负债均为存款，且参加了保险"，并认为单位存款的保险费率只与银行负债总额有关，而与被保险存款的数额无关。针对第二点不足，张金宝和任若恩(2007)进行了扩展性研究，从定量角度分析了银行债务结构(即"商业银行全部债务中，各种清偿顺序不同的债务之间的数量或比例关系")对保险费率的影响，他们的研究发现：相对于被保险存款而言，清偿顺序优于被保险存款的负债越多，次于被保险存款的负债越少，单位存款的费率也越高。而对第一个缺点，受理论框架的限制，至今仍没有突破。

有学者主要采用第二种方法——期望损失定价法对银行的存款保险费率进行测算(Maccario et al.，2003；戴志宏，2004)。其基本思想是：首先粗略估计银行破产时的资产损失率，然后通过"存款/资产比率"换算成单位存款的损失率，再乘以估计的银行破产概率，得到存款人遭受损失的概率意义下的期望平均值，并将其作为制定存款保险费率的依据。该方法利用了银行信用评级和未保险债务的信用差价等信息来估计银行破产概率，也可用于非上市银行存款保险的定价。程功等(2007)研究了在噪声的信息环境下，银行利用结构化模型预测违约概率问题，张维和邱勇(2008)建立了反映贷款违约风险和相关性结构的多因素模型，这两篇文献对于深入研究存款保险定价问题有重要的参考意义。

存款保险的期权定价方法和期望损失定价方法，从不同角度对存款保险费率进行测算，给各国存款保险定价的实践提供了参考。然而，两种定价方法均无法刻画存款保险费率与银行资本持有状况之间的关系，而商业银行的资本充足率和资产质量一样，是各国存款保险机构存款保险定价中最重要的参考指标。为此，这一部分在两种传统定价方法的基础上，建立了一种新的存款保险定价方法，并给出了其参数估计方法与测算原理，实证研究了其可行性与合理性。这一部分的基本思想是假设当银行监管资本消耗完毕时银行破产，即假定银行资产中除监管资本外的部分为银行负债，如果存款保险期末时刻银行资产的损失超过了监管资本数量，则银行破产(资不抵债)。银行破产时，首先支付未存款保险部分的负债，然后再偿还存款保险部分的负债，银行资产不足以偿还的参加存款保险部分的负债,由存款保险机构代银行偿还,从而在对银行资产服从几何布朗运动的假设下,根据存款保险的期望损失定价原理,建立了部分存款保险的定价公式;然后给出了一个银行监管资本比率(银行持有的监管资本与银行资产价值之比)的理论测度公式,通过银行监管资本比率的实际值等于监管资本比率的理论值反算出银行的违约临界点(也就是银行负债),并将违约临界点带入根据期望损失定价方法思想建立的部分存款下的定价公式,从而建立了银行持有的监管资本与存款保险单位费率的关系。由于部分存款保险下的定价公式考虑了并不是银行的全部负债都参与存款保险,所以需要考虑也能参加存款保险的负债占总负债的比例对存款保险定价的影响。其主要贡献在以下三方面:① 明确刻画了银行资本持有状况对存款保险费率的影响;② 综合考虑了银行资产的收益和风险对存款保险费率的影响;③ 能够刻画银行的债务清偿结构、被保险存款的比例等对存款保险费率的影响。

接下来,6.2 节给出了考虑银行监管资本的存款保险定价模型,6.3 节给出了银行资产收益率、资产波动率、银行违约临界点的估算方法,6.4 节实证研究了中国 5 家股份制商业银行 2004—2007 年度的保险费率,最后给出结论与建议。

6.2　存款保险定价模型

借鉴存款保险定价的期权理论,假设银行资产价值 V_t 服从如下的几何布朗运动:

$$dV_t = \mu V_t dt + \sigma V_t dW_t \tag{6.2.1}$$

其中, μ 为银行资产的瞬间期望收益率,简称资产收益率; σ 为资产收益率的波动率,简称资产波动率; W_t 为标准维纳过程; $t \in [0, T]$,这里,0 表示存款保险期初, T 表示存款合同的到期时间。

由会计恒等式"资产=负债+所有者权益"知,银行资产价值 V_T 可分解为股权价值和负债价值之和,其中,银行负债根据清偿顺序的不同,又可进一步细分为清偿顺序优于存款的债务、存款类债务和银行次级债。由于次级债较之其他债务的绝对后偿性,银行能将其当作"资本"来使用[①];对存款类债务来说,也

---

① 　参照《巴塞尔资本协议》和《商业银行资本充足率管理办法》,我国商业银行的资本分为核心资本和附属资本,核心资本包括实收资本、资本公积、盈余公积、未分配利润;附属资本包括贷款呆账准备、坏账准备、投资风险准备和五年期以上的长期债券,文中的"次级债"也包括除"五年期以上的长期债券"外的其他附属资本。

并非所有存款都给予保险①,因此以被保险的存款类负债为界,将银行资产价值划分为三大部分:被保险的存款负债(以"B"表示)、未保险的存款和其他负债(以"$DP-B$"表示)、监管资本(包含股权资本和次级债),DP 表示不包括次级债的全部负债。各部分与银行资产价值的关系为:当银行资产发生损失时,股权资本作为第一道防线,首先缓冲银行的损失;如果银行资产的损失较大,超过了股权资本,则次级债作为第二道缓释防线;如果两者都消耗完毕了,即银行资产价值低于其违约临界点(以"DP"表示)②,则银行进入破产清算阶段。破产清算时,"未保险存款和其他负债"的偿还顺序优于被保险存款,也即,当银行资产价值大于 $DP-B$ 时,银行资产将足以清偿其"未保险的存款和其他负债",并能偿还部分被保险存款,此时存款保险机构仅承担不足以偿还的被保险存款;当银行资产价值小于 $DP-B$ 时,银行将只能偿还部分"未保险的存款和其他负债",此时,被保险存款将全部由存款保险机构代银行偿还。

则银行的清偿额 G_1 为:

$$G_1 = \begin{cases} V_T & \text{if} & V_T < DP-B \\ (DP-B)+[V_T-(DP-B)]=V_T & \text{if} & DP-B \leqslant V_T < DP \\ DP & \text{if} & V_T \geqslant DP \end{cases}$$

$$(6.2.2)$$

存款保险机构的"代位"清偿额 G_2 为:

$$G_2 = \begin{cases} B & \text{if} & V_T < DP-B \\ DP-V_T & \text{if} & DP-B \leqslant V_T < DP \\ 0 & \text{if} & V_T \geqslant DP \end{cases} \quad (6.2.3)$$

由式(6.2.3)知,存款保险机构实际清偿额的期望值 $E(G_2)$ 为:

$$E(G_2) = \int_0^{DP-B} B \, dF(V_T) + \int_{DP-B}^{DP} (DP-V_T) \, dF(V_T)$$

$$= B \int_0^{\ln(DP-B)} f(x) \, dx + DP \int_{Ln(DP-B)}^{\ln(DP)} f(x) \, dx - \int_{Ln(DP-B)}^{\ln(DP)} e^x f(x) \, dx$$

$$(6.2.4)$$

---

① 为了发挥银行同业和政府对参保银行风险的监督作用,多数国家将政府存款和银行间存款排除在外,仅对居民和部分企业存款进行保险。

② 本章假设当银行的监管资本(股权资本和次级债)都消耗完毕时,银行破产。因此,银行的违约临界点 DP,也表示存款合同期末银行负债的理论价值。

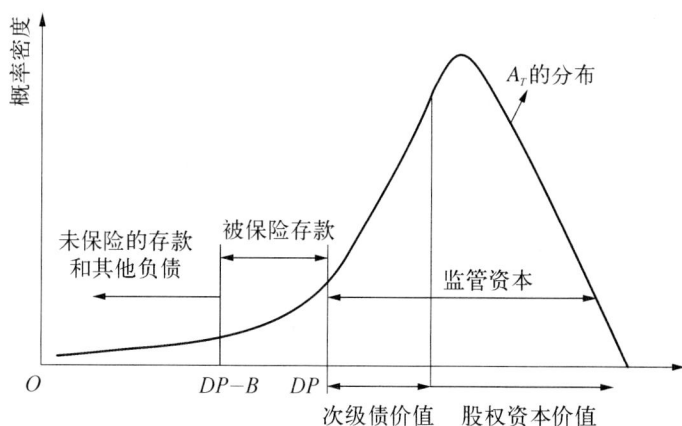

图 6-1　银行资产价值分解图

其中，$F(V_T)$ 表示银行资产价值 V_T 的累积概率分布函数；$x=Ln(V_T)$，$f(x)$ 表示 x 的概率密度函数。根据王春峰(2001)的研究可知，$\ln V_T$ 服从正态分布，且均值和方差分别为：

$$E[\ln(V_T)] = \left[\ln V_0 + \left(\mu - \frac{\sigma^2}{2}\right)T\right]; \quad \mathrm{Var}[\ln(V_T)] = \sigma^2 T \quad (6.2.5)$$

将式(6.2.5)代入式(6.2.4)可得(证明见附录 C)：

$$E(G_2) = DP \cdot N\left(\frac{\ln\left(\frac{DP}{V_0}\right) - \left(\mu - \frac{\sigma^2}{2}\right)T}{\sigma\sqrt{T}}\right) + (B - DP) \cdot$$

$$N\left(\frac{\ln\left(\frac{DP-B}{V_0}\right) - \left(\mu - \frac{\sigma^2}{2}\right)T}{\sigma\sqrt{T}}\right) - e^{(\ln V_0 + \mu T)} \cdot$$

$$\left[N\left(\frac{\ln\left(\frac{DP}{V_0}\right) - \left(\mu + \frac{\sigma^2}{2}\right)T}{\sigma\sqrt{T}}\right) - N\left(\frac{\ln\left(\frac{DP-B}{V_0}\right) - \left(\mu + \frac{\sigma^2}{2}\right)T}{\sigma\sqrt{T}}\right)\right]$$

$$(6.2.6)$$

其中，$N(\cdot)$ 为标准正态累积分布函数。

国际上一般将存款保险基金投资于无风险债券，可获得相当于无风险利率的投资收益。考虑到存款保险基金的投资收益，为了弥补期末清偿额的期望值，存款保险机构期初征收的保费总额 P 应为：

$$P = e^{-rt} \left[\int_0^{DP-B} B\,dF(V_T) + \int_{DP-B}^{DP} (DP - V_T)\,dF(V_T) \right]$$

$$= DP \cdot e^{-rT} \cdot N\left(\frac{\ln\left(\frac{DP}{V_0}\right) - \left(\mu - \frac{\sigma^2}{2}\right)T}{\sigma\sqrt{T}} \right) + (B - DP) \cdot e^{-rT} \cdot$$

$$N\left(\frac{\ln\left(\frac{DP-B}{V_0}\right) - \left(\mu - \frac{\sigma^2}{2}\right)T}{\sigma\sqrt{T}} \right) - e^{(\ln V_0 + \mu T - rT)} \cdot$$

$$\left[N\left(\frac{\ln\left(\frac{DP}{V_0}\right) - \left(\mu + \frac{\sigma^2}{2}\right)T}{\sigma\sqrt{T}} \right) - N\left(\frac{\ln\left(\frac{DP-B}{V_0}\right) - \left(\mu + \frac{\sigma^2}{2}\right)T}{\sigma\sqrt{T}} \right) \right]$$

$$(6.2.7)$$

其中，r 为无风险利率。记 $g = P / Be^{-rT}$，则 g 为每单位被保险存款的期望担保成本。根据式(6.2.7)，该担保成本又可写成如下形式：

$$g = \frac{DP}{B} \cdot N\left(\frac{\ln\left(\frac{DP}{V_0}\right) - \left(\mu - \frac{\sigma^2}{2}\right)T}{\sigma\sqrt{T}} \right) + \frac{(B - DP)}{B} \cdot$$

$$N\left(\frac{\ln\left(\frac{DP-B}{V_0}\right) - \left(\mu - \frac{\sigma^2}{2}\right)T}{\sigma\sqrt{T}} \right) - \frac{1}{B} e^{(\ln V_0 + \mu T)} \cdot$$

$$\left[N\left(\frac{\ln\left(\frac{DP}{V_0}\right) - \left(\mu + \frac{\sigma^2}{2}\right)T}{\sigma\sqrt{T}} \right) - N\left(\frac{\ln\left(\frac{DP-B}{V_0}\right) - \left(\mu + \frac{\sigma^2}{2}\right)T}{\sigma\sqrt{T}} \right) \right]$$

$$(6.2.8)$$

式(6.2.8)即为基于银行监管资本的存款保险定价公式，其测算共需要五个参数：期初银行资产价值 V_0、资产收益率 μ、资产波动率 σ、参保存款的期末价值 B 和银行违约临界点 DP，其中，V_0 可从银行的资产负债表中获得，B 可根据银行的实际存款和存款保险制度的相关规定测算，这一部分在测算时假设其为 DP 的一定比例，因此 μ、σ 和 DP 的估计是该模型测算的关键。

6.3 模型估计方法

6.3.1 资产收益率和波动率的估计方法

结合式(6.2.5)，易得式(6.3.1)：

$$E_{t-1}\left[\ln\left(\frac{V_t}{V_{t-1}}\right)\right]=\left(\mu-\frac{1}{2}\sigma^2\right)h;\ \mathrm{Var}_{t-1}\left[\ln\left(\frac{V_t}{V_{t-1}}\right)\right]=\sigma^2 h \quad (6.3.1)$$

其中，h 表示时间间隔，一般以年为单位。

那么，$\ln(V_t)$ 的似然函数为

$$L_{\ln(V_t)}(V_t;\mu,\sigma)=-\frac{n-1}{2}\ln(2\pi)-\frac{n-1}{2}\ln(\sigma^2 h)$$

$$-\sum_{t=2}^{n}\frac{\ln\left(\dfrac{V_t}{V_{t-1}}\right)-\left(\mu-\dfrac{\sigma^2}{2}\right)h}{2\sigma^2 h} \quad (6.3.2)$$

然而，$V_t(t=1,\cdots,n)$ 无法观测到，因此不能直接利用式(6.3.2)得到 μ 和 σ 的估计。但是，我们可以观测到上市银行股权价值的时间序列 $S_t(t=1,\cdots,n)$，并且 S_t 和 V_t 间满足一一映射的关系，即

$$S_t=V_t N(d_{1,t})-De^{-r(T-t)}N(d_{1,t}-\sigma\sqrt{T-t}) \quad (6.3.3)$$

其中，$d_{1,t}=\dfrac{\ln[V_t/D]+(r+\sigma^2/2)(T-t)}{\sigma\sqrt{T-t}}$；$D$ 表示 T 时刻银行负债的账面价值。

由式(6.3.3)可得 $\dfrac{\partial S_t(V,T)}{\partial\ln(V_t)}=V_t N(d_{1,t})$，再由似然函数式(6.3.2)的雅克比变换可得，银行股权价值的似然函数为：

$$L^S(\mu,\sigma;S_1\cdots,S_n)=L_{\ln(V_t)}(\hat{V}_t(\sigma);\mu,\sigma)-\sum_{t=2}^{n}\ln[N[\hat{d}_t(\sigma)]]-\sum_{t=2}^{n}\ln[\hat{V}_t(\sigma)]$$

$$(6.3.4)$$

其中，$\hat{d}_t(\sigma)=\dfrac{\ln[\hat{V}_t(\sigma)/D]+\left(r+\dfrac{\sigma^2}{2}\right)(T-th)}{\sigma\sqrt{T-th}}$；$\hat{V}_t(\sigma)=S^{-1}(S_t;\sigma)$，

是在给定 σ 初值时,根据式(6.3.3)反算出的与 S_t 相对应的隐含资产的价值。

极大似然估计法(MLE)的计算步骤为:首先,对资产波动率的初值赋值 $\bar{\sigma}$,由式(6.3.3)计算出隐含资产价值的时间序列 $\hat{V}_t(\sigma)$;再将 $\hat{V}_t(\sigma)$ 代入最大化似然函数式(6.3.4),并将式(6.3.4)分别对 μ 和 σ 进行最值优化,即可分别获得 μ 和 σ 的第一次估计 μ_1 和 σ_1;然后,再将 σ_1 作为资产波动率的初值,重复前述过程,直到 μ 和 σ 收敛为止。Duan(1994)证明了上述估计的一致性和有效性。

6.3.2 基于监管资本的银行违约临界点的估计方法

本部分给出了银行监管资本比率(银行持有的监管资本与银行资产价值之比)的理论公式,通过银行监管资本比率可反算出 DP,从而将式(6.2.8)的存款保险定价公式与银行持有的监管资本联系起来。

根据对银行资产价值的划分,银行监管资本(包括股权资本和次级债)[①]在存款保险合同期初的价值等于银行资产的期初价值减去"被保险存款"和"未保险存款和其他负债"的期初价值:

$$C = V_0 - e^{-rT}E^Q \min\{V_T, DP - B\} - Be^{-rT} \tag{6.3.5}$$

其中,C 表示银行监管资本在存款保险合同期初的价值;$e^{-rT}E^Q \min\{V_T, DP - B\}$ 表示"未保险存款和其他负债"的期初价值,这里 E^Q 为风险中性下求期望;Be^{-rT} 表示被保险存款的期初价值。未参加存款保险的负债 $(DP - B)$ 是根据市场均衡的方法进行定价,即根据期权定价的原理进行定价,这是因为当银行破产时,银行首先需要偿还未参加存款保险的负债,当银行资产价值 $V_T > (DP - B)$ 时,此时银行只需要偿还 $(DP - B)$,而当 $V_T < (DP - B)$,银行只能偿还 V_T,因此银行对未参加存款保险负债的支付结构与银行卖出了以 V_T 作为标的资产、以 $(DP - B)$ 作为行权价的欧式看跌期权的支付结构相同,对其的定价可根据或有权的定价原理,即可根据期权定价的原理对其进行折现。这里假设银行负债中参加了存款保险部分的融资成本等于无风险利率 r,由于参加了存款保险,因此对存款人来说,无论何种情况发生,都能获得自己存款的本息,因而无投资风险,对银行来说,其融资成本也就等于无风险利率。

对式(6.3.5)进行变形,可得

---

① 为简便,本部分将以次级债为代表的附属资本等同于股权资本,忽略了两者在定价及对银行风险缓冲上的区别。

$$
\begin{aligned}
C &= V_0 - \mathrm{e}^{-rT} E_t^Q \{ V_T - \max[V_T - (DP - B), 0] \} - B\mathrm{e}^{-rT} \\
&= V_0 - \mathrm{e}^{-rT} E_t^Q (V_T) + \mathrm{e}^{-rT} E_t^Q \max[V_T - (DP - B), 0] - B\mathrm{e}^{-rT} \\
&= \mathrm{e}^{-rT} E_t^Q \max[V_T, (DP - B)] - B\mathrm{e}^{-rT}
\end{aligned}
\tag{6.3.6}
$$

式(6.3.6)的前一项是标的资产为 V_T、执行价格为 $(DP - B)$ 的欧式看涨期权,应用 Merton & Robert(1974)中的期权定价公式,可得监管资本的期初价值为:

$$
C = V_0 N(f_1) - (DP - B)\mathrm{e}^{-rT} N(f_2) - B\mathrm{e}^{-rT}
\tag{6.3.7}
$$

其中,$f_1 = \dfrac{\ln[V_0 / (DP - B)] + (r + \sigma^2 / 2)T}{\sigma \sqrt{T}}$,$f_2 = f_1 - \sigma \sqrt{T}$。

则银行期初的监管资本比率 C_R 为:

$$
C_R = C / V_0 = N(f_1) - (DP - B) / V_0 \mathrm{e}^{-rT} N(f_2) - B / V_0 \mathrm{e}^{-rT}
\tag{6.3.8}
$$

将式(6.3.8)简化定义为:$C_R = F(DP; B, V_0, \sigma, r)$。 如果已知银行的监管资本比率 C_R、被保险存款的价值 B、资产初值 V_0 和资产的波动率 σ,以及无风险率 r,就可反算出违约临界点 $DP = F^{-1}(C_R; B, V_0, \sigma, r)$。

总体上来说,基于银行监管资本的存款保险定价过程为:① 利用银行股权价值数据和资产负债表中的负债数据,使用极大似然估计方法测算 μ 和 σ;② 利用相关数据测算银行实际的监管资本比率;③ 确定了被保险存款的数量 B 后,利用式(6.3.8)反算出 DP,然后利用式(6.2.8)测算基于监管资本的单位存款的保险费率。

6.4　实证研究

这部分对中国 5 家股份制银行(深发展、浦发、华夏、民生和招行)2004—2007 年度的单位存款保险费率进行了测算,计算数据均取自 Wind 数据库。首先,利用上市银行数据估算了各家银行的资产收益率和波动率;其次,测算了各家银行的监管资本比率;最后,对各家银行每年的存款保险费率进行了估算。

6.4.1　资产收益率和波动率的估计

由极大似然估计方法可知,资产收益率与波动率的估计需要三方面的数据:

银行每个交易日的股权价值、每年年末的负债价值和每年的无风险利率。其中，每个交易日的股权价值等于总股本与当日收盘价的乘积，负债取每年年末总负债的账面价值，无风险利率取 1 年期存款基准利率与持续时间的加权平均，则 2004—2007 年的无风险利率分别为 2.05%、2.25%、2.36% 和 3.09%。据此测算出来的结果如表 6-1 所示。

表 6-1　存款保险定价

行名	年度	年初资产（元）	资产收益率	资产波动率	不同参保比例下的定价费率(‰)		
					50%参保	80%参保	100%参保
深发展	2004	1.93×10^{11}	0.18	2.36	**2.57**	**1.61**	**1.29**
深发展	2005	2.04×10^{11}	2.19	2.14	**3.72**	**2.33**	**1.86**
深发展	2006	2.29×10^{11}	8.65	2.78	**0.02**	**0.01**	**0.01**
深发展	2007	2.61×10^{11}	18.87	9.00	**1.82**	**1.14**	**0.91**
浦发	2004	3.71×10^{11}	−0.95	2.18	**5.91**	**3.69**	**2.95**
浦发	2005	4.56×10^{11}	4.59	1.74	**0.00**	**0.00**	**0.00**
浦发	2006	5.73×10^{11}	9.84	3.30	**0.00**	**0.00**	**0.00**
浦发	2007	6.89×10^{11}	16.57	8.36	**0.46**	**0.29**	**0.23**
华夏	2004	2.47×10^{11}	−1.15	2.77	**7.25**	**4.53**	**3.62**
华夏	2005	3.04×10^{11}	2.90	1.27	**0.00**	**0.00**	**0.00**
华夏	2006	3.56×10^{11}	4.23	1.92	**0.01**	**0.00**	**0.00**
华夏	2007	4.45×10^{11}	11.62	6.32	**1.28**	**0.80**	**0.64**
民生	2004	3.61×10^{11}	0.48	2.57	**6.12**	**3.82**	**3.06**
民生	2005	4.45×10^{11}	2.45	2.36	**0.20**	**0.13**	**0.10**
民生	2006	5.57×10^{11}	11.84	2.95	**0.00**	**0.00**	**0.00**
民生	2007	7.25×10^{11}	14.52	9.43	**4.14**	**2.59**	**2.07**
招行	2004	5.04×10^{11}	1.11	2.47	**0.52**	**0.32**	**0.26**
招行	2005	6.03×10^{11}	3.95	2.06	**0.00**	**0.00**	**0.00**
招行	2006	7.34×10^{11}	18.51	5.84	**0.00**	**0.00**	**0.00**
招行	2007	9.34×10^{11}	24.67	12.11	**0.99**	**0.62**	**0.49**

6.4.2　监管资本比率的估算

银行监管资本比率等于"银行实际持有的监管资本与银行总资产之比"，其估算公式为：

$$监管资本率 = \frac{监管资本}{期末总资产} = \frac{资本充足率 \times 风险加权资产}{期末总资产}$$

$$= \frac{资本充足率 \times 核心资本 / 核心资本率}{期末总资产} \qquad (6.4.1)$$

具体计算步骤如下:首先,加总银行资产负债表中的实收资本、资本公积、盈余公积和未分配利润,得到各家银行的核心资本;第二步,将核心资本除以对应年份的核心资本率,得到各银行相应年份的风险加权资产[①];第三步,将风险加权资产乘以年末的资本充足率,得到各银行每年年末的监管资本数量;最后,将每年年末的监管资本除以年末总资产,得到各银行年末的"监管资本比率"。

需要说明的是,这里计算的监管资本比率为期末指标,故本年年末的监管资本比率应是下一年年初的对应指标,银行监管资本比率的测算结果如表 6-2 所示。表 6-2 中资本充足率、核心资本率、核心资本和实际的期末总资产均取自 Wind 数据库;监管资本比率是利用上述数据根据式(6.4.1)进行的测算;测算的期末总资产是在资产收益率和波动率估计时,根据极大似然估计方法估算的隐含资产的价值,与实际的期末总资产相比略大,说明极大似然估计方法基本合理。

表 6-2　银行监管资本比率的估算结果

行名	年度	资本充足率	核心资本率	核心资本（元）	期末总资产（元）	监管资本比率
深发展	2003	6.96	3.24	4.18×10^9	1.94×10^{11}	**4.64**
深发展	2004	2.30	2.32	4.41×10^9	2.04×10^{11}	**2.14**
深发展	2005	3.70	3.71	4.61×10^9	2.29×10^{11}	**2.00**
深发展	2006	3.71	3.68	4.92×10^9	2.61×10^{11}	**1.90**
浦发	2003	8.60	5.60	1.09×10^{10}	3.71×10^{11}	**4.50**
浦发	2004	8.00	4.20	1.15×10^{10}	4.56×10^{11}	**4.81**
浦发	2005	8.00	4.10	1.22×10^{10}	5.73×10^{11}	**4.16**
浦发	2006	9.27	4.05	1.99×10^{10}	6.89×10^{11}	**6.62**
华夏	2003	10.30	6.90	8.53×10^9	2.47×10^{11}	**5.16**
华夏	2004	8.60	5.30	9.51×10^9	3.04×10^{11}	**5.07**
华夏	2005	8.20	5.10	9.58×10^9	3.56×10^{11}	**4.32**

---

① 风险加权资产是根据银行持有资产的风险权重(从小到大依次为 0、20%、50% 和 100%)与各类资产余额相乘计算得到,属于银行内部数据,直接测算比较烦琐。本书采用间接测算方法,因为银行公布的核心资本率等于核心资本除以风险加权资产,因此用持有的核心资本除以核心资本率可间接测算得到银行的风险加权资产。

行名	年度	资本充足率	核心资本率	核心资本（元）	期末总资产（元）	监管资本比率
华夏	2006	8.28	4.82	9.74×10^9	4.45×10^{11}	**3.76**
民生	2003	8.60	6.40	9.65×10^9	3.61×10^{11}	**3.59**
民生	2004	8.60	5.00	1.29×10^{10}	4.45×10^{11}	**4.99**
民生	2005	8.30	4.80	1.43×10^{10}	5.57×10^{11}	**4.45**
民生	2006	8.12	4.35	1.59×10^{10}	7.25×10^{11}	**4.10**
招行	2003	9.50	6.20	1.83×10^{10}	5.04×10^{11}	**5.55**
招行	2004	9.60	5.40	2.09×10^{10}	6.03×10^{11}	**6.16**
招行	2005	9.10	5.60	2.17×10^{10}	7.34×10^{11}	**4.80**
招行	2006	11.40	9.58	4.87×10^{10}	9.34×10^{11}	**6.20**

6.5　存款保险定价

由前面测算的各银行每年的资产收益率、资产波动率和监管资本比率,估算了5家股份制银行2004—2007年度,不同参保比例条件下的存款保险费率,具体测算结果如表6-1所示。表6-1中的年初总资产和期末负债均取自万德数据库中各银行的资产负债表;违约临界点是利用式(6.3.8)计算的,因为期末负债中包含了一部分属于监管资本的部分,因此其略小于期末负债,说明测算的违约临界点有其合理性;资产收益率和资产波动率是利用相关数据根据极大似然估计方法的步骤计算;不同参保比例下的定价费率是在得到资产收益率、资产波动率、监管资本比率和违约临界点估计的基础上,根据式(6.2.8)测算的,分别计算了50%、80%和100%参保比例下的存款保险定价。

由表6-1可以发现:① 各银行的存款保险费率存在较大差异,即使是同一银行、在不同年份的存款保险费率,也有较大差异,存款保险费率随着各行的资产收益率、波动率,以及监管资本比率的变化而变化,但总体来说,各行的存款保险费率均在合理的范围内变动,与国际惯例基本一致。根据(Demirguc-Kunt,2005)统计分析,当计费基础为受保存款时,实行风险费率国家或地区费率标准的变动范围是0.5‰~50‰;实行单一费率国家或地区的费率标准的变动范围是0.15‰~20‰。当计费基础为银行存款总额时,实行风险费率国家或地区的费率标准为0~27‰;单一费率的标准为0.05‰~12.5‰。② 存款保险费率随

"被保险存款占银行负债比例"的提高而降低。

6.6　算例分析

为了使分析更加直观,通过数值算例分析的方式,来讨论定价方法的一些性质。假定某家商业银行期初的资产价值 $V_0 = 2\,275$ 亿元,无风险利率 $r = 1.98\%$,存款保险的合同期限为 1 年。

图 6 - 2、图 6 - 3 分别给出了监管资本比率和存款参保比率对存款保险费率的影响规律。从图 6 - 2 可知,随着监管资本比率的提高,银行存款保险费率存在明显的下降趋势。这是因为银行的监管资本比率越高,银行破产的风险越小,从而存款保险费率越低。从图 6 - 3 可知,在其他条件给定的情况下,存款保险费率随存款参保比率的提高而下降。因为银行资产价值越低(即银行的损失越大),其发生的概率越小(由图 6 - 1 可直观地看出,银行的资产价值越接近于 0,其概率越小),从而在存款保险费率计算中所占的权重就越小。

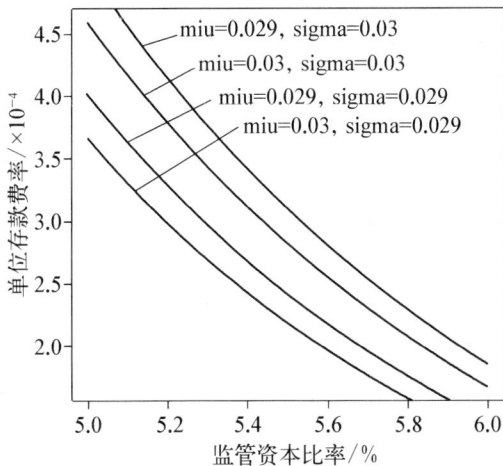

图 6 - 2　监管资本比率对存款保险定价的影响

另外,图 6 - 2、图 6 - 3 还揭示:银行资产的风险越大(即 sigma 越大),资产收益率越低(即 miu 越低),费率变化的幅度越明显。这意味着资产收益率较低、资产风险较高的银行的监管资本比率和存款参保比率,更可能影响其存款保险费率。所以对存款保险机构而言,重视资产收益率较低且资产风险较高的银行的监管资本比率和存款参保比率尤为重要。

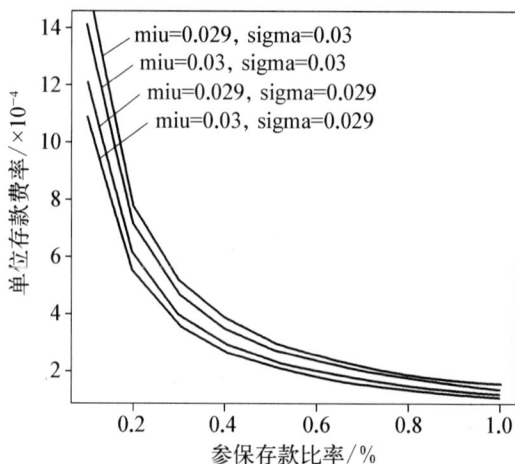

图 6 - 3　存款参保比率对存款保险定价的影响

6.7　本章小结

　　本章结合存款保险的期权定价理论,描述了商业银行资产价值的随机运动过程,并利用其市场价格信号等信息估计了银行资产价值的收益率与波动率;同时,还结合存款保险定价期望损失定价方法,利用其银行破产时被保险存款的期望损失来定价保险存款的思路,提出了一种新的商业银行存款保险定价方法,其主要特点是: 第一,它直接刻画了银行资本持有状况对存款保险定价的影响。当商业银行破产时,存款保险承担的只是商业银行损失中超过银行监管资本的那部分损失。银行持有的资本越多,银行破产的概率越小,存款保险机构偿付的概率也越小,存款保险的费用则越少。当采用本模型对银行进行存款保险定价时,将有助于银行满足或提高资本监管要求,进而改善或提高其资本持有状况。第二,与存款保险定价的期权方法不同,该模型综合考虑了银行资产的风险和收益,比较全面地反映了银行的资产质量,从而有助于降低银行资产风险。第三,考虑了存款的参保比率对存款保险费率的影响。随着存款参保比率的上升,存款费率有所降低,比较客观地反映了商业银行破产时被保险存款的预期损失,考察了银行负债的清偿结构对存款保险定价的影响。另外,该方法也提醒存款保险机构,存款保险费率并非与存款承保额度无关,当存款保险机构降低承保存款的保险额度时,需要适当提高单位存款的保险费率,才能弥补存款未来的预期损失。

　　通过以上分析可以提出的建议是：未来中国存款保险机构在确定存款保险费率时,要综合考虑银行的资产质量和商业银行的资本充足率,并且在确定承保存款的比例和类型时,要注意承保存款占负债的比例对存款保险费率的影响。由于相关参数的估计需要银行股权和负债价值的相关信息,该方法比较适合上市银行存款保险的定价,市场效率越高,有效性越强,运用这种方法得到的存款保险定价参考价值就越大;反之,参考价值就不大。对于非上市银行,可仿照资产质量和信用评级相似的上市银行,确定其存款保险费率。毫无疑问,随着中国上市银行的增加和资本市场的发展,该方法将能为中国商业银行存款保险费率的估价提供有意义的参考。

下篇 交易策略与风险控制

9.334
4.25647
7.2235

第7章 非完全市场最优消费投资问题

本章在假设证券收益存在有界不确定干扰和考虑交易费用的情况下,基于微分对策理论,研究了最差情况下的最优消费和投资策略问题。通过建立最优消费和投资决策的微分对策模型,证明了该微分对策模型存在唯一的值函数,并根据微分对策理论推导出了值函数满足的 IB 偏微分方程,通过求解 IB 偏微分方程,得到了最差情况下的最优消费和投资策略。最后,研究在证券价格服从一个带有随机方差几何布朗运动情况下的最优消费和投资问题,建立了最优消费和投资问题随机最优控制数学模型,运用随机最优控制理论,得到了最优消费和投资随机最优控制问题的值函数所满足的偏微分方程,基于最优控制问题的值函数给出了具有反馈形式的最优消费和投资策略,并与经典 Merton 问题进行了比较分析。

诺贝尔经济学奖获得者 Merton 早在 20 世纪 70 年代初就在一定假设条件下建立了最优消费和投资模型(Merton,1971),并给出了解析解。这是现代金融理论的突破性成果之一,人们将这个成果称为经典的最优消费和投资模型。时至今日,仍有许多人在不断放宽经典最优消费和投资模型的假设条件来研究这一问题,取得了许多成果(Cox & Huang,1989;Hansen & Singleton,1983)。但其研究主要集中在三个方面:一是带有交易费用的最优消费和投资问题(Zarphopoulou,1992;Shreve & Soner,1994);二是具有不确定收入的最优消费和投资问题(Domenico,1997);三是在证券价格服从带有跳跃—扩散过程的几何布朗运动情况下的最优消费和投资问题(Aase,1984,1988)。事实上证券价格并不真正服从标准几何布朗运动,即使证券价格服从标准几何布朗运动,也会由于在辨识过程中对参数估计产生误差,而使模型的可靠程度大大降低。因此,有必要研究其他解决问题的方法。本章将从另一种角度研究非完全市场情况下的最优消费和投资问题。第一节既考虑了证券收益存在有界不确定干扰又考虑交易费用的情况,所使用的方法是微分对策方法。关于运用微分对策方法研究证券投资决策问题,Barron & Jensen(1989)及 Fleming(1995)给出了这种基本思想,但没有对具体问题进行深入研究。刘海龙等(1999)仅运用微分对策方法给出了投资策略,本章继承了其基本思路,建立了非完全市场最优消费投资模型。

7.1 基于最差情况最优消费投资策略

7.1.1 模型描述

为了描述问题方便,作出如下假设:考虑只投资一个风险证券,T 表示投资决策过程的终端时间;$x(t)$,$y(t)$ 分别表示在 t 时刻银行存款的现金余额和证券余额;x_0,y_0 分别表示初始现金金额和初始证券金额;$x(T)$,$y(T)$ 分别表示终端现金余额和终端证券余额;$c(t)$ 表示投资者的消费过程;$u_1(t)$,$u_2(t)$ 分别表示证券的购入速率和卖出速率,$u_1(t)$,$u_2(t) \in [0, U]$,U 是常数,当 $u_1(t) = u_2(t) = 0$ 时表示没有交易;$v(t) \in [-1, 1]$ 表示不确定因素运动方式;β 表示不确定程度。这一部分所研究的问题是:假设在固定的有限时期 T 内,投资者既不增加资金,也不抽取交易费用外的资金。假设投资者可以自由地从银行存款中取出现金购买证券,也可以自由地抛出证券,变为现金存入银行。但是购买和抛售单位金额证券要付交易费用 α。由于不确定因素 $v(t)$ 的存在,证券余额 $y(t)$ 可能增加也可能减少。投资者的目的是针对不确定干扰最差的情况下,选取最优交易策略 $u(t)$ 和消费策略 $c(t)$ 使终端值的效用最大。这一问题可以用如下微分对策模型描述:

$$\dot{x}(t) = r_1 x(t) - c(t) - u_1(t) + u_2(t) - \alpha u_1(t) - \alpha u_2(t), \qquad x(0) = x_0$$
$$(7.1.1)$$

$$\dot{y}(t) = r_2 y(t) + u_1(t) - u_2(t) + \beta y v(t), \qquad y(0) = y_0 \qquad (7.1.2)$$

目标泛函为:

$$J(u_1, u_2, c, v) = \left\{ \int_t^T F(c(s)) \exp(-\rho t) ds + F_1(x(T)) + F_2(y(T)) \right\}$$

$$(7.1.3)$$

其中,r_1,r_2 分别表示无风险利率和风险资产投资的预期收益率;ρ 表示贴现因子,ρ 越大表示未来消费的贴现率越大;$F(x)$,$F_1(x)$,$F_2(x)$ 分别为效用函数。方程(7.1.1)表示投资者现金拥有量的瞬时变化量等于现金利率收益

$r_1(t)x(t)$、瞬时消费 $c(t)$、瞬时交易额 $u_1(t)+u_2(t)$ 和付出的交易费用 $\alpha[u_1(t)+u_2(t)]$ 的总和。方程(7.1.2)表示证券金额的瞬时变化量等于股票收益 $[r_2(t)+\beta v(t)]y(t)$ 与证券瞬时交易额 $u_1(t)+u_2(t)$ 之和,其中,股票收益率 $r_2(t)+\beta v(t)$ 由两部分组成:一部分是预期收益率 $r_2(t)$;另一部分是不确定干扰 $\beta v(t)$。 由方程(7.1.2)可以看出,这里用有界不确定干扰 $v(t)$ 代替了随机动态模型中的维纳过程,所以本模型可以用来描述另一种不确定性问题。这里的问题可以看为:控制者一方(投资者)在干扰控制者一方(不确定因素)$v(t)$ 最差的情况下,如何选取控制 $u_1(t)$,$u_2(t) \in [0,U]$ 和 $c(t)$,使目标泛函 J 最大。

7.1.2　最优消费和投资策略

为了求解上述微分对策问题,首先,证明本章的微分对策模型(7.1.1)、(7.1.2)和(7.1.3)存在唯一的值函数。

定理 7.1　在交易策略有限的条件下,微分对策问题(7.1.1)、(7.1.2)和(7.1.3)存在唯一的值函数 $V(t,x,y)$,且是如下伊萨克—贝尔曼(Isaacs-Bellman)方程的黏性解:

$$
\begin{cases}
V_t + r_1 x V_x + r_2 y V_y - \beta \mid y V_y \mid - \rho V + \max_c \{F(c) - c V_x\} \\
\quad + \max_{u_1,u_2}\{[V_y-(1+\alpha)V_x]u_1(t)+[-V_y+(1-\alpha)V_x]u_2(t)\}=0 \\
V(T,x,y)=F_1(x)+F_2(y)
\end{cases}
$$

$$(7.1.4)$$

其中,V 的下角标 t,x,y 表示 V 关于相应变量的偏导数。

定理 7.1 的证明见附录 A。

现在讨论 IB 方程(7.1.4)解的形式,通过求解 IB 方程(7.1.4)中的两个优化问题,可以得到基于值函数的最优消费和投资策略。

问题 1

$$N = \max_c\{F(c) - c V_x\} \tag{7.1.5}$$

假设具体的效用函数为 $F(x) = \dfrac{1}{\gamma}x^\gamma (\gamma < 1,\ \gamma \neq 0)$,则问题 1 的最优解为:

$$c = (V_x)^{\frac{1}{\gamma-1}} \tag{7.1.6}$$

最优值为：

$$N = \frac{1-\gamma}{\gamma}(V_x)^{\frac{\gamma}{\gamma-1}} \qquad (7.1.7)$$

问题 2

$$M = \max_{u_1, u_2}\{L_1 u_1(t) + L_2 u_2(t)\} \qquad (7.1.8)$$

其中，

$$L_1 = V_y - (1+\alpha)V_x \qquad (7.1.9)$$

$$L_2 = -V_y + (1-\alpha)V_x \qquad (7.1.10)$$

则问题 2 的最优解分为以下三种情况：① 当 $L_1 > 0$，$L_2 < 0$ 时，最优解为 $u_1(t) = U$，$u_2(t) = 0$，最优值为 $M = L_1 U$；② 当 $L_1 < 0$，$L_2 > 0$ 时，最优解为 $u_1(t) = 0$，$u_2(t) = U$，最优值为 $M = L_2 U$；③ 当 $L_1 < 0$，$L_2 < 0$ 时，最优解为 $u_1(t) = u_2(t) = 0$，最优值为 $M = 0$。

7.1.3　IB 偏微分方程的解析解

这一部分对 IB 方程(7.1.4)在各种情况下解的形式进行了讨论，并得到了在相应情况下解的解析表达式。首先将优化问题 1 和问题 2 的最优值代入方程(7.1.4)得：

$$\begin{cases} V_t + r_1 x V_x + r_2 y V_y - \beta \mid y V_y \mid - \rho V + \dfrac{1-\gamma}{\gamma}(V_x)^{\frac{\gamma}{\gamma-1}} \\ \quad + \max_{u_1, u_2}\{[V_y - (1+\alpha)V_x]u_1(t) + [-V_y + (1-\alpha)V_x]u_2(t)\} = 0 \\ V(T, x, y) = F_1(x) + F_2(y) \end{cases}$$

$$(7.1.11)$$

由于 IB 偏微分方程(7.1.11)是高度的非线性关系，对一般的效用函数 $F(x)$，$F_1(x)$，$F_2(x)$ 很难求出解析解，因此我们考虑如下的特殊情况：

$$F(x) = F_1(x) = F_2(x) = \gamma^{-1}x^{\gamma}, \qquad 0 < \gamma < 1$$

下面分四种情况进行讨论。

(1) $L_1 > 0$，$L_2 < 0$ 时。

令

$$V = \gamma^{-1} x^{\gamma} f_1(t) + \gamma^{-1} y^{\gamma} f_2(t) + f_3(t),$$
$$f_1(T) = 1, \quad f_2(T) = 1, \quad f_2(t) \geqslant 0, \quad f_3(T) = 0 \qquad (7.1.12)$$

先将最优值 N，M 代入方程(7.1.4)中，然后再将式(7.1.12)代入得

$$\gamma^{-1} x^{\gamma} \left[f_1'(t) + r_1 \gamma f_1(t) - \rho f_1(t) + \frac{1-\gamma}{\gamma} [f_1(t)]^{\frac{\gamma}{\gamma-1}} \right] +$$
$$\gamma^{-1} y^{\gamma} [f_2'(t) + r_2 \gamma f_2(t) - \beta \gamma f_2(t) - \rho f_2(t)] +$$
$$f_3'(t) - \rho f_3(t) + U[f_2(t) - (1+\alpha)f_1(t)] = 0$$

由 x，y 的任意性必有

$$f_1'(t) + r_1 \gamma f_1(t) - \rho f_1(t) + \frac{1-\gamma}{\gamma} [f_1(t)]^{\frac{\gamma}{\gamma-1}} = 0, \qquad f_1(T) = 1$$
$$(7.1.13)$$

$$f_2'(t) + r_2 \gamma f_2(t) - \beta \gamma f_2(t) - \rho f_2(t) = 0, \qquad f_2(T) = 1 \qquad (7.1.14)$$

$$f_3'(t) - \rho f_3(t) + U[f_2(t) - (1+\alpha)f_1(t)] = 0, \qquad f_3(T) = 0$$
$$(7.1.15)$$

现在来求解方程(7.1.13)，令 $A(t) = (f_1(t))^{\frac{1}{1-\gamma}}$，则：

$$f_1(t) = (A(t))^{(1-\gamma)} \qquad (7.1.16)$$

$$f_1'(t) = (1-\gamma)(A(t))^{-\gamma} A'(t) \qquad (7.1.17)$$

将式(7.1.16)和(7.1.17)代入式(7.1.13)中得如下方程：

$$A'(t) = -\frac{r_1 \gamma - \rho}{1-\gamma} A(t) - \frac{1}{\gamma} \qquad (7.1.18)$$

解方程(7.1.18)得

$$A(t) = -\frac{1-\gamma}{(r_1 \gamma - \rho)\gamma} + \left(1 + \frac{1-\gamma}{(r_1 \gamma - \rho)\gamma} \right) \exp \left[\frac{r_1 \gamma - \rho}{1-\gamma} (T-t) \right]$$
$$(7.1.19)$$

将式(7.1.18)代入式(7.1.16)中得

$$f_1(t) = \left[-\frac{1-\gamma}{(r_1 \gamma - \rho)\gamma} + \left(1 + \frac{1-\gamma}{(r_1 \gamma - \rho)\gamma} \right) \exp \left(\frac{r_1 \gamma - \rho}{1-\gamma} (T-t) \right) \right]^{1-\gamma}$$
$$(7.1.20)$$

显然由方程(7.1.14)和(7.1.15)可以得到

$$f_2(t) = \exp(r_2\gamma - \beta\gamma - \rho)(T-t) \tag{7.1.21}$$

$$f_3(t) = \exp(\rho t)\int_t^T U[f_2(s) - (1+\alpha)f_1(s)]\exp(-\rho s)\,\mathrm{d}s \tag{7.1.22}$$

将式(7.1.20)~(7.1.22)代入式(7.1.12)值函数如下：

$$\begin{aligned}
V(t,x,y) &= \gamma^{-1}x^\gamma\left[-\frac{1-\gamma}{(r_1\gamma-\rho)\gamma} + \left(1 + \frac{1-\gamma}{(r_1\gamma-\rho)\gamma}\right)\exp\left(\frac{r_1\gamma-\rho}{1-\gamma}(T-t)\right)\right]^{1-\gamma} \\
&\quad + \gamma^{-1}y^\gamma\exp[(r_2\gamma-\beta\gamma-\rho)(T-t)] \\
&\quad + \exp(\rho t)\int_t^T U[f_2(s) - (1+\alpha)f_1(s)]\exp(-\rho s)\,\mathrm{d}s
\end{aligned}$$

(2) $L_1 < 0$, $L_2 > 0$ 时。

先将最优值 N, M 代入方程(7.1.4)中,然后再将式(7.1.12)代入,与第一种情况推导的方法完全相同,可求得值函数为：

$$\begin{aligned}
V(t,x,y) &= \gamma^{-1}x^\gamma\left[-\frac{1-\gamma}{(r_1\gamma-\rho)\gamma} + \left(1 + \frac{1-\gamma}{(r_1\gamma-\rho)\gamma}\right)\exp\left(\frac{r_1\gamma-\rho}{1-\gamma}(T-t)\right)\right]^{1-\gamma} \\
&\quad + \gamma^{-1}y^\gamma\exp[(r_2\gamma-\beta\gamma-\rho)(T-t)] \\
&\quad + \exp(\rho t)\int_t^T U[-f_2(s) + (1-\alpha)f_1(s)]\exp(-\rho s)\,\mathrm{d}s
\end{aligned}$$

(3) $L_1 < 0$, $L_2 < 0$ 时。

先将最优值 N, M 代入方程(7.1.4)中,然后再将式(7.1.12)代入,同理得：

$$\begin{aligned}
V(t,x,y) &= \gamma^{-1}x^\gamma\left[-\frac{1-\gamma}{(r_1\gamma-\rho)\gamma} + \left(1 + \frac{1-\gamma}{(r_1\gamma-\rho)\gamma}\right)\exp\left(\frac{r_1\gamma-\rho}{1-\gamma}(T-t)\right)\right]^{1-\gamma} \\
&\quad + \gamma^{-1}y^\gamma\exp[(r_2\gamma-\beta\gamma-\rho)(T-t)]
\end{aligned}$$

(4) $L_1 > 0$, $L_2 > 0$ 时。

此时, $f_2(t) - (1+\alpha)f_1(t) > 0$, $f_1(t)(1-\alpha) - f_2(t) > 0$, 则 $f_1(t)(1-\alpha) > f_1(t)(1+\alpha)$, 即 $\alpha f_1(t) < 0$, 这与 α 和上面已求出的 $f_1(t)$ 皆大于 0 相矛盾,故这种情况不可能出现。

7.1.4　消费投资策略分析

1. 消费策略分析

将值函数 $V(t, x, y)$ 代入 $(7.1.6)$ 中,可得到最优消费策略:

$$c(t, x) = \left[-\frac{1-\gamma}{(r_1\gamma-\rho)\gamma} + \left(1 + \frac{1-\gamma}{(r_1\gamma-\rho)\gamma}\right) \exp\left(\frac{r_1\gamma-\rho}{1-\gamma}(T-t)\right)\right]^{-1} x$$

$$(7.1.23)$$

2. 投资策略分析

将值函数 $V(t, x, y)$ 代入 $(7.1.9)$ 和 $(7.1.10)$ 中,可得到:

$$L_1 = y^{\gamma-1}\exp(r_2\gamma-\beta\gamma-\rho)(T-t) - (1+\alpha)x^{\gamma-1}f_1(t) \quad (7.1.24)$$

$$L_2 = -y^{\gamma-1}\exp(r_2\gamma-\beta\gamma-\rho)(T-t) + (1-\alpha)x^{\gamma-1}f_1(t) \quad (7.1.25)$$

(1) 当 $L_1 > 0$, $L_2 < 0$ 时,$\beta < r_2 - \dfrac{\rho}{\gamma} - \dfrac{1}{(T-t)\gamma}\{\ln(1+\alpha) + (\gamma-1)$

$(\ln x - \ln y) + \ln f_1(t)\}$ 时,以最大速率买进证券。

(2) 当 $L_1 < 0$, $L_2 > 0$ 时,$\beta > r_2 - \dfrac{\rho}{\gamma} - \dfrac{1}{(T-t)\gamma}\{\ln(1-\alpha) + (\gamma-1)$

$(\ln x - \ln y) + \ln f_1(t)\}$ 时,以最大速率卖出证券。令:

$$a = r_2 - \frac{\rho}{\gamma} - \frac{1}{(T-t)\gamma}\{\ln(1+\alpha) + (\gamma-1)(\ln x - \ln y) + \ln f_1(t)\}$$

$$b = r_2 - \frac{\rho}{\gamma} - \frac{1}{(T-t)\gamma}\{\ln(1-\alpha) + (\gamma-1)(\ln x - \ln y) + \ln f_1(t)\}$$

(3) 当 $L_1 < 0$, $L_2 < 0$ 时,$a < \beta < b$ 时,停止交易。

由此可以看出,当 β 小于 a 时,投资者应以最大速率买进证券;当 β 大于 b 时,投资者应以最大速率卖出证券;当 β 处于 (a, b) 区间时,投资者可不做任何交易,处于观望之中;当 $\beta = a$ 或 $\beta = b$ 时,最优策略不确定,即奇异控制。

7.2　考虑随机方差的最优消费投资策略

7.2.1　问题描述

首先对金融市场作如下假设:

(1) 市场是无摩擦的,即不考虑税收和交易费用,股票不付红利,没有买空卖空限制。

(2) 市场中存在一个风险资产和一个利率为 r 的无风险资产可供投资者选择。

(3) 风险资产的价格 $p(t)$ 服从一个具有随机方差的几何布朗运动。

$$dp(t) = \mu p(t)dt + \sigma(t)p(t)dw_p(t) \tag{7.2.1}$$

$$d\sigma(t) = -\delta\sigma(t)(\sigma(t) - \xi)dt + \beta\sigma(t)dw_\sigma(t), \qquad \sigma(0) = \sigma_0 \tag{7.2.2}$$

其中,$\sigma(t)$ 是随机变量,表示证券预期收益率波动的方差;σ_0 表示证券预期收益的初始波动率;μ、δ、ξ、β 是正常数,分别表示证券的预期收益率、随机方差的预期变化率、随机方差的波动平均值和随机方差的波动率;$w_p(t)$ 和 $w_\sigma(t)$ 分别表示证券价格和方差 $\sigma(t)$ 服从的标准维纳过程,其相关系数为 ρ。

在以上假设条件下,投资者的总财富过程 $x(t)$ 满足如下随机微分方程:

$$dx(t) = [rx(t) + (\mu - r)x(t)u(t) - c(t)]dt + x(t)u(t)\sigma(t)dw_p(t), \ x(0) = x \tag{7.2.3}$$

其中,x 为初始财富价值,$c(t)$ 表示投资者的消费过程,$u(t)$ 表示 t 时刻投资在风险资产中财富的比例。如果投资者的消费和证券选择 $(c(t), u(t))$ 使财富过程满足 $x(t) > 0(t \geqslant 0)$,则称 $(c(t), u(t))$ 为允许策略,允许策略构成的集合记为 $A(x, \sigma)$。假设投资者的目标函数为:

$$J(t, x, \sigma, c, u) = E_x\left(\int e^{-\lambda s}F_1(c(s))ds + F_2(x(T))\right) \tag{7.2.4}$$

其中,E_x 表示条件期望算子,$F_1(\cdot)$ 表示消费的效用函数,$F_2(\cdot)$ 表示期末资产的效用函数,λ 表示贴现因子,λ 越大表示未来消费的贴现率越大。

7.2.2 最优消费和投资策略

首先,定义随机最优控制问题(7.2.2)、(7.2.3)和(7.2.4)的值函数:

$$V(t, x, \sigma) = \sup_{c, u \in A(x, \sigma)} J(t, x, \sigma, c, u) \tag{7.2.5}$$

由随机最优控制理论(Ksendal, 1998)知道,值函数满足如下 HJB (Hamilton-Jacobi-Bellman)偏微分方程:

$$\begin{cases} V_t + rx(t)V_x - \delta\sigma(t)(\sigma(t) - \xi)V_\sigma + \dfrac{1}{2}\beta^2\sigma^2(t)V_{\sigma\sigma} - \lambda V \\ \max_u R(u) + \max_c L(c) = 0 \\ V(T, x, \sigma) = F_2(x), V(t, 0, \sigma) = F_2(0) \end{cases} \tag{7.2.6}$$

其中，V 的下角标 t，x，σ 分别表示 V 关于相应变量的偏导数，算子 $R(u)$ 和 $L(c)$ 分别定义如下：

$$R(u) = (\mu - r)x(t)u(t)V_x + \beta\rho x(t)u(t)\sigma^2(t)V_{x\sigma} + \frac{1}{2}x^2(t)u^2(t)\sigma^2(t)V_{xx}$$

$$(7.2.7)$$

$$L(c) = -c(t)V_x + F_1(c(t)) \tag{7.2.8}$$

通过求解 HJB 方程(7.2.6)中的两个优化问题，可以得到基于值函数的最优消费和投资策略。

问题 1

$$L = \max_{c \in A} L(c) = \max_{c \in A}\{F_1(c(t)) - c(t)V_x\} \tag{7.2.9}$$

解 $\dfrac{\partial L}{\partial c} = 0$ 得最优解为

$$c(t) = (F_1')^{-1}(V_x) \tag{7.2.10}$$

最优值为：

$$L = F_1((F_1')^{-1}(V_x)) - (F_1')^{-1}(V_x)V_x \tag{7.2.11}$$

问题 2

$$R = \max_{u \in A} R(u) = \max_{u \in A}\Big\{ (\mu - r)x(t)u(t)V_x + \beta\rho x(t)u(t)\sigma^2(t)V_{x\sigma}$$

$$+ \frac{1}{2}x^2(t)u^2(t)\sigma^2(t)V_{xx} \Big\} \tag{7.2.12}$$

解 $\dfrac{\partial R}{\partial u} = 0$ 得最优解为

$$u(t) = -\frac{(\mu - r)V_x + \beta\rho\sigma(t)V_{x\sigma}}{x(t)\sigma^2(t)V_{xx}} \tag{7.2.13}$$

最优值为

$$R = -\frac{1}{2}\frac{[(\mu - r)V_x + \beta\rho\sigma(t)V_{x\sigma}]^2}{\sigma^2(t)V_{xx}} \tag{7.2.14}$$

将式(7.2.11)和(7.2.14)代入 HJB 方程(7.2.6)中得：

$$
\begin{cases}
V_t + rx(t)V_x - \delta\sigma(t)(\sigma(t)-\xi)V_\sigma + \dfrac{1}{2}\beta^2\sigma^2(t)V_{\sigma\sigma} - \lambda V \\
\quad + F_1((F_1')^{-1}(V_x)) - (F_1')^{-1}(V_x)V_x - \dfrac{1}{2}\dfrac{[(\mu-r)V_x+\beta\rho\sigma(t)V_{x\sigma}]^2}{\sigma^2(t)V_{xx}} = 0 \\
V(T, x, \sigma) = F_2(x), \ V(t, 0, \sigma) = F_2(0)
\end{cases}
$$

$$(7.2.15)$$

因为对一般的效用函数 $F_1(x)$，$F_2(x)$，偏微分方程(7.2.15)是高度的非线性关系，因此很难求出解析解，用数值解法求出偏微分方程(7.2.15)的值函数 $V(t, x, \sigma)$，最后再将 $V(t, x, \sigma)$ 代入式(7.2.10)和(7.2.13)，可以得到以 (x, σ) 为状态的反馈控制器：

$$
u^*(x, \sigma) = -\frac{(\mu-r)V_x + \beta\rho\sigma(t)V_{x\sigma}}{x(t)\sigma^2(t)V_{xx}}
\tag{7.2.16}
$$

$$
c^*(x, \sigma) = (F_1')^{-1}(V_x)
\tag{7.2.17}
$$

7.2.3　与 Merton 问题的比较

当 $\sigma(t)=\xi$ 是常数时，有 $\beta=\rho=0$，这时这一问题恰好等价于经典最优消费和证券选择问题，现在来看一下这种关系。为了便于比较，与 Merton 问题一样选取具体的效用函数为 HARA 型(Duffie et al.，1997)，即

$$
F_1(x) = F_2(x) = \gamma^{-1}x^\gamma, \qquad 0 < \gamma < 1
\tag{7.2.18}
$$

这时偏微分方程(7.2.15)变为：

$$
\begin{cases}
V_t + rx(t)V_x - \lambda V + \dfrac{1-\gamma}{\gamma}(V_x)^{\frac{\gamma}{\gamma-1}} - \dfrac{1}{2}\xi^{-2}(\mu-r)^2 V_x^2 / V_{xx} = 0 \\
V(T, x) = F_2(x), \ V(t, 0) = F_2(0)
\end{cases}
$$

$$(7.2.19)$$

新的偏微分方程(7.2.19)有特殊形式的值函数：

$$
V(t, x) = f(t)\gamma^{-1}x^\gamma
\tag{7.2.20}
$$

将值函数(7.2.20)代入偏微分方程(7.2.19)中，然后两边除以 $\gamma^{-1}x^\gamma$，得

$$
\begin{cases}
f'(t) - f(t)\left(\dfrac{1}{2}\xi^{-2}(\mu-r)^2\dfrac{\gamma}{\gamma-1} - r\gamma + \lambda\right) + (1-\gamma)(f(t))^{\frac{\gamma}{\gamma-1}} = 0 \\
f(T) = 1
\end{cases}
$$

$$(7.2.21)$$

令　$a = \dfrac{1}{2}\xi^{-2}(\mu - r)^2 \dfrac{\gamma}{\gamma - 1} - r\gamma + \lambda,\ b = \gamma - 1,$

则常微分方程(7.2.21)可以写成:

$$\begin{cases} f'(t) = af(t) + b(f(t))^{\frac{\gamma}{\gamma - 1}} \\ f(T) = 1 \end{cases} \qquad (7.2.22)$$

解方程(7.2.22)得

$$f(t) = \left[-\frac{b}{a} + \left(1 + \frac{b}{a} \right) e^{-\frac{a}{1-\gamma}(T-t)} \right]^{1-\gamma} \qquad (7.2.23)$$

方程(7.2.22)存在正解的条件是 $-\dfrac{b}{a} + \left(1 + \dfrac{b}{a} \right) e^{-\frac{a}{1-\gamma}(T-t)} > 0$,这时,将函数

(7.2.23)代入式(7.2.20)中得值函数为:

$$V(t,\ x) = \left[-\frac{b}{a} + \left(1 + \frac{b}{a} \right) e^{-\frac{a}{1-\gamma}(T-t)} \right]^{1-\gamma} \gamma^{-1} x^\gamma \qquad (7.2.24)$$

最后,由式(7.2.16)~式(7.2.18)和式(7.2.24)得最优消费和投资策略分别为:

$$c^*(t) = \left[-\frac{b}{a} + \left(1 + \frac{b}{a} \right) e^{-\frac{a}{1-\gamma}(T-t)} \right]^{-1} x \qquad (7.2.25)$$

$$u^*(t) = \frac{\mu - r}{1 - \gamma} \xi^{-2} \qquad (7.2.26)$$

这正是经典最优消费和投资策略。

7.3　算例分析

假设某投资者通过分析认为,从现在 $(t = 0)$ 开始到末期 $(T = 3)$ 3 年的时间中,投资风险资产的预期收益率 $\mu = 0.1$,风险资产的波动率为 $\sigma = \xi = 0.5$,是常数,$\delta = \beta = \rho = 0$;假设投资者消费的效用函数和终期资产的效用函数均为 $F_1(x) = F_2(x) = \gamma^{-1} x^\gamma (\gamma = 0.2)$;假设银行存款为无风险资产,无风险利率 $r = 0.03$,要求未来消费的贴现率 $\lambda = 0.01$。投资者现有财富 $x(0) = 10$ 万元,不考虑其他收入,那么由式(7.2.25)和式(7.2.26),可以确定投资者的消费投资策略

为：投资在风险资产上的资金 3.5 万元，用于消费的资金 2.509 1 万元，银行存款 3.990 9 万元。如果改变参数 $\sigma = \xi = 0.3$，$\gamma = 0.5$，其余不变，则投资者的消费投资策略为：投资在风险资产上的资金 15.556 万元，用于消费的资金 2.210 9 万元，银行存款 $-7.766\ 9$ 万元（负数表示向银行贷款，假设存款利率和贷款利率相同，均为 $r = 0.03$）。

由式（7.2.26）可以明显看出，当参数 μ、r、ξ、γ 不变时，最优风险资产投资比例 $u(t)$ 是常数；当 μ 或 γ 增加时，最优风险资产投资比例 $u(t)$ 也增加；当 $r(r < \mu)$ 或 ξ 增加时，最优风险资产投资比例 $u(t)$ 则减少。而由式（7.2.25）则不容易看出消费 $c(t)$ 与参数 μ、r、ξ、γ 的关系，因此，下面用图例给出 $T = 1$（点划线）、$T = 2$（点线）、$T = 3$（实线）三种情况下，初始时刻的消费策略 $c(0)$ 与参数 μ、r、ξ、γ 之间的关系。

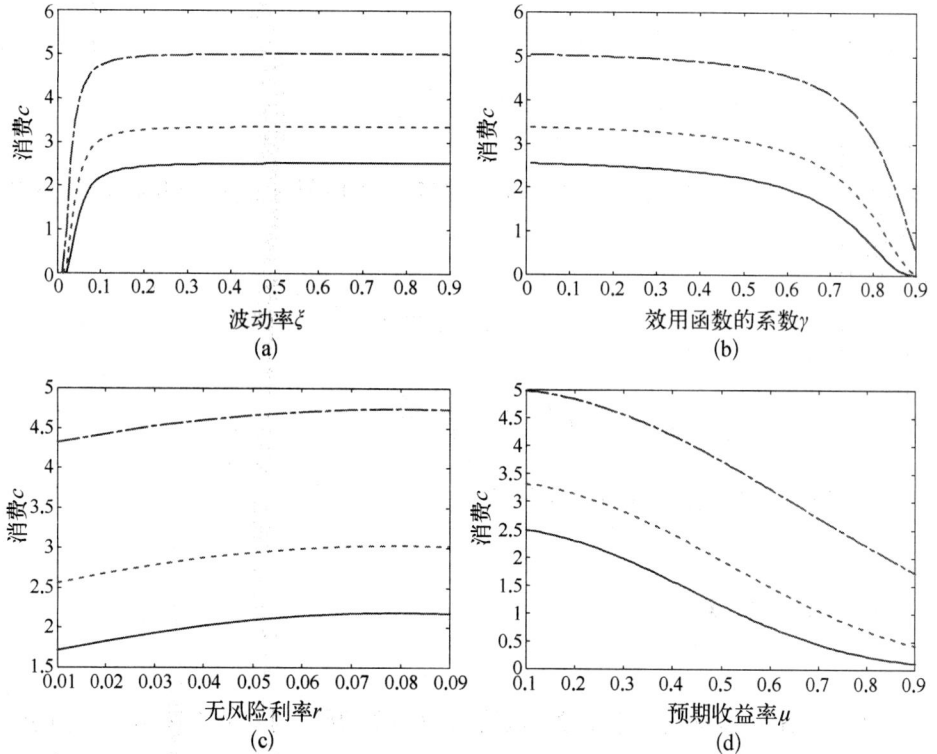

图 7 - 1　最优消费策略与预期收益率的关系

说明：(a) 给出了 $\mu = 0.1$、$r = 0.03$、$\lambda = 0.01$、$\gamma = 0.2$ 时，$t = 0$ 时刻的最优消费策略与波动率之间的关系；(b) 给出了 $\mu = 0.1$、$r = 0.03$、$\lambda = 0.01$、$\xi = 0.3$ 时，$t = 0$ 时刻的最优消费策略与效用函数的系数 γ 之间的关系；(c) 给出了 $\mu = 0.1$、$\xi = 0.2$、$\lambda = 0.01$、$\gamma = 0.5$ 时，$t = 0$ 时刻的最优消费策略与无风险利率 r 之间的关系；(d) 给出了 $\gamma = 0.2$、$r = 0.03$、$\lambda = 0.01$、$\xi = 0.3$ 时，$t = 0$ 时刻的最优消费策略与预期收益率 μ 之间的关系。

从图 7-1 中可以看出,正常情况下 ($\xi > 0.1$, $r < 0.1$, $\gamma < 0.6$),初始时刻用于消费的资金 $c(0)$ 随着风险资产预期收益率 μ 和到期期限 T 的增加而减少,但是对参数 r、ξ、γ 的敏感性却很小。从而说明初始时刻的消费策略 $c(0)$ 的变化主要取决于到期期限 T 和风险资产预期收益率 μ。

7.4　本章小结

本章第一部分使用微分对策方法研究了最差情况下的最优消费和投资策略,虽然推导最优消费和投资策略的解析表达式比较烦琐,但有清晰的思路和重要的经济意义,而且最优消费策略与经典最优消费策略的结果形式上是一致的,同时本章使用的方法和研究思路是一种新的探索。

本章第二部分所得到的证券价格服从带有随机方差的几何布朗运动情况下最优消费和证券选择策略,是经典最优消费和证券选择问题的推广。经典最优消费和证券选择问题是本章所得结论的特例。进而说明本章所研究的问题是经典最优消费和证券选择问题的深入和发展。关于偏微分方程(7.2.15)的数值解法及最优消费和投资策略对参数的敏感性分析须进一步深入研究。

第8章 基于随机控制的证券
投资决策问题

    本章的基本思路是：运用随机最优控制理论研究了带有交易费用的 n 个风险证券的投资决策问题。首先，建立了证券投资决策问题的随机最优控制模型；然后，把证券投资决策问题归结为求解随机最优控制值函数问题；最后，给出了基于值函数的一般投资策略。

    运用控制理论方法来研究经济现象和运动过程一直是许多控制理论家和经济学家要解决的问题。控制理论在金融经济学中的应用在 20 世纪 80 年代以后开始活跃起来，解决的主要问题有：股票的发行、留存收益、负债和现金余额等问题(Elton & Gruber,1975;Sethi & Thompson,1970)。随着现代控制理论的兴起和发展，金融经济学中的许多问题都可以通过控制理论得到较好的解决。如投资的决策、投资方式和投资期间的股息策略问题。事实上，在金融经济学中，一个更值得重视的方面是解决带有随机性的问题，而解决这个问题的重要手段是随机最优控制理论。随机最优控制是控制理论中在 20 世纪 90 年代后期得到发展的。应用贝尔曼最优化原理，并采取测度理论和泛函分析方法，是数学家们在 20 世纪 60 年代和 70 年代初对于这一新的数学研究领域作出的重要贡献。

    经济学家们对于随机最优控制的理论方法的吸收是十分迅速的。20 世纪 70 年代初开始出现了几篇经济学论文，其中有 Merton(1971)使用连续时间方法论述消费和资产组合的问题，有 Brock & Mirman(1972)在不确定情况下使用离散时间方法研究的经济最优增长问题。从此以后，随机最优控制方法已经应用到大多数的经济学领域，特别是在金融经济学领域取得了更为丰硕的成果。

    证券投资决策是指分析决定在证券市场上在什么情况下购入哪些证券，在什么情况下抛出哪些证券，以达到减少风险、增加收益的目的。关于证券投资决策问题，具有奠基性的理论是 Markowitz(1952)的证券组合理论，该理论对于证券投资决策问题的解决具有重要的促进作用。但是该理论是在一定假设条件下解决了怎样在一定时间内进行证券选择的问题，建立的是静态数学模型，并没有解决关于证券投资决策的动态控制问题。进入 20 世纪 80 年代，人们开始运用随机动态模型研究具有不确定因素的证券投资决策问题。但是,以往的研究大多没有考虑交易费用(Markowitz,1952),20 世纪 90 年代后期,有些学者开始研究带有交易费用的证券投资决策问题。Morton(1995)、Pliska & Selby(1995)运用最优停时理论研究了具有固定交易费用的证券投资决策问题,给出了具有两种风险证券的投资决策问题的一种简化算法;Shreve & Soner(1994)运用随机最优控制理论研究了带有交易费用的最优投资和消费问题,但是,没有给出一般的投资策略;黄小原(1994)运用模拟退火方法研究了带有交易费用的证券投资决策问题,但是,当维数较高时,收敛速度较慢。

8.1　随机最优控制理论

以下简单叙述随机最优控制理论(黄康宁,1995),而对有关理论不加证明,详尽的内容可参考上述文献。

设 (Ω, F, P) 是一概率空间,$w(t)$, $t \geqslant 0$ 是概率空间 (Ω, F, P) 上的 k 维维纳过程;$F_t = \sigma[w(s), s \leqslant t]$ 是由维纳过程 $w(t)$ 产生的 σ-域族 $\{F_t\}$,每个 σ-域 F_t 都是完备化的;设 U 是 m 维欧氏空间 R 中的一个子集。

考虑下面的随机最优控制问题,受控对象用下面的随机微分方程来描述:

$$\begin{cases} \mathrm{d}x(t) = \mu[x(t), u(t)]\mathrm{d}t + \sigma[x(t), u(t)]\mathrm{d}w(t) \\ x(0) = x_0 \end{cases} \tag{8.1.1}$$

其中,$x(t)$ 是 k 维状态变量,$u(t)$ 是 m 维控制变量,$S(k)$ 表示 $k \times k$ 矩阵的全体的集合,$\sigma(\cdot, \cdot)$：$R^k \times U \to S(k)$,$\mu(\cdot, \cdot)$：$R^k \times U \to R^k$。

目标泛函为:

$$J(u) = EF[h(x(T))] \tag{8.1.2}$$

其中,$h(\cdot)$：$R^k \to R^1$ 为连续可微函数,$F(\cdot)$：$R^1 \to R^1$ 为效用函数,E 表示期望算子。随机最优控制问题是寻求 $u^*(\cdot) \in U$,使得

$$J[u^*(\cdot)] = \sup_{u \in U} J[u(\cdot)]$$

$u^*(\cdot)$ 称为控制问题(8.1.1)和(8.1.2)的最优控制,相应于 $u^*(\cdot)$ 的随机微分方程(8.1.1)的解 $x^*(t)$ 称为最优轨道。

首先给出下面的定义。

定义 8.1　设 $F(x)$：$(0, +\infty) \to R$,是二阶连续可微函数,且 $F'(x) > 0$,

则称 $F(x)$ 为效用函数。

定义 8.2 若 $F(x)$ 为效用函数,则称

$$V(x, t) = \sup_{u \in U} J(u) = \sup_{u \in U} EF[h(x(T))] \tag{8.1.3}$$

为由随机微分方程(8.1.1)和目标泛函(8.1.2)构成的随机最优控制问题的值函数。

下面给出由随机微分方程(8.1.1)和目标泛函(8.1.2)构成的随机最优控制问题值函数存在的条件:

(A1) 对一切 $x, y \in R^k$, $u \in U$, 函数 $\mu_i(x, u)$ 和 $\sigma_{ij}(x, u)(i, j = 1, 2, \cdots, k)$

关于变量 x 满足条件:

$$| \mu_i(x, u) - \mu_i(y, u) | \leqslant K | x - y |, \ | \sigma_{ij}(x, u) - \sigma_{ij}(y, u) | \leqslant L | x - y | \tag{8.1.4}$$

其中,$\boldsymbol{\mu} = (\mu_1, \mu_2, \cdots, \mu_k)^{\mathrm{T}}$, $\boldsymbol{\sigma} = (\sigma_{ij})_{k \times k}$, K, L 是正数。

(A2) 对任意 $\boldsymbol{\theta} = (\theta_1, \theta_2, \cdots, \theta_k)^{\mathrm{T}}$, $\boldsymbol{x} = (x_1, x_2, \cdots, x_k)^{\mathrm{T}} \in R^k$, $u \in U$, 存在正常数 β, 使得如下不等式成立:

$$\sum_{i, j=1}^{k} \sigma_{ij}(x, u) \theta_i \theta_j \geqslant \beta \| \theta \|^2 \tag{8.1.5}$$

其中,$\| \theta \|^2 = \sum_{i=1}^{k} \theta_i^2$。

引理 8.1 假定由随机微分方程(8.1.1)和目标泛函(8.1.2)构成的随机最优控制问题满足条件(A1)和(A2),则该随机控制问题存在唯一值函数 $V(x, t)$, 且值函数满足下面的 HJB 偏微分方程:

$$\sup_{u \in U} \left\{ V_t + \langle \mu, DV \rangle + \frac{1}{2} tr(\boldsymbol{M} D^2 \boldsymbol{V}) \right\} = 0, \qquad V(x, T) = F[h(x)] \tag{8.1.6}$$

其中,$\boldsymbol{M} = \boldsymbol{\sigma}\boldsymbol{\sigma}^{\mathrm{T}}$ 是正定矩阵,D 表示梯度算子,$DV = (V_{x_1}, V_{x_2}, \cdots, V_{x_k})^{\mathrm{T}}$, D^2V 是 Hessian 阵,$< \cdot, \cdot >$ 表示内积,$tr(\cdot)$ 表示迹算子,下标 $t, x_i(i = 1, 2, \cdots, k)$ 表示对相应变量的偏导数。

事实上,有些实际问题,条件(A1)和(A2)未必满足,因此,HJB 偏微分方程未必有光滑解,即使是存在光滑解,唯一性也不一定满足(雍炯敏,1992)。因此,

为了解决这个问题,必须研究解决这个问题的新思路。Crandall 和 Lion(1983,1984)提供了一种称为黏性解的新概念。在黏性解的概念下,HJB 偏微方程的解的存在性和唯一性问题容易得到解决。以下简述黏性解理论(王康宁,1995;雍炯敏,1992;Crandall & Lion,1983;Crandall et al. ,1984)。

设 Q 是 K 维欧氏空间 R^k 中的一个具有光滑边界 ∂Q 的区域,$C(Q)$ 表示在区域 Q 上实值连续函数的全体,$C^1(Q)$ 表示在区域 Q 上有连续一阶导数的实值连续函数的全体。对于 $v(\cdot) \in C(Q)$ 以及 $X_0 \in Q$,定义函数 $v(X)$ 在 X_0 点的上微分为:

$$D^+ v(X_0) = \Big\{ (p, P) \mid (p, P) \in R^k \times S(k): \varlimsup_{X \to X_0} \Big[v(X) - v(X_0)$$

$$- \langle p, X - X_0 \rangle - \frac{1}{2} \langle P(X - X_0), (X - X_0) \rangle \Big] \leqslant 0 \Big\} \tag{8.1.7}$$

其中,$< \cdot, \cdot >$ 表示 R^k 上的内积,$S(k)$ 表示 $k \times k$ 对称矩阵的全体的集合。

类似地,定义函数 $v(X)$ 在 X_0 点的下微分为:

$$D^- v(X_0) = \Big\{ (p, P) \mid (p, P) \in R^k \times S(k): \varliminf_{X \to X_0} \Big[v(X) - v(X_0) -$$

$$\langle p, X - X_0 \rangle - \frac{1}{2} \langle P(X - X_0), (X - X_0) \rangle \Big] \geqslant 0 \Big\} \tag{8.1.8}$$

考虑如下非线性二阶偏微分方程:

$$H(X, v(X), Dv(X), D^2 v(X)) = 0 \quad X \in Q \tag{8.1.9}$$

其中,$H \in C(Q \times R \times R^k \times S(k))$,$X \in Q$,$v: Q \to R$,$Dv$ 表示 v 的梯度,$D^2 v$ 是 Hessian 阵,且 H 满足下面的条件。

如果 $P \geqslant P^*$,即 $P - P^*$ 是非负定矩阵,则

$$H(X, v(X), p, P) \leqslant H(X, v(X), p, P^*) \quad \forall X, v, p \tag{8.1.10}$$

现在给出黏性解的定义。

定义 8.3　如果对任意 $X \in Q$,$(p, P) \in D^+ v(X)$,有 $v(\cdot) \in C(Q)$,使得

$$H(X, v(X), p, P) \leqslant 0 \tag{8.1.11}$$

则称连续函数 $v(X)$ 为偏微分方程(8.1.9)的黏性下解。

如果对任意 $X \in Q$, $(p, P) \in D^{-}v(X)$, 有 $v(\cdot) \in C(Q)$, 使得:

$$H(X, v(X), p, P) \geqslant 0 \qquad (8.1.12)$$

则称连续函数 $v(X)$ 为偏微分方程(8.1.9)的黏性上解。

如果 $v(X)$ 既是偏微分方程(8.1.9)的黏性上解又是黏性下解,则称 $v(X)$ 是偏微分方程(8.1.9)的黏性解。

现在给出黏性解的另一个等价定义。

定义 8.4 如果对任意的 $h \in C^{1}(Q)$ 及 $v-h$ 的每一局部最大点 $X_{0} \in Q$, 有:

$$H(X_{0}, v(X_{0}), Dh(X_{0}), D^{2}h(X_{0})) \leqslant 0 \qquad (8.1.13)$$

则称连续函数 $v(X)$ 为偏微分方程(8.1.9)的黏性下解。

如果对任意的 $h \in C^{1}(Q)$ 及 $v-h$ 的每一局部最小点 $X_{0} \in Q$, 有:

$$H(X_{0}, v(X_{0}), Dh(X_{0}), D^{2}h(X_{0})) \geqslant 0 \qquad (8.1.14)$$

则称连续函数 $v(X)$ 为偏微分方程(8.1.9)的黏性上解。

如果 $v(X)$ 既是偏微分方程(8.1.9)的黏性上解又是黏性下解,则称 $v(X)$ 是偏微分方程(8.1.9)的黏性解。

引理 8.2 随机最优控制问题(8.1.1)、(8.1.2)性能指标的最优值函数 $V(x, t)$ 是抛物型 HJB 偏微分方程(8.1.6)的一个黏性解(王康宁,1995)。

引理 8.3(伊藤微分公式)(John, 1997; Friedman, 1983) 假设 $\mathrm{d}x_{i}(t) = b_{i}(t)\mathrm{d}t + \sigma_{i}(t)\mathrm{d}w_{i}(t)(i=1, 2, \cdots, m)$, 函数 $G(x_{1}, \cdots, x_{m}, t)$ 以及它对 t 的一阶导数、对 x 的二阶导数关于 (x, t) 连续,这里 $x=(x_{1}, \cdots, x_{m}) \in R^{m}$, $t \geqslant 0$, $w_{i}(t)(i=1, 2, \cdots, m)$ 是相互独立的维纳过程,那么 $G(x_{1}(t), \cdots, x_{m}(t), t)$ 满足如下随机微分方程:

$$\begin{aligned}
\mathrm{d}G(x(t), t) = &\Big[G_{t}(x(t), t) + \sum_{i=1}^{m} G_{x_{i}}(x(t), t)b_{i}(t) + \\
&\frac{1}{2} \sum_{i, j=1}^{m} G_{x_{i}x_{j}}(x(t), t)\sigma_{i}(t)\sigma_{j}(t) \Big]\mathrm{d}t + \\
&\sum_{i=1}^{m} G_{x_{i}}(x(t), t)\sigma_{i}(t)\mathrm{d}w_{i}(t) \qquad (8.1.15)
\end{aligned}$$

其中, G 的下标表示对相应变量的偏导数。

8.2　模型描述

假设投资者存在一种称为银行存款的无风险资产 $x_0(t)$，投资者可以自由地在银行中存取现金购买或抛出证券，购买和抛售单位金额证券要付交易费用 $\alpha(0 < \alpha < 1)$，存入银行的现金可以获得利率为 $r_0(t)$ 的稳定收入。假设 $x_i(t)(i = 1, 2, \cdots, n)$ 表示第 i 种证券的余额；$r_i(t)$ 表示第 i 种证券的预期收益率，则 $x_0(t)$ 和 $x_i(t)(i = 1, 2, \cdots, n)$ 满足下面的随机微分方程：

$$\mathrm{d}x_0(t) = \Big[r_0 x_0(t) - \sum_{i=1}^{n} u_{i1}(t) + \sum_{i=1}^{n} u_{i2}(t) - \alpha \sum_{i=1}^{n} u_{i1}(t) -$$

$$\alpha \sum_{i=1}^{n} u_{i2}(t) \Big] \mathrm{d}t, \ x_0(0) = x_0 \qquad (8.2.1)$$

$$\mathrm{d}x_i(t) = [r_i x_i(t) + u_{i1}(t) - u_{i2}(t)]\mathrm{d}t + x_i(t) \sum_{j=1}^{n} \lambda_{ij} \mathrm{d}w_j(t), \ x_i(0) = x_i,$$

$$(i = 1, 2, \cdots, n) \qquad (8.2.2)$$

其中，λ_{ij} 表示第 i 种证券预期收益率受第 j 个随机因素 $w_j(t)$ 影响的协方差，是 $n \times n$ 矩阵 Λ 中的元素，即 $\Lambda = (\lambda_{ij})_{n \times n}$；方差—协方差矩阵 $M = \Lambda \Lambda^{\mathrm{T}}$ 是正定矩阵；且 $w_i(t)(i = 1, 2, \cdots, n)$ 是相互独立的维纳过程；$u_{i1}(t) \geqslant 0$ 表示购进第 i 种证券的速率；$u_{i2}(t) \geqslant 0$ 表示抛售第 i 种证券的速率；$u_{i1}(t)u_{i2}(t) = 0$ 表示同一证券不能同时买进与卖出；x_0 表示初始现金余额；x_i 表示第 i 种证券初始余额。方程(8.2.1)表示投资者现金拥有量的瞬间变化量等于现金利率瞬间收益 $r_0 x_0(t)\mathrm{d}t$、n 种证券瞬间交易额 $\Big[-\sum_{i=1}^{n} u_{i1}(t) + \sum_{i=1}^{n} u_{i2}(t) \Big] \mathrm{d}t$ 以及其付出的交易费用 $\Big[-\alpha \sum_{i=1}^{n} u_{i1}(t) - \alpha \sum_{i=1}^{n} u_{i2}(t) \Big] \mathrm{d}t$ 的总和。方程(8.2.2)表示第 i 种证券金额的瞬间变化量等于第 i 种证券的瞬间预期收益 $r_i(t)x_i(t)\mathrm{d}t$、第 i 种证券瞬间交易额 $[u_{i1}(t) - u_{i2}(t)]\mathrm{d}t$ 以及不确定瞬间随机收入 $x_i(t) \sum_{j=1}^{n} \lambda_{ij} \mathrm{d}w_j(t)$ 之和。在这种模型下，投资决策问题可以描述为：投资者在随机因素 $w_i(t)$ 的干扰下，选取最优控制 $u_{i1}(t)$ 和 $u_{i2}(t)$ 使终期资产总值效用 $F\Big[\sum_{i=0}^{n} x_i(T) \Big]$ 的期望值最大，即目标泛函为

$$J(u_1, u_2) = EF\left[\sum_{i=0}^{n} x_i(T)\right] \tag{8.2.3}$$

其中，$u_1(t) = [u_{11}(t), \cdots, u_{n1}(t)]^{\mathrm{T}}$，$u_2(t) = [u_{12}(t), \cdots, u_{n2}(t)]^{\mathrm{T}}$。

定义 $V(t, x) = \max_{u_1, u_2} J(u_1, u_2)$ 为由随机微分方程(8.2.1)、(8.2.2)和目标泛函(8.2.3)构成的随机最优控制问题的值函数。

其中，$x(t) = [x_0(t), x_1(t), \cdots, x_n(t)]^{\mathrm{T}}$。

8.3 交易速率有限情况下的投资策略

为了求解上述随机最优控制问题，首先证明本章的随机最优控制模型存在唯一的值函数，然后推导出该值函数满足的 HJB 偏微分方程，最后，基于值函数给出了最优投资策略。在下述定理 8.1 中，假定交易策略有限，即 $u_{i1}(t)$，$u_{i2}(t) \in [0, U_i]$，其中 $U_i > 0$ 为上限。交易策略无限的情形将在下一节给出。

定理 8.1 在交易策略有限（$u_{i1}(t)$，$u_{i2}(t) \in [0, U_i]$）的条件下，随机最优控制问题(8.2.1)、(8.2.2)和(8.2.3)存在唯一的值函数 $V(t, x_0, x_1, \cdots, x_n)$，且是如下 HJB 偏微分方程的黏性解：

$$\begin{cases} V_t + r_0 x_0 V_{x_0} + \sum_{i=1}^{n} r_i x_i V_{x_i} + \dfrac{1}{2} tr(\hat{\boldsymbol{X}} \boldsymbol{\Sigma} \boldsymbol{\Sigma}^{\mathrm{T}} \hat{\boldsymbol{X}}^{\mathrm{T}} D^2 \boldsymbol{V}) + \\[2mm] \max_{u_{i1}, u_{i2}} \left\{ \sum_{i=1}^{n} [V_{x_i} - (1+\alpha) V_{x_0}] u_{i1}(t) + \sum_{i=1}^{n} [-V_{x_i} + (1-\alpha) V_{x_0}] u_{i2}(t) \right\} = 0 \\[2mm] V(T, x_0, x_1, \cdots, x_n) = F[h(x_0, x_1, \cdots, x_n)] \end{cases}$$

$$\tag{8.3.1}$$

其中，$\hat{\boldsymbol{X}} = \begin{bmatrix} x_0 & 0 & \cdots & 0 \\ 0 & x_1 & \cdots & 0 \\ \cdots & \cdots & \cdots & \cdots \\ 0 & 0 & \cdots & x_n \end{bmatrix}$，$\boldsymbol{\Sigma} = \begin{bmatrix} 0 \\ \Lambda \end{bmatrix}_{(n+1) \times n}$，$h(x_0, x_1, \cdots, x_n) = \sum_{i=0}^{n} x_i$，

V 的下角标 t，x_0，x_i 表示 V 关于相应变量的偏导数。

证明 首先，将方程(8.2.1)和方程(8.2.2)写成矩阵形式：

$$\mathrm{d}x(t) = \mu[x(t), u_1(t), u_2(t)]\mathrm{d}t + \hat{\boldsymbol{X}} \boldsymbol{\Sigma} \mathrm{d}w(t), \quad x(0) = x \tag{8.3.2}$$

其中，$w(t) = [w_1(t), w_2(t), \cdots, w_n(t)]^{\mathrm{T}}$，$\mu(\cdot) = [\mu_0(\cdot), \mu_1(\cdot), \cdots,$

$\mu_n(\cdot)]^T$, $\hat{X}$ 和 Σ 如前所述, $\mu_0(\cdot) = r_0 x_0(t) - \sum\limits_{i=1}^{n} u_{i1}(t) + \sum\limits_{i=1}^{n} u_{i2}(t) -$

$\alpha \sum\limits_{i=1}^{n} u_{i1}(t) - \alpha \sum\limits_{i=1}^{n} u_{i2}(t)$, $\mu_i(\cdot) = r_i x_i(t) + u_{i1}(t) - u_{i2}(t)$, $(i = 1, 2, \cdots, n)$,

$\hat{X}\Sigma = (\sigma_{ij})_{(n+1) \times n}$, $\sigma_{ij} = x_i(t)\lambda_{ij}$。

不难看出

$$\langle \mu, DV \rangle = [r_0 x_0(t) - \sum\limits_{i=1}^{n} u_{i1}(t) + \sum\limits_{i=1}^{n} u_{i2}(t) - \alpha \sum\limits_{i=1}^{n} u_{i1}(t) - \alpha \sum\limits_{i=1}^{n} u_{i2}(t)] V_{x_0} +$$

$$\sum\limits_{i=1}^{n} [r_i x_i(t) + u_{i1}(t) - u_{i2}(t)] V_{x_i}$$

$$= r_0 x_0 V_{x_0} + \sum\limits_{i=1}^{n} r_i x_i V_{x_i} + \sum\limits_{i=1}^{n} [V_{x_i} - (1+\alpha)V_{x_0}] u_{i1}(t) +$$

$$\sum\limits_{i=1}^{n} [-V_{x_i} + (1-\alpha)V_{x_0}] u_{i2}(t) \frac{1}{2} tr(MD^2 V)$$

$$= \frac{1}{2} tr(\hat{X}\Sigma\Sigma^T \hat{X}^T D^2 V)$$

由引理 8.2 知结论成立。证毕。

下面再推导最优交易策略。

令

$$L_{i1} = V_{x_i} - (1+\alpha)V_{x_0}, \quad L_{i2} = -V_{x_i} + (1-\alpha)V_{x_0},$$

$$L_3 = V_t + r_0 x_0 V_{x_0} + \sum\limits_{i=1}^{n} r_i x_i V_{x_i} + \frac{1}{2} tr(\hat{X}\Sigma\Sigma^T \hat{X}^T D^2 V)$$

则方程(8.3.1)便可写成

$$L_3 + \max_{u_{i1}, u_{i2}} \left[\sum\limits_{i=1}^{n} L_{i1} u_{i1}(t) + \sum\limits_{i=1}^{n} L_{i2} u_{i2}(t) \right] = 0 \qquad (8.3.3)$$

由方程(8.3.3)知,最优交易策略分为以下三种情况:

(H1) 当 $L_{i1} > 0$, $L_{i2} < 0$ 时,以最大速率买进第 i 种证券,即 $u_{i1}(t) = U_i$, $u_{i2}(t) = 0$;

(H2) 当 $L_{i1} < 0$, $L_{i2} > 0$ 时,以最大速率抛出第 i 种证券,即 $u_{i1}(t) = 0$, $u_{i2}(t) = U_i$;

(H3) 当 $L_{i1} < 0$, $L_{i2} < 0$ 时,停止交易,即 $u_{i1}(t) = u_{i2}(t) = 0$。

由随机微分方程理论中的比较定理(Friedman,1983;彭实戈,1997)和在金融工程学中称为无套利的条件知道 $V_{x_0}(t, x_0, x_1, \cdots, x_n) > 0$，即初始投资越多，目标泛函值越大。这样就不难证明在交易费用存在的情况下（$\alpha > 0$），$L_{i1} \geqslant 0$ 和 $L_{i2} \geqslant 0$ 不能同时成立，否则，由 L_{i1} 和 L_{i2} 的定义知道，$V_{x_i} \geqslant (1 + \alpha)V_{x_0}$ 和 $V_{x_i} \leqslant (1 - \alpha)V_{x_0}$，所以 $(1 - \alpha)V_{x_0} \geqslant (1 + \alpha)V_{x_0}$，即 $\alpha V_{x_0} \leqslant 0$，这与 α 和 V_{x_0} 都大于零相矛盾，即对同一证券不能边买进边卖出。

8.4 交易速率无限情况下的投资策略

研究交易速率有限情况下的交易策略是因为数学上的处理方便和容易得到相应的结果，而事实上交易速率是无限的，因为，在实际进行交易时，瞬间的交易速率是无限大。所以，研究交易速率无限情况下的交易策略，具有重要的现实意义。下面研究交易速率无限情况下的投资策略。

由上一节讨论的结果可知，当交易策略有限时，值函数满足偏微分方程（8.3.1）。当 $U_i \rightarrow \infty$ 时，有以下三种情况：

（B1）若条件（H1）成立，投资者将以无限的速率买进数量为 δx_i 的第 i 种证券，由于交易是在等价交换的前提下进行的，投资者在交易的 t_0 时刻资产总值是相等的。因此，投资者的值函数在交易的 t_0 时刻应该保持不变，即

$$V(t_0, x_0, x_1, \cdots, x_n) = V(t_0, x_0 - (1 + \alpha)\delta x_i, x_1, \cdots, x_i + \delta x_i, \cdots, x_n)$$

$$(8.4.1)$$

由式（8.4.1）知

$$V(t_0, x_0 - (1+\alpha)\delta x_i, x_1, \cdots, x_i + \delta x_i, \cdots, x_n) - V(t_0, x_0, x_1, \cdots, x_i + \delta x_i, \cdots, x_n) +$$
$$V(t_0, x_0, x_1, \cdots, x_i + \delta x_i, \cdots, x_n) - V(t_0, x_0, x_1, \cdots, x_i, \cdots, x_n)$$

$$= \frac{V(t_0, x_0 - (1+\alpha)\delta x_i, x_1, \cdots, x_i + \delta x_i, \cdots, x_n) - V(t_0, x_0, x_1, \cdots, x_i + \delta x_i, \cdots, x_n)}{-(1+\alpha)\delta x_i} \times$$

$$[-(1+\alpha)]\delta x_i + \frac{V(t_0, x_0, x_1, \cdots, x_i + \delta x_i, \cdots, x_n) - V(t_0, x_0, x_1, \cdots, x_i, \cdots, x_n)}{\delta x_i}\delta x_i$$

$$= 0$$

令 $\delta x_i \rightarrow 0$，可得 $L_{i1} = 0$，由式（8.3.3）知，此时有 $L_{i2} < 0$，$L_3 < 0$。

（B2）若条件（H2）成立，投资者将以无限的速率卖出数量为 δx_i 的第 i 种证券，类似地有：

$$V(t_0, x_0, x_1, \cdots, x_n) = V(t_0, x_0 + (1-\alpha)\delta x_i, x_1, \cdots, x_i - \delta x_i, \cdots, x_n)$$

$$(8.4.2)$$

令 $\delta x_i \to 0$ 可得 $L_{i2} = 0$，同时有 $L_{i1} < 0$，$L_3 < 0$。

(B3) 若条件(H3)成立，投资者将停止交易。由方程(8.3.3)可得 $L_3 = 0$，同时有 $L_{i1} < 0$，$L_{i2} < 0$。

综合以上三种情况，便得到了交易策略无限时值函数 $V(t, x_0, x_1, \cdots, x_n)$ 所满足的偏微分方程：

$$\begin{cases} \max\{L_3, L_{11}, \cdots, L_{n1}, L_{12}, \cdots, L_{n2}\} = 0 \\ V(T, x_0, x_1, \cdots, x_n) = F(x_0 + x_1 + \cdots + x_n) \end{cases} \quad (8.4.3)$$

这样，通过求解偏微分方程(8.4.1)的 Cauchy 问题，可以得到随机最优控制(8.1.1)、(8.1.2)和(8.1.3)的值函数，再参考最优策略(H1)、(H2)和(H3)并用无限交易策略代替其中的有限交易策略，从而最终确定出基于值函数的投资策略。怎样求出值函数还值得进一步研究。

8.5　本章小结

本章在假设证券价格的变化规律中包括服从维纳过程的加项时，运用随机最优控制理论，研究了证券投资决策问题。解决的主要问题有：

(1) 多种风险证券带有交易费用且交易速率有限情况下的投资策略，并给出了基于值函数的最优证券投资策略。

(2) 多种风险证券带有交易费用且交易速率无限情况下的投资策略，并给出了基于值函数的最优证券投资策略。

以上这些投资策略都是基于值函数给出的。那么，如何确定值函数，需求解二阶偏微分方程，而一般的二阶偏微分方程是很难求出解析表达式的。如何用数值方法求解(8.3.1)型的二阶偏微分方程是需要进一步研究的问题。一般来说，偏微分方程(8.3.1)和(8.4.3)的解析解一般是难以求出的。关于偏微分方程(8.3.1)和(8.4.3)，一般只能用数值解法求出数值解。

金融工程学中大量的问题涉及不确定性和风险，这便可以使一些专家学者运用随机最优控制的理论与方法建立这些问题的数学模型。由此可以看出：金融工程学未来一段时期的研究会在这一领域更为活跃。

第9章 金融风险控制的一类
自由边界问题

金融风险控制的目的就是在保证金融资产以确定的增长率增加的条件下，最大限度地减少金融资产的损失；或者是在金融资产的损失控制在确定限度内的条件下，使金融资产以最大的增长率增加。20 多年来，证券投资决策的理论与方法一直是金融风险控制问题的研究热点之一。在金融风险控制问题中，变系数二维和多维偏微分方程是经常出现的(Davis & Zariphopoulou,1995；Boyle & Vorst,1992)，特别是在随机波动性领域出现得更多，虽然仍可研究用许多传统的方法去解决，但是，一般说来，直接解决是极端困难的，有时甚至是不可能的。那么，能否通过适当地变换使问题变得更简单，计算起来更容易呢？Pliska & Selby(1995)给出了解决这类问题一个新的研究方向。默顿和普利斯卡解决了金融风险控制问题中出现的一类一维二阶偏微分方程自由边界问题。普利斯卡和塞尔比解决了金融风险控制问题中出现的一类二维二阶偏微分方程自由边界问题。本章研究了金融风险控制问题中出现的一类多维二阶微分方程自由边界问题，给出了两个重要研究结果。

9.1 普利斯卡和塞尔比的模型描述

Davis & Norman(1990)和 Dumas & Luciano(1991)研究了金融风险控制问题中带有交易费用的证券投资决策问题，特别是 Morton & Pliska(1995)提出了具有固定交易费用的证券组合最优管理模型，模型描述了以银行存款利率 r 为无风险资产和以 m 个风险证券为投资对象的证券投资决策问题。模型假设这 m 个风险证券的价格 $S_i(t)$ 服从如下几何布朗运动 $(i=1, 2, \cdots, m)$：

$$dS_i(t) = \mu_i S_i(t)dt + S_i(t)\sum_{j=1}^{m}\lambda_{ij}dw_j(t), \quad i=1, 2, \cdots, m \quad (9.1.1)$$

其中，$\boldsymbol{\mu}^{\mathrm{T}}=(\mu_1,\mu_2,\cdots,\mu_m)$ 是 m 维预期收益率向量；λ_{ij} 表示第 i 种证券预期收益率受第 j 个随机因素 $w_j(t)$ 影响的协方差，是 $m\times m$ 矩阵 Λ 中的元素，即 $\Lambda=(\lambda_{ij})_{m\times m}$；方差—协方差矩阵 $M=\Lambda\Lambda^{\mathrm{T}}$ 是满秩矩阵；且 $w_i(t)(1,\cdots,m)$ 是相互独立的维纳过程。目标是长期渐近增长率

$$\liminf_{T\to\infty}[E(\ln V_T)/T] \tag{9.1.2}$$

最大，其中 V_T 是在时间 T 时的证券组合价值。

默顿和普利斯卡证明：带有固定交易费用的渐进增长率最大化的证券投资决策问题(9.1.1)和(9.1.2)完全由 m 维分配比例向量 $\boldsymbol{b}=(b_1,\cdots,b_m)^{\mathrm{T}}$ 和停止时间 s 来确定，而且最优分配比例向量 b^* 是如下带有参数 R 的 $m+1$ 个方程

$$\begin{cases} \partial f_R(b)/\partial b_i=1/(1-\boldsymbol{I}^{\mathrm{T}}\boldsymbol{b}) & i=1,2,\cdots,m \\ \ln(1-\alpha)+\ln(1-\boldsymbol{I}^{\mathrm{T}}\boldsymbol{b})+f_R(b)=0 \end{cases} \tag{9.1.3}$$

的解。其中，α 表示交易单位金额证券所付的费用 $(0<\alpha<1)$，$R(R>r)$ 表示证券组合的最大增长率，$f_R(b)\equiv\sup_s\{-E_b[\ln(1-I^{\mathrm{T}}B_s)]-(R-r)E_b[s]\}$ 为最优停止问题的值函数，$I=(1,1,\cdots,1)^{\mathrm{T}}$，最优停止时间 s^* 是两次交易之间的时间间隔：

$$b\in\Omega=\{b\in R^m:f_R(b)>-\ln(1-\boldsymbol{I}^{\mathrm{T}}\boldsymbol{b})\},$$
$$\Omega\subset\{b\in R^m:b_1>0,\cdots,b_m>0,b_1+\cdots+b_m<1\}$$

默顿和普利斯卡还证明带有固定交易费用的证券投资决策问题(9.1.1)和(9.1.2)就是计算最优停止问题的值函数 $f_R(b)$，而且这个问题完全可以转化成求解下面的 m 维二阶偏微分方程自由边界问题：

$$\frac{1}{2}\sum_{i=1}^{m}\sum_{j=1}^{m}H_{ij}b_ib_j[(\mathrm{e}_i^{\mathrm{T}}-b^{\mathrm{T}})M(e_j-b)]+\sum_{i=1}^{m}H_ib_i[(\mathrm{e}_i^{\mathrm{T}}-b^{\mathrm{T}})(\mu-rI-Mb)]=R-r$$

$$\tag{9.1.4}$$

$$H(b_1,\cdots,b_m)>h(b_1,\cdots,b_m)=-\ln(1-\sum_{i=1}^{m}b_i),\quad(b_1,\cdots,b_m)\in\Omega\backslash\partial\Omega$$

$$\tag{9.1.5}$$

$$H(b_1,\cdots,b_m)=h(b_1,\cdots,b_m),\quad(b_1,\cdots,b_m)\in\partial\Omega \tag{9.1.6}$$

$$H_i=h_i,\quad(i=1,2,\cdots,m),\quad(b_1,\cdots,b_m)\in\partial\Omega \tag{9.1.7}$$

的解 $H(b_1,\cdots,b_m)$。

其中，$H_i = \partial H / \partial b_i$，$H_{ij} = \partial H / \partial b_j \partial b_i$，$h_i = \partial h / \partial b_i$，$(i, j = 1, \cdots, m)$；$e_i$ 表示第 i 行是 1、其余都是零的 m 维列向量；r 表示无风险利率；$R(R > r)$ 表示证券组合价值增长率；$b = (b_1, \cdots, b_m)^\mathrm{T}$ 表示在 m 种风险证券上的投资分配比例向量。

9.2 普利斯卡和塞尔比的主要结论

普利斯卡和塞尔比研究了具有两种风险证券的投资决策自由边界问题，即求解一个值函数 $H(b_1, b_2)$：$\{b \in R^2: b_1 > 0, b_2 > 0, b_1 + b_2 < 1\} \to R^1$ 满足：

$$\frac{1}{2} \sum_{i=1}^{2} \sum_{j=1}^{2} H_{ij} b_i b_j [(e_i^\mathrm{T} - b^\mathrm{T}) M (e_j - b)] + \sum_{i=1}^{2} H_i b_i [(e_i^\mathrm{T} - b^\mathrm{T})(\mu - rI - Mb)] = R - r$$

$$(9.2.1)$$

相应的边界条件函数为：

$$h(b_1, b_2) = -\ln(1 - b_1 - b_2) \tag{9.2.2}$$

其中，在边界上，$H = h$，$H_i = h_i$，$(i = 1, 2)$，$H(b_1, b_2)$ 和 $h(b_1, b_2)$ 的下角标表示对相应变量的偏导数。

下面假设 $m_1 = m_{11}$，$m_2 = m_{22}$，$m_3 = m_{12} = m_{21}$，其中，m_{ij} 是对称矩阵 $\boldsymbol{M} = \Lambda \Lambda^\mathrm{T}$ 的元素。

结论 9.1 函数 $H(b_1, b_2)$ 满足偏微分方程（9.2.1）的充要条件是：

$$H(b_1, b_2) = \Phi(u_1, u_2)$$

其中，$u_i = b_i / (1 - b_1 - b_2)$，$i = 1, 2$。
且 $\Phi(u_1, u_2)$ 是满足

$$\frac{1}{2} m_1 u_1^2 \Phi_{11} + m_3 u_1 u_2 \Phi_{12} + \frac{1}{2} m_2 u_2^2 \Phi_{22} + (\mu_1 - r) u_1 \Phi_1 + (\mu_2 - r) u_2 \Phi_2 = R - r$$

$$(9.2.3)$$

的值函数，相应的边界条件函数为：

$$\phi(u_1, u_2) = \ln(1 + u_1 + u_2) \tag{9.2.4}$$

其中，$\Phi(u_1, u_2)$ 的下角标表示对相应变量的偏导数。

证明　先证必要条件,即由函数 $H(b_1, b_2)$ 满足方程(9.2.1)和相应的边界条件函数(9.2.2)推得函数 $\Phi(u_1, u_2)$ 满足方程(9.2.3)和相应的边界条件函数(9.2.4)。首先,将偏微分方程(9.2.1)写成如下形式:

$$
\begin{aligned}
&\frac{1}{2}\left[m_1(1-b_1)^2 - 2m_3(1-b_1)b_2 + m_2 b_2^2\right]b_1^2 H_{11} + \\
&\left[-m_1 b_1(1-b_1) + m_3(1-b_1)(1-b_2) + m_3 b_1 b_2 - m_2 b_2(1-b_2)\right] \cdot \\
&b_1 b_2 H_{12} \; \frac{1}{2}\left[m_2(1-b_2)^2 - 2m_3(1-b_2)b_1 + m_1 b_1^2\right]b_2^2 H_{22} + \\
&\left[(\mu_1 - r)(1-b_1) - m_1 b_1(1-b_1) - m_3(1-b_1)b_2\right]b_1 H_1 + \\
&\left[(\mu_2 - r)(1-b_2) - m_2 b_2(1-b_2) - m_3(1-b_2)b_1\right]b_2 H_2 - \\
&\left[(\mu_1 - r)b_1 - m_3 b_1 b_2 - m_1 b_1^2\right]b_2 H_2 - \\
&\left[(\mu_2 - r)b_2 - m_3 b_1 b_2 - m_2 b_2^2\right]b_1 H_1 \\
&= R - r
\end{aligned}
$$

$$(9.2.5)$$

再根据复合函数求导法则分别求出:

$$
H_1 = \Phi_1 \frac{\partial u_1}{\partial b_1} + \Phi_2 \frac{\partial u_2}{\partial b_1} = \Phi_1 \frac{1-b_2}{(1-b_1-b_2)^2} + \Phi_2 \frac{b_2}{(1-b_1-b_2)^2}
$$

$$
H_2 = \Phi_1 \frac{\partial u_1}{\partial b_2} + \Phi_2 \frac{\partial u_2}{\partial b_2} = \Phi_1 \frac{b_1}{(1-b_1-b_2)^2} + \Phi_2 \frac{1-b_1}{(1-b_1-b_2)^2}
$$

$$
\begin{aligned}
H_{11} = &\Phi_{11} \frac{(1-b_2)^2}{(1-b_1-b_2)^4} + 2\Phi_{12} \frac{(1-b_2)b_2}{(1-b_1-b_2)^4} + \Phi_{22} \frac{b_2^2}{(1-b_1-b_2)^4} + \\
&\Phi_1 \frac{2(1-b_2)}{(1-b_1-b_2)^3} + \Phi_2 \frac{2b_2}{(1-b_1-b_2)^3}
\end{aligned}
$$

$$
\begin{aligned}
H_{22} = &\Phi_{11} \frac{b_1^2}{(1-b_1-b_2)^4} + 2\Phi_{12} \frac{(1-b_1)b_1}{(1-b_1-b_2)^4} + \Phi_{22} \frac{(1-b_1)^2}{(1-b_1-b_2)^4} + \\
&\Phi_1 \frac{2b_1}{(1-b_1-b_2)^3} + \Phi_2 \frac{2(1-b_1)}{(1-b_1-b_2)^3}
\end{aligned}
$$

$$
\begin{aligned}
H_{12} = &\Phi_{11} \frac{(1-b_2)b_1}{(1-b_1-b_2)^4} + \Phi_{12} \frac{(1-b_1)(1-b_2)+b_1 b_2}{(1-b_1-b_2)^4} + \Phi_{22} \frac{(1-b_1)b_2}{(1-b_1-b_2)^4} + \\
&\Phi_1 \frac{1+b_1-b_2}{(1-b_1-b_2)^3} + \Phi_2 \frac{1-b_1+b_2}{(1-b_1-b_2)^3} 。
\end{aligned}
$$

再将 H_1，H_2，H_{11}，H_{22} 和 H_{12} 代入式(9.2.5)中，最后，经过复杂的代数运算即可推导出偏微分方程(9.2.3)。又由于 $u_i = b_i/(1-b_1-b_2)$，$i=1,2$ 可以推出 $b_i = u_i/(1+u_1+u_2)$，$i=1,2$。并将 b_1，b_2 代入式(9.2.2)即可以推出 (9.2.4)。必要条件得证。

再证充分条件，首先，根据复合函数求导法则分别求出：

$$\Phi_1 = H_1 \frac{\partial b_1}{\partial u_1} + H_2 \frac{\partial b_2}{\partial u_1} = H_1 \frac{1+u_2}{(1+u_1+u_2)^2} + H_2 \frac{-u_2}{(1+u_1+u_2)^2}$$

$$\Phi_2 = H_1 \frac{\partial b_1}{\partial u_2} + H_2 \frac{\partial b_2}{\partial u_2} = H_1 \frac{-u_1}{(1+u_1+u_2)^2} + H_2 \frac{1+u_1}{(1+u_1+u_2)^2}$$

$$\Phi_{11} = H_{11} \frac{(1+u_2)^2}{(1+u_1+u_2)^4} + 2H_{12} \frac{-u_2(1+u_2)}{(1+u_1+u_2)^4} + H_{22} \frac{u_2^2}{(1+u_1+u_2)^4} +$$
$$H_1 \frac{-2(1+u_2)}{(1+u_1+u_2)^3} + H_2 \frac{2u_2}{(1+u_1+u_2)^3}$$

$$\Phi_{22} = H_{11} \frac{u_1^2}{(1+u_1+u_2)^4} + 2H_{12} \frac{-u_1(1+u_1)}{(1+u_1+u_2)^4} + H_{22} \frac{(1+u_1)^2}{(1+u_1+u_2)^4} +$$
$$H_1 \frac{2u_1}{(1+u_1+u_2)^3} + H_2 \frac{-2(1+u_1)}{(1+u_1+u_2)^3}$$

$$\Phi_{12} = H_{11} \frac{-u_1(1+u_2)}{(1+u_1+u_2)^4} + H_{12} \frac{u_1u_2+(1+u_2)(1+u_1)}{(1+u_1+u_2)^4} + H_{22} \frac{-u_2(1+u_1)}{(1+u_1+u_2)^4} +$$
$$H_1 \frac{-1+u_1-u_2}{(1+u_1+u_2)^3} + H_2 \frac{-1-u_1+u_2}{(1+u_1+u_2)^3}$$

再将 Φ_1，Φ_2，Φ_{11}，Φ_{22} 和 Φ_{12} 代入式(9.2.3)中，经整理可推出方程(9.2.5)，再将方程(9.2.5)写成方程(9.2.1)，显然式(9.2.2)成立。充分性得证。证毕。

结论 9.2 函数 $\Phi(u_1, u_2)$ 满足方程(9.2.3)的充要条件是：

$$\Phi(u_1, u_2) = F(x_1, x_2)$$

其中，$x_1 = \ln(u_i)/\sqrt{m_i}$，$i=1,2$。

且 $F(x_1, x_2)$ 是满足方程

$$\frac{1}{2}F_{11} + \frac{m_3}{\sqrt{m_1 m_2}}F_{12} + \frac{1}{2}F_{22} + \frac{1}{\sqrt{m_1}}(\mu_1 - r - \frac{1}{2}m_1)F_1 + \frac{1}{\sqrt{m_2}}(\mu_2 - r - \frac{1}{2}m_2)F_2$$
$$= R - r \tag{9.2.6}$$

的值函数,相应的边界条件函数为:

$$F(x_1, x_2) = \ln\{1 + \exp[x_1\sqrt{m_1}] + \exp[x_2\sqrt{m_2}]\} \tag{9.2.7}$$

其中,$F(x_1, x_2)$ 的下角标表示对相应变量的偏导数。

与结论 1 的证明方法相同,可以证明结论 9.2。

结论 9.3　函数 $F(x_1, x_2)$ 满足方程(9.2.6)的充要条件是:

$$F(x_1, x_2) = G(y_1, y_2)$$

其中,$y_1 = cx_1 + dx_2$, $y_2 = dx_1 + cx_2$, $\eta = m_3 / \sqrt{m_1 m_2}$,

$$c = -\eta / \sqrt{2(1-\eta^2)[1+\sqrt{(1-\eta^2)}]}, \quad d = \sqrt{[1+\sqrt{(1-\eta^2)}]/2(1-\eta^2)}。$$

且 $G(y_1, y_2)$ 是满足方程

$$\frac{1}{2}G_{11} + \frac{1}{2}G_{22} + aG_1 + bG_2 = R - r \tag{9.2.8}$$

的值函数,相应的边界条件函数为:

$$g(y_1, y_2) = \ln\{1 + \exp[(py_2 - qy_1)\sqrt{m_1}] + \exp[(py_1 - qy_2)\sqrt{m_2}]\} \tag{9.2.9}$$

其中,$p = d/(d^2 - c^2)$, $q = c/(d^2 - c^2)$;

$$a = \frac{c}{\sqrt{m_1}}\left(\mu_1 - r - \frac{1}{2}m_1\right) + \frac{d}{\sqrt{m_2}}\left(\mu_2 - r - \frac{1}{2}m_2\right);$$

$$b = \frac{d}{\sqrt{m_1}}\left(\mu_1 - r - \frac{1}{2}m_1\right) + \frac{c}{\sqrt{m_2}}\left(\mu_2 - r - \frac{1}{2}m_2\right);$$

$G(y_1, y_2)$ 的下角标表示对相应变量的偏导数。

结论 9.3 的证明,同结论 1 的证明基本类似,只需注意到 M 为正定矩阵,$\eta^2 < 1$,所以 $d^2 > c^2$,分别求出值函数 $F(x_1, x_2)$ 对相应变量的偏导数 F_1,F_2,F_{11},F_{22} 和 F_{12},并代入偏微分方程(9.2.6),经整理后可得:

$$\frac{1}{2}(c^2 + 2\eta cd + d^2)G_{11} + (\eta c^2 + 2cd + \eta d^2)G_{12}$$

$$+ \frac{1}{2}(c^2 + 2\eta cd + d^2)G_{22} + aG_1 + bG_2 = R - r \tag{9.2.10}$$

再将 η, c 和 d 代入方程(9.2.10)并经过一些代数运算可得：

$$c^2 + 2\eta cd + d^2 = 1, \quad \eta c^2 + 2cd + \eta d^2 = 0$$

这样就推出了偏微分方程(9.2.8)，必要性得证。同理，可以证明充分性。证毕。

偏微分方程(9.2.8)可以用马尔可夫链逼近求出近似解，然后通过倒推变换可以求出原始问题的值函数 $H(b_1, b_2)$。

以上是普利斯卡和塞尔比的主要结论。

9.3　普利斯卡和塞尔比结论的进一步推广

普利斯卡和塞尔比研究的是具有两种风险证券的投资决策问题，这一部分所研究的问题与普利斯卡和塞尔比研究的问题有两点区别：① 研究的是具有 m 种风险证券的投资决策问题；② 假设这 m 种风险证券的价格 $S_i(t)$ 满足下面的随机微分方程：

$$\mathrm{d}S_i(t) = \mu_i S_i(t)\mathrm{d}t + \lambda_i S_i(t)\mathrm{d}w_j(t), \qquad i = 1, 2, \cdots, m \quad (9.3.1)$$

即方程(9.1.1)在 Λ 是对角矩阵的情况，其对角线上的元素分别为 λ_1, λ_2, $\cdots$, λ_m，在此基础上，所研究的问题就是求解一个函数 $H(b_1, \cdots, b_m)$：

$$\left\{ b \in R^m : \sum_{i=1}^{m} b_i < 1, b_1 > 0, \cdots, b_m > 0 \right\} \to R^1 \text{ 满足}$$

$$\frac{1}{2}\sum_{i=1}^{m}\sum_{j=1}^{m}H_{ij}b_ib_j\left[(e_i^{\mathrm{T}} - b^{\mathrm{T}})M(e_j - b)\right] + \sum_{i=1}^{m}H_ib_i\left[(e_i^{\mathrm{T}} - b^{\mathrm{T}})(\mu - rI - Mb)\right]$$

$$= R - r \qquad\qquad (9.3.2)$$

且相应的边界条件函数为：

$$h(b_1, \cdots, b_m) = -\ln\left(1 - \sum_{i=1}^{m} b_i\right) \qquad (9.3.3)$$

定理 9.1　函数 $H(b_1, \cdots, b_m)$ 满足方程(9.3.2)的充要条件是：

$$H(b_1, \cdots, b_m) = G(u_1, \cdots, u_m)$$

其中，$u_i = b_i/B$, $B = 1 - \sum_{i=1}^{m} b_i$, $(i = 1, 2, \cdots, m)$

且 $G(u_1, \cdots, u_m): R^m \to R^1$ 是满足

$$\frac{1}{2}\sum_{i=1}^{m}\lambda_i^2 u_i^2 G_{ii} + \sum_{i=1}^{m}(\mu_i - r)u_i G_i = R - r \tag{9.3.4}$$

的值函数,相应的边界条件函数为:

$$g(u_1,\ \cdots,\ u_m) = \ln(1 + \sum_{i=1}^{m}u_i) \tag{9.3.5}$$

其中,$G_i = \partial G / \partial u_i$,$G_{ii} = \partial^2 G / \partial u_i^2 (i = 1,\ 2,\ \cdots,\ m)$。

证明　先证必要性,即假设函数 $H(b_1,\ \cdots,\ b_m)$ 满足方程(9.3.2),相应的边界条件函数为(9.3.3)式;然后推出函数 $G(u_1,\ \cdots,\ u_m)$ 满足方程(9.3.4),相应的边界条件函数为(9.3.5)式。先把偏微分方程(9.3.2)写成如下形式:

$$\frac{1}{2}\sum_{i=1}^{m}H_{ii}b_i^2\Big[(1-b_i)^2\lambda_i^2 + \sum_{\substack{j=1\\j\neq i}}^{m}b_j^2\lambda_j^2\Big] +$$

$$\frac{1}{2}\sum_{\substack{i=1\\i\neq j}}^{m}\sum_{j=1}^{m}H_{ij}b_i b_j\Big[\sum_{\substack{k=1\\k\neq i\\k\neq j}}^{m}b_k^2\lambda_k^2 - (1-b_i)b_i\lambda_i^2 - (1-b_j)b_j\lambda_j^2\Big] +$$

$$\sum_{i=1}^{m}H_i b_i\Big[(1-b_i)(\mu_i - r - \lambda_i^2 b_i) - \sum_{\substack{j=1\\j\neq i}}^{m}b_j(\mu_j - r - \lambda_j^2 b_j)\Big] = R - r$$

$$\tag{9.3.6}$$

再根据复合函数求导法则分别求出 H_i 和 $H_{ij}(i,\ j = 1,\ 2,\ \cdots,\ m)$。

$$H_i = \sum_{j=1}^{m}G_j\ \frac{\partial u_j}{\partial b_i} = G_i\ \frac{B + b_i}{B^2} + \sum_{\substack{k=1\\k\neq i}}^{m}G_k\ \frac{b_k}{B^2},\qquad i = 1,\ 2,\ \cdots,\ m$$

当 $i \neq j$ 时,有:

$$H_{ij} = \sum_{l=1}^{m}G_{il}\ \frac{\partial u_l}{\partial b_j}\ \frac{B + b_i}{B^2} + \sum_{\substack{k=1\\k\neq i}}^{m}\sum_{l=1}^{m}G_{kl}\ \frac{\partial u_l}{\partial b_j}\ \frac{b_k}{B^2} + G_i\ \frac{B + 2b_i}{B^3} +$$

$$\sum_{\substack{k=1\\k\neq i\\k\neq j}}^{m}G_k\ \frac{2b_k}{B^3} + G_j\ \frac{B + 2b_j}{B^3}$$

$$= G_{ij}\ \frac{(B + b_i)(B + b_j)}{B^4} + \sum_{\substack{l=1\\l\neq j}}^{m}G_{il}\ \frac{(B + b_i)b_l}{B^4} + \sum_{\substack{k=1\\k\neq i}}^{m}G_{kj}\ \frac{(B + b_j)b_k}{B^4} +$$

$$\sum_{\substack{k=1\\k\neq i}}^{m}\sum_{\substack{l=1\\l\neq j}}^{m}G_{kl}\ \frac{b_k b_l}{B^4} + G_i\ \frac{B + 2b_i}{B^3} + G_j\ \frac{B + 2b_j}{B^3} + \sum_{\substack{k=1\\k\neq i\\k\neq j}}^{m}G_k\ \frac{2b_k}{B^3}$$

当 $i=j$ 时，有

$$H_{ii}=G_{ii}\frac{(B+b_i)^2}{B^4}+2\sum_{\substack{k=1\\k\neq i}}^{m}G_{ki}\frac{(B+b_i)b_k}{B^4}+$$

$$\sum_{\substack{k=1\\k\neq i}}^{m}\sum_{\substack{l=1\\l\neq i}}^{m}G_{kl}\frac{b_kb_l}{B^4}+G_i\frac{2(B+b_i)}{B^3}+\sum_{\substack{k=1\\k\neq i}}^{m}G_k\frac{2b_k}{B^3}$$

分别将 H_i 和 $H_{ij}(i,j=1,2,\cdots,m)$ 代入方程(9.3.6)中，然后经过极其繁杂的代数运算即可推出偏微分方程(9.3.4)。又由于 $u_i=b_i\big/(1-\sum_{i=1}^{m}b_i)$，显然可以推出 $b_i=u_i\big/(1+\sum_{i=1}^{m}u_i)$，$i=1,2,\cdots,m$，并将 b_i 代入函数(9.3.3)，即可推出函数(9.3.5)，必要性得证。

再证充分条件，即假设函数 $G(u_1,\cdots,u_m)$ 满足方程(9.3.4)，相应的边界条件函数为(9.3.5)式的前提下，推导出函数 $H(b_1,\cdots,b_m)$ 满足方程(9.3.2)，相应的边界条件函数为(9.3.3)式。

与证明必要条件的方法同理，先根据复合函数求导法则分别求出 G_i 和 G_{ii}，再代入方程(9.3.4)，经过复杂的代数运算，并注意到 $b_i=u_i\big/(1+\sum_{i=1}^{m}u_i)$，即可推出方程(9.3.6)，再将方程(9.3.6)还原写成方程(9.3.2)的形式，而由函数(9.3.5)推出函数(9.3.3)是显然的，充分性得证。证毕。

定理9.2 函数 $G(u_1,\cdots,u_m)$ 满足方程(9.3.4)的充要条件是：

$$G(u_1,\cdots,u_m)=F(y_1,\cdots,y_m)$$

其中，$y_i=\ln(u_i)/\lambda_i$，$i=1,2,\cdots,m$。
且 $F(y_1,\cdots,y_m):R^m\rightarrow R^1$ 是满足方程

$$\frac{1}{2}\sum_{i=1}^{m}F_{ii}+\sum_{i=1}^{m}a_iF_i=R-r \tag{9.3.7}$$

的值函数，相应的边界条件函数为：

$$f(y_1,\cdots,y_m)=\ln\Big[1+\sum_{i=1}^{m}\exp(\lambda_iy_i)\Big] \tag{9.3.8}$$

其中，$F_i=\partial F/\partial y_i$，$F_{ii}=\partial^2F/\partial y_i^2$，$a_i=\Big(\mu_i-r-\frac{1}{2}\lambda_i^2\Big)\big/\lambda_i$，$i=1,2,\cdots,m$。

证明　先证必要条件,即由函数 $G(u_1, \cdots, u_m)$ 满足方程(9.3.4)推出函数 $F(y_1, \cdots, y_m)$ 满足方程(9.3.7),由函数(9.3.5)推出函数(9.3.8)。先根据复合函数求导法则求出:

$$G_i = \sum_{j=1}^{m} F_j \frac{\partial y_j}{\partial u_i} = F_i / \lambda_i u_i, \ i = 1, 2, \cdots, m$$

$$G_{ii} = \frac{1}{\lambda_i u_i} \sum_{j=1}^{m} F_j \frac{\partial y_j}{\partial u_i} - \frac{1}{\lambda_i u_i^2} F_i = F_{ii} / \lambda_i^2 u_i^2 - F_i / \lambda_i u_i^2, \ i = 1, 2, \cdots, m$$

再将 G_i 和 G_{ii} 代入方程(9.3.4),经整理可得方程(9.3.7),显然可由函数(9.3.5)推出函数(9.3.8),必要性得证。

现在来证充分条件,即由函数 $F(y_1, \cdots, y_m)$ 满足方程(9.3.7)推出函数 $G(u_1, \cdots, u_m)$ 满足方程(9.3.4),由函数(9.3.8)推出函数(9.3.4)。同理先求出:

$$F_i = \sum G_j \frac{\partial u_j}{\partial y_i} = G_i \lambda_i u_i, \ i = 1, 2, \cdots, m$$

$$F_{ii} = \lambda_i u_i \sum_{j=1}^{m} G_{ij} \frac{\partial u_j}{\partial y_i} + G_i \lambda_i^2 u_i = G_{ii} \lambda_i^2 u_i^2 + G_i \lambda_i^2 u_i, \ i = 1, 2, \cdots, m$$

再将 F_i 和 F_{ii} 代入方程(9.3.7),经整理可得方程(9.3.4),显然由函数(9.3.8)可以推出函数(9.3.5),充分性得证。证毕。

9.4　本章小结

本章研究了金融风险控制问题中出现的一类多维二阶偏微分方程自由边界问题。通过分析论证,得到了两个重要结论,这两个结论是普利斯卡和塞尔比 3 个结论的延伸和推广。定理 9.1 的作用是化简系数和消去交叉项 H_{ij},定理 9.2 的作用是将变系数偏微分方程化成了常系数偏微分方程。对于偏微分方程 (9.3.7)可以用马尔可夫链逼近求出近似解,然后通过倒推变换可以求出原始问题的值函数 $H(b_1, b_2, \cdots, b_m)$。

第 10 章　考虑风险规避的
证券投资策略

　　金融风险在我们现实经济生活中普遍存在,有关对金融风险的概念说法有多种,比较公认的说法是,金融风险是指损失发生有不确定性。事实上,在风险理论中,最基本的问题是 Knight(1921)提出的风险与不确定性的关系问题。如果一个经济行为者所面临的随机性问题能用具体的数值概率来表述,那么,就可以说这种情况涉及风险。另一方面,要是该经济行为者对不同的可能事件不能(或没有)指定具体的概率值,就说这种情况涉及不确定性。这说明风险和不确定性不是一回事。既然金融风险是普遍存在的,那么对于从事投资活动的个人和单位如何认识金融风险和对待金融风险就是一个值得研究的问题。因为对风险的认识不同和处理方式不同,结果往往会产生很大的差异。目前,在这方面的研究已经有了初步的成果(Keller,1985;Arrow,1971;Pratt,1964),但是,大多数只研究风险规避、风险中性和风险爱好不同情况下的投资决策问题。期权定价方程就是在风险中性的前提下推导出来的。事实上,风险规避、风险中性和风险爱好不是三者必居其一的问题,而是一个程度问题,而且投资者的这种程度也是变化的。因此,研究这种程度不同的投资者的投资策略具有特别重要的意义。

　　在这方面较早的研究者主要有 von Neumann(1947)、Arrow(1964)、Pratt(1964)和 Debreu(1959)。他们用效用函数表示投资者对风险的态度,规避风险投资者的效用函数是一个上凸函数,投资者越厌恶风险,他所选取的上凸效用函数曲线就越弯曲,曲线的弯曲程度由曲线的二阶导数来决定。同样,风险爱好投资者的效用函数是一个下凸函数,投资者越善于冒险,他所选取的下凸效用函数曲线就越弯曲,曲线的弯曲程度同样由曲线的二阶导数来决定。

　　证券投资决策实际上是动态最优控制问题,总的目标是在具有一定风险的条件下,使收益最大或在达到一定收益的条件下使风险最小。目前研究证券投资决策的问题主要有两类:第一类是在固定的时期内,使终期收益率最大;第二类是在无限长时期使渐近增长率最大。所采用的研究方法主要有线性规划方法、神经网络方法、随机最优控制方法(Barron & Jensen,1989;刘海龙等,1999)

和 H_∞ 控制方法(黄小原,1998)。但是无论是哪一类问题,也无论是哪一种方法,都没有用来研究风险规避限制下的证券投资决策问题。为此,本章的基本思想就是,针对第一类问题,首先,研究了风险规避限制下的投资策略的一般问题,建立了相应的随机最优控制问题数学模型,推导出了随机最优控制问题值函数所满足的带有风险规避系数的 HJB 偏微分方程;然后,针对具体的证券投资决策问题,给出了相应的风险规避投资者的投资策略;最后,进行了算例分析。

10.1 模型描述

下面建立考虑风险规避的证券投资决策问题的数学模型。假设在金融市场中,投资者可以自由地从银行存款中取出现金购买证券,或抛出证券变成现金存入银行,不能用于消费和其他投资,且不考虑交易费用、税收和红利。假设 $x_0(t)$, $x_i(t)(i=1,2,\cdots,m)$ 分别表示 t 时刻投资者在银行的存款和投资在第 i 个风险证券上的金额;r_0, r_i 分别表示银行存款利率和第 i 个风险证券预期收益率;σ_{ij} 表示第 i 个风险证券预期收益率受第 j 个风险因素 $w_j(t)(j=1,2,\cdots,m)$ 影响的协方差;$w_j(t)$ 表示概率空间 (Ω,B,P) 上相互独立的 m 个维纳过程。则 $x_0(t)$, $x_i(t)(i=1,2,\cdots,m)$ 满足下面的随机微分方程:

$$\begin{cases} \mathrm{d}x_0(t)=r_0 x_0(t)\mathrm{d}t, & x_0(0)=x_0 \\ \mathrm{d}x_i(t)=r_i x_i(t)\mathrm{d}t+x_i(t)\sum_{j=1}^{m}\sigma_{ij}\mathrm{d}w_j(t), & x_i(0)=x_i, \ i=1,2,\cdots,m \end{cases}$$

$$(10.1.1)$$

其中,x_0, x_i 分别表示投资者在初始时刻 $t=0$ 的银行存款金额和投资在第 i 个风险证券上的金额。

投资者的目标是,如何确定银行存款和投资在第 i 种风险证券上的金额,使终期资产总值的预期效用 $EF[h(x_0(T),x_1(T),\cdots,x_m(T))]$ 最大。这里 E 表示期望算子,F 为效用函数,$h[x_0(T),x_1(T),\cdots,x_m(T)]=\sum_{i=0}^{m}x_i(T)$ 表示终期资产总值。

令 $y(t)=x_0(t)+x_1(t)+\cdots+x_m(t)=G[x_0(t),x_1(t),\cdots,x_m(t),t]$ 表示 t 时刻投资者资产的总和,$u_i(t)=x_i(t)/y(t)\in[0,1]$ 表示 t 时刻投资在第 i 种风险证券上的比例份额。显然有

$$\frac{\partial G}{\partial t} = 0, \quad \frac{\partial G}{\partial x_i} = 1, \quad \frac{\partial^2 G}{\partial x_i \partial x_j} = 0, \quad (i, j = 1, 2, \cdots, m)$$

又由第 8 章引理 8.3 知：

$$dy(t) = \left[0 + \sum_{i=0}^{m} \frac{\partial G}{\partial x_i} r_i x_i(t) + 0 \right] dt + \left[\frac{\partial G}{\partial x_0} \times 0 + \sum_{i=1}^{m} \frac{\partial G}{\partial x_i} x_i(t) \sum_{j=1}^{m} \sigma_{ij} \right] dw_j(t)$$

$$= \left[r_0 x_0(t) + \sum_{i=1}^{m} r_i x_i(t) \right] dt + \sum_{i=1}^{m} x_i(t) \sum_{j=1}^{m} \sigma_{ij} dw_j(t)$$

$$= \left[r_0 \left(x_0(t) + \sum_{i=1}^{m} x_i(t) \right) + \sum_{i=1}^{m} (r_i - r_0) x_i(t) \right] dt + \sum_{j=1}^{m} \sum_{i=1}^{m} x_i(t) \sigma_{ij} dw_j(t)$$

$$= \left[r_0 y(t) + \sum_{i=1}^{m} (r_i - r_0) \frac{x_i(t)}{y(t)} y(t) \right] dt + \sum_{j=1}^{m} \sum_{i=1}^{m} \frac{x_i(t)}{y(t)} y(t) \sigma_{ij} dw_j(t)$$

$$= \left[r_0 + \sum_{i=1}^{m} A_i u_i(t) \right] y(t) dt + \sum_{j=1}^{m} \sum_{i=1}^{m} u_i(t) y(t) \sigma_{ij} dw_j(t)$$

$$(10.1.2)$$

显然有 $y(0) = \sum_{i=0}^{m} x_i(0) = \sum_{i=0}^{m} x_i = y$，则投资者的最优决策问题可以用如下最优控制问题描述：

$$\begin{cases} dy(t) = \left[r_0 + \sum_{i=1}^{m} A_i u_i(t) \right] y(t) dt + \sum_{j=1}^{m} \sum_{i=1}^{m} u_i(t) y(t) \sigma_{ij} dw_j(t) \\ y(0) = y \end{cases}$$

$$(10.1.3)$$

其中，$y = x_0 + x_1 + \cdots + x_m$ 表示初始总资产，$A_i = r_i - r_0$ 表示第 i 种风险证券的风险收益率（也称超额收益率），投资者选择 $u_i(t) \in [0, 1]$ 使目标泛函

$$J(u) = EF[y(T)] = EF\left[\sum_{i=0}^{m} x_i(T) \right] \tag{10.1.4}$$

的值最大。

这就是本章所要研究的证券投资决策最优控制问题。

10.2　带有风险规避系数的 HJB 偏微分方程

这一部分要推导出风险规避投资者的值函数所满足的 HJB 偏微分方程。

首先,通过对一般随机最优控制问题(8.1.1)和(8.1.2)的值函数进行非线性变换,证明了变换后的值函数满足带有风险规避系数的 HJB 偏微分方程;然后,给出随机最优控制问题(10.1.3)和(10.1.4)的值函数所满足的 HJB 偏微分方程;最后,再通过对随机最优控制问题(10.1.3)和(10.1.4)的值函数进行非线性变换,证明变换后的值函数满足带有风险规避系数的 HJB 偏微分方程。

10.2.1　一般问题

因为风险规避程度不同的投资者,即使有相同的预期,投资策略也常常是不同的。为此,这一部分将经济学家提出的风险规避系数概念引入证券投资决策问题中。

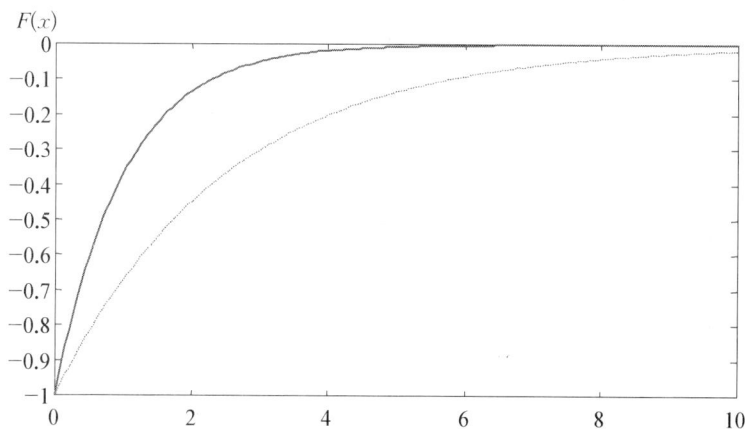

图 10 - 1　效用函数曲线

定义 10.1　若 $F(x) \in C^2(0, \infty)$ 为效用函数,$F'(x) > 0$,$F''(x) < 0$,则称

$$r(x) = | F''(x) | / F'(x) \tag{10.2.1}$$

为风险规避系数(Arrow,1971;Pratt,1964)。

风险规避系数 $r(x)$ 直接反映了投资者的风险规避程度,即投资者越厌恶风险,他或她所选取的上凸效用函数曲线就越弯曲,$r(x)$ 就越大;反之,$r(x)$ 就越小。如图 10 - 1 所示:实线表示的效用函数是 $F(x) = -\exp(-x)$,由风险规避系数的定义知,风险规避系数是 1;虚线表示的效用函数是 $F(x) = -\exp(-0.4x)$,由风险规避系数的定义知,风险规避系数是 0.4。从而可以看出,风险规避系数 $r(x)$ 确实刻画了投资者的风险规避程度。

下面给出风险规避程度不同的投资者的值函数所满足的 HJB 偏微分方程。

定理 10.1 假设由随机微分方程(8.1.1)和目标泛函(8.1.2)构成的随机最优控制问题满足条件(8.1.4)和(8.1.5)，$H(x, t)$ 为其值函数，因为，效用函数 $F(x)$ 满足 $F'(x) > 0$，故变换 $V = F^{-1}(H)$ 存在，且变换后的值函数 V 满足如下 HJB 偏微分方程：

$$\begin{cases} \max_{u \in U} \left\{ \langle \mu, DV \rangle + V_t + \frac{1}{2} tr(MD^2V) - \frac{1}{2} r(V) tr[M(DV)(DV)^T] \right\} = 0 \\ V(x, T) = h(x) \end{cases}$$

$$(10.2.2)$$

证明 由引理 8.1 知道，值函数 $H(x, t)$ 满足方程(8.1.6)，不难证明 $V(x, T) = h(x)$，而 $V = F^{-1}(H)$，所以 $H = F(V)$，$H_t = F'(V)V_t$，$H_{x_i} = F'(V)V_{x_i}$，$H_{x_i x_j} = F''(V)V_{x_i}V_{x_j} + F'(V)V_{x_i x_j}$ $(i, j = 1, 2, \cdots, k)$，

$$DH = (H_{x_1}, H_{x_2}, \cdots, H_{x_k})^T = (F'(V)V_{x_1}, F'(V)V_{x_2}, \cdots, F'(V)V_{x_k})^T$$
$$= F'(V)DV,$$

$$D^2H = \begin{bmatrix} H_{x_1 x_1} & H_{x_1 x_2} & \cdots & H_{x_1 x_k} \\ H_{x_2 x_1} & H_{x_2 x_2} & \cdots & H_{x_2 x_k} \\ \cdots & \cdots & \cdots & \cdots \\ H_{x_k x_1} & H_{x_k x_2} & \cdots & H_{x_k x_k} \end{bmatrix}$$

$$= \begin{bmatrix} F''(V)V_{x_1}^2 + F'(V)V_{x_1^2} & \cdots & F''(V)V_{x_1}V_{x_k} + F'(V)V_{x_1 x_k} \\ F''(V)V_{x_2}V_{x_1} + F'(V)V_{x_2 x_1} & \cdots & F''(V)V_{x_2}V_{x_k} + F'(V)V_{x_2 x_k} \\ \cdots & \cdots & \cdots \\ F''(V)V_{x_k}V_{x_1} + F'(V)V_{x_k x_1} & \cdots & F''(V)V_{x_k}V_{x_k} + F'(V)V_{x_k x_k} \end{bmatrix}$$

$$= F''(V)(DV)(DV)^T + F'(V)D^2V$$

分别将 H_t，DH 和 D^2H 代入方程(8.1.6)可得：

$$\max_{u \in U} \left\{ \langle \mu, DVF'(V) \rangle + F'(V)V_t + \frac{1}{2} tr[MF''(V)(DV)(DV)^T + F'(V)MD^2V] \right\} = 0$$

即：

$$\max_{u \in U} \left\{ \langle \mu, DV \rangle F'(V) + V_t + \frac{1}{2} F''(V) tr M(DV)(DV)^T + \frac{1}{2} F'(V) tr(MD^2V) \right\} = 0$$

两端用 $F'(V)$ 去除,再由风险规避系数 $r(V)$ 的定义即得方程(10.2.2)。证毕。

10.2.2　一个实际投资问题

定义

$$\varphi(y,\ T) = \sup_u EF[h(y(T))] \tag{10.2.3}$$

为由随机微分方程(10.1.3)和目标泛函(10.1.4)构成的随机最优控制问题的值函数,则有下面的定理。

定理 10.2　由随机微分方程(10.1.3)和目标泛函(10.1.4)构成的随机最优控制问题存在唯一值函数 $\varphi(y,\ T)$,且满足下面的 HJB 偏微分方程:

$$\begin{cases} \varphi_T = \max_u \left[(r_0 + A^T u) y \varphi_y + \dfrac{1}{2} u^T M u y^2 \varphi_{yy} \right] \\ \varphi(y,\ 0) = F[h(y)] \end{cases} \tag{10.2.4}$$

其中,$M = \sigma \sigma^T$ 是正定矩阵,$\sigma = (\sigma_{ij})_{m \times m}$,$A^T = (A_1, \cdots, A_m)$,$u^T = (u_1, \cdots, u_m)$,$\varphi$ 的下标表示对相应变量的偏导数。

证明　因为控制变量 $u_i \in [0, 1]$ 有界,所以不难验证 $\left[r_0 + \displaystyle\sum_{i=1}^m A_i u_i \right] y$ 满足条件(8.1.4),$\displaystyle\sum_{j=1}^m \sum_{i=1}^m u_i y \sigma_{ij}$ 满足条件(8.1.5),根据随机最优控制理论(王康宁,1995)知道:

$$\begin{aligned} \varphi_T &= \max_u \left\{ \left(r_0 + \sum_{i=1}^m A_i u_i \right) y \varphi_y + \frac{1}{2} \sum_{j=1}^m \left(\sum_{i=1}^m \sigma_{ij} u_u \right)^2 y^2 \varphi_{yy} \right\} \\ &= \max_u \left\{ (r_0 + A^T u) y \varphi_y + \frac{1}{2} u^T M u y^2 \varphi_{yy} \right\} \end{aligned}$$

显然,$\varphi(y,\ 0) = F[h(y)]$。　证毕。

下面的定理给出了风险规避程序不同的投资者的值函数所满足的 HJB 偏微分方程。

定理 10.3　假设由随机微分方程(10.1.3)和目标泛函(10.1.4)构成随机最优控制问题存在唯一值函数 $\varphi(y,\ T)$,$F(x)$ 为效用函数,作变换 $V = F^{-1}(\varphi)$,则变换后的值函数 $V(y,\ T)$ 满足下面的 HJB 偏微分方程:

$$\begin{cases} V_T = \max_u \left[(r_0 + \boldsymbol{A}^T \boldsymbol{u}) y V_y + \dfrac{1}{2} \boldsymbol{u}^T \boldsymbol{M} \boldsymbol{u} y^2 V_{yy} - \dfrac{1}{2} \boldsymbol{u}^T \boldsymbol{M} \boldsymbol{u} r(V) y^2 V_y^2 \right] \\ V(y,\ 0) = h(y) = y \end{cases} \tag{10.2.5}$$

其中，$r(V)$ 是风险规避系数。

证明 由定理 10.2 知道，值函数 $\varphi(y,T)$ 是 HJB 偏微分方程(10.2.4)的解，又因为 $V=F^{-1}(\varphi)$，所以 $\varphi=F(V)$，$\varphi_y=F'(V)V_y$，$\varphi_T=F'(V)V_T$，$\varphi_{yy}=F''(V)V_y^2+F'(V)V_{yy}$。将 φ_T，φ_y 和 φ_{yy} 代入式(10.2.4)，两端再除以 $F'(V)$，再由风险规避系数 $r(V)$ 的定义即得带有风险规避系数的 HJB 偏微分方程(10.2.5)。证毕。

10.3 最优投资策略

首先，通过求解 HJB 偏微分方程(10.2.5)右端的优化问题，可得基于值函数的最优投资策略：

$$u^*=-\boldsymbol{M}^{-1}\boldsymbol{A}V_y/[V_{yy}-r(V)V_y^2]y \tag{10.3.1}$$

再将式(10.3.1)代入 HJB 偏微分方程(10.2.5)右端可得：

$$V_T=\{r_0-\boldsymbol{A}^{\mathrm{T}}\boldsymbol{M}^{-1}\boldsymbol{A}V_y/[V_{yy}-r(V)V_y^2]y\}yV_y+$$

$$\frac{1}{2}\boldsymbol{A}^{\mathrm{T}}\boldsymbol{M}^{-1}\boldsymbol{V}_y\boldsymbol{M}\boldsymbol{M}^{-1}\boldsymbol{A}V_y[y^2V_{yy}-r(V)y^2V_y^2]/[V_{yy}-r(V)V_y^2]^2y^2$$

$$=r_0yV_y-\boldsymbol{A}^{\mathrm{T}}\boldsymbol{M}^{-1}\boldsymbol{A}yV_y^2\big/[V_{yy}-r(V)V_y^2]y+\frac{1}{2}\boldsymbol{A}^{\mathrm{T}}\boldsymbol{M}^{-1}\boldsymbol{A}V_y^2/[V_{yy}-r(V)V_y^2]$$

$$=r_0yV_y-\frac{1}{2}\boldsymbol{A}^{\mathrm{T}}\boldsymbol{M}^{-1}\boldsymbol{A}V_y^2/[V_{yy}-r(V)V_y^2]$$

$$\tag{10.3.2}$$

根据偏微分方程理论(Friedman,1983)知道，通过求解偏微分方程(10.3.2)带有初值 $V(y,0)=y$ 的柯西问题，可以得到偏微分方程(10.3.2)的唯一解 $V(y,T)$，再将 V_y 和 V_{yy} 代入式(10.3.1)，即得到以 y 为状态的反馈控制器：

$$u^*=-\boldsymbol{M}^{-1}\boldsymbol{A}V_y/[V_{yy}-r(V)V_y^2]y \tag{10.3.3}$$

式(10.3.3)就是基于值函数的带有风险规避系数的最优投资策略。

下面针对具体的效用函数 $F(x)=-\exp(-\varepsilon^{-1}x)$，推导极端厌恶风险 $(r(V)\to\infty)$ 投资者的最优投资策略。事实上，这类投资者希望收益率波动的方差 $\sigma_{ij}\to0$，从 HJB 偏微分方程(10.2.5)和最优投资策略(10.3.3)知道，当 $r(V)\to\infty$ 时，$\sigma\sqrt{r(V)}$ 有界，偏微分方程(10.2.5)和投资策略(10.3.3)才有意义,所以必有 $\sigma_{ij} \to 0$。令 $\boldsymbol{\Lambda} = (\lambda_{ij})_{m \times m}$, $\sigma_{ij} = \lambda_{ij}\sqrt{\varepsilon}$,则 $\boldsymbol{\sigma} = \boldsymbol{\Lambda}\sqrt{\varepsilon}$, $\sigma\sqrt{\varepsilon^{-1}} =$ $\boldsymbol{\Lambda}\sqrt{\varepsilon}\sqrt{\varepsilon^{-1}} = \Lambda$, $Mr(V) = (\boldsymbol{\Lambda}\sqrt{\varepsilon})(\boldsymbol{\Lambda}\sqrt{\varepsilon})^{\mathrm{T}}\varepsilon^{-1} = \boldsymbol{\Lambda}\boldsymbol{\Lambda}^{\mathrm{T}}$。令 $r(V) \to \infty$,因为由风险规避系数的定义知道 $r(V) = \varepsilon^{-1}$,所以 $\varepsilon \to 0$, $M = \boldsymbol{\Lambda}\boldsymbol{\Lambda}^{\mathrm{T}}\varepsilon \to 0$。这时,带有风险规避系数的二阶 HJB 偏微分方程(10.2.5)变为如下一阶动态规划偏微分方程:

$$\begin{cases} V_T^0 = \max_u \left\{ (r_0 + \boldsymbol{A}^{\mathrm{T}}u)yV_y^0 - \dfrac{1}{2}u^{\mathrm{T}}(\boldsymbol{\Lambda}\boldsymbol{\Lambda}^{\mathrm{T}})uy^2(V_y^0)^2 \right\} \\ V^0(y,\ 0) = y \end{cases} \tag{10.3.4}$$

求解 HJB 偏微分方程(10.3.4)右端的优化问题,可得基于值函数的最优投资策略:

$$u_0^* = (\boldsymbol{\Lambda}\boldsymbol{\Lambda}^{\mathrm{T}})^{-1}\boldsymbol{A}/yV_y^0 \tag{10.3.5}$$

再将式(10.3.5)代入方程(10.3.4)的右端,可得如下一阶偏微分方程:

$$\begin{cases} V_T^0 = r_0 yV_y^0 + \dfrac{1}{2}\boldsymbol{A}^{\mathrm{T}}(\boldsymbol{\Lambda}\boldsymbol{\Lambda}^{\mathrm{T}})^{-1}\boldsymbol{A} \\ V^0(y,\ 0) = y \end{cases} \tag{10.3.6}$$

此方程的解为:

$$V^0(y,\ T) = \dfrac{1}{2}\boldsymbol{A}^{\mathrm{T}}(\boldsymbol{\Lambda}\boldsymbol{\Lambda}^{\mathrm{T}})^{-1}\boldsymbol{A}T + y\exp(r_0 T) \tag{10.3.7}$$

将式(10.3.7)对 y 求导数得:

$$V_y^0(y,\ T) = \exp(r_0 T) \tag{10.3.8}$$

将式(10.3.8)代入式(10.3.5)得反馈最优策略:

$$u_0^* = (\boldsymbol{\Lambda}\boldsymbol{\Lambda}^{\mathrm{T}})^{-1}\boldsymbol{A}/y\exp(r_0 T) \tag{10.3.9}$$

这就是极端厌恶风险($r(V) \to \infty$)投资者的最优投资策略。

10.4　算例分析

例 10.1

考虑只有一种风险证券的情况,假设有一风险规避投资者有 10 万元资金,准备存入银行或投资证券市场。假设银行存款年利率 $r_0 = 0.06$,投资期为 1 年

($T=1$)，假设风险规避投资者选取效用函数为 $F(y)=-\exp(-\varepsilon^{-1}y)$，则由式 (10.3.7)和式(10.3.9)可以分别计算出在下列若干种情况下，投资者投资在风险证券上资金的比例和相应的最优值(见表 10-1)。

表 10-1 投资决策分析表

预期收益率 r_1	风险收益率 $A=r_1-r_0$	收益率的方差 σ	$\varepsilon^{-1}=100$		$\varepsilon^{-1}=10\,000$	
			最优策略 u^* /%	最优值 V /万元	最优策略 u^* /%	最优值 V /万元
0.16	0.1	0.05	3.767 0	10.638 3	0.037 6	10.618 50
0.26	0.2	0.05	7.574 1	10.698 3	0.075 3	10.619 10
0.16	0.1	0.1	0.941 7	10.623 3	0.009 4	10.618 35
0.26	0.2	0.1	1.883 5	10.638 3	0.018 8	10.618 50
0.16	0.1	0.2	0.235 4	10.619 5	0.002 3	10.618 31
0.26	0.2	0.2	0.470 8	10.623 3	0.004 7	10.618 35
0.36	0.3	0.2	0.706 3	10.629 5	0.007 0	10.618 41
0.46	0.4	0.2	0.941 7	10.638 3	0.009 4	10.618 50

例 10.2

某年底有一位风险规避投资者有 100 万元，准备拿出一部分投资于股票市场，一部分存入银行，假设银行存款年利率为 $r_0=0.06$，该投资者预测沪深两市的 8 只股票(即 A1，A2，…，A8)的年收益率分别为 0.12，0.16，0.26，0.3，0.36，0.56，0.66，0.86，同时假设影响这 8 只股票收益率波动的随机因素互不相关，投资者的效用函数为 $F(y)=-\exp(-\varepsilon^{-1}y)$，投资期为 1 年。假设收益率波动方差阵为：

$$\sigma = \begin{bmatrix} 0.01 & 0 & 0 & 0 & 0.001 & 0 & 0 & 0 \\ 0.002 & 0.01 & 0.01 & 0 & 0 & 0.002 & 0 & 0.001 \\ 0 & 0 & 0.02 & 0.001 & 0 & 0.003 & 0.001 & 0 \\ 0.003 & 0.001 & 0 & 0.02 & 0.001 & 0 & 0 & 0.001 \\ 0.001 & 0 & 0 & 0 & 0.05 & 0 & 0.001 & 0 \\ 0.004 & 0 & 0 & 0 & 0.001 & 0.03 & 0 & 0.001 \\ 0 & 0.001 & 0.001 & 0 & 0 & 0 & 0.04 & 0.002 \\ 0.005 & 0.004 & 0 & 0 & 0 & 0.001 & 0 & 0.05 \end{bmatrix}$$

若取风险规避系数 $r(V)=\varepsilon^{-1}=10\,000$，则将 $r_0=0.06$，$y=100$，$T=1$，

$\boldsymbol{\Lambda}\boldsymbol{\Lambda}^{\mathrm{T}} = (\sigma\sqrt{\varepsilon^{-1}})(\sigma\sqrt{\varepsilon^{-1}})^{\mathrm{T}} = \varepsilon^{-1}\sigma\sigma^{\mathrm{T}}$，$\boldsymbol{A}^{\mathrm{T}} = [0.06，0.10，0.20，0.24，0.30，$
$0.50，0.60，0.80]$，代入式(10.3.9)可得最优策略为：

$\boldsymbol{u}_0^* = [0.011\%，0.020\%，0.029\%，0.020\%，0.009\%，0.043\%，0.032\%，0.025\%]^{\mathrm{T}}$，
最优值为 $V = 106.2243$。

若取 $r(V) = \varepsilon^{-1} = 100$，则由式(10.3.9)可得最优策略为：

$u_0^* = [1.07\%，1.97\%，2.89\%，1.99\%，0.91\%，4.29\%，3.2\%，2.5\%]^{\mathrm{T}}$，
最优值为 $V = 110.2490$。

从以上例子可以看出，风险规避投资者越厌恶风险，投资者投资于风险证券的资金所占比例就越少，而且对风险证券收益率方差变化有很大的敏感性，事实上，这类投资者确实规避了风险，但同时获得的收益也常常较少，这是符合目前大多数投资者实际情况的。

10.5　本章小结

本章研究了带有风险规避系数的证券投资最优策略，其主要结果如下：

(1) 通过求解带有风险规避系数的 HJB 偏微分方程(10.3.2)，可以得到依赖于风险规避系数的值函数 $V(y，T)$ 和由式(10.3.1)表示的投资策略。

(2) 在一定条件下，当风险规避系数 $r(V) \to \infty$ 时，只需解一个简单的一阶偏微分方程(10.3.6)，即可得到由式(10.3.8)表示的值函数和式(10.3.9)表示的投资策略。

(3) 仿真实例分析表明，当风险规避系数无限大时，可以用方程(10.3.6)的解近似代替方程(10.3.2)的解，用式(10.3.9)表示的投资策略 u_0^* 近似代替由式(10.3.1)表示的投资策略 u^*，否则只能用其他方法求解方程(10.3.2)。有关偏微方程(10.3.2)的解法需要深入研究。

从上面的论述和算例分析可以得出这样的结论：风险规避投资者对方差的敏感性比对预期收益率的敏感性大，而且当风险规避系数 $r(V) = \varepsilon^{-1} \to \infty$ 时，投资者只愿意将资金以无风险利率存入银行，而不愿意投入证券市场。本章的结论对风险规避投资者的投资取向有一定的指导作用。

第11章 证券投资决策的 微分对策方法

证券投资决策实质上是多因素、多阶段重复对策的复杂问题。自 Markowitz(1952)的证券组合理论、Sharpe(1964)的资本资产定价理论和 Ross(1976)的套利定价理论提出以来,人们所研究的投资问题一般是基于静态的数学模型,没有解决动态证券投资决策问题。进入20世纪80年代,国际上已开始运用随机动态模型研究具有不确定因素的证券投资决策问题(Morton & Pliska,1995;Pliska & Selby,1995;Dumas & Luciano,1991),取得了可喜的成果。这些随机模型都要求证券价格服从维纳过程。但是,若金融市场不满足稳态假定,证券价格则不服从维纳过程,那么这些用随机动态模型研究证券投资决策问题的方法就不再适用了。因此,有必要研究其他解决问题的方法。

古典经济模型几乎都假设,个人或公司的资源和偏好为他们的竞争对手所知。事实上,这一假设通常是不合理的。如果要尝试把不确定性纳入经济模型中,就必须将这些模型进行推广,包括考虑到个人关心其竞争对手的状况,以及随时间推移的知识积累。要做到这一点,标准的方法是将被考察的局势模型化为不完全信息下的对策,研究对策的均衡点。近年来,已经有人使用这种方法研究诸如定价、广告的信号作用、谈判、竞争性投标,以及在社会上发生的其他各种经济现象等问题。20世纪90年代,国际上又开始运用微分对策方法来研究证券市场投资决策问题(Barron & Jensen,1989;Fleming,1995),但仅仅解决了随机动态模型和微分对策模型之间在一定条件下存在的关系,没有研究投资策略,随后刘海龙等(1999a)和刘海龙等(1999b)运用微分对策方法研究了证券市场投资策略问题。

本章的基本思想是,假定证券价格中的不确定干扰有界,而不对其加任何其他限制,把投资者看成微分对策的一方,而把不确定干扰看成微分对策的敌对一方,并针对不确定干扰的最差情况进行最优控制。也就是说,不确定干扰努力破坏投资者的目标,而投资者则使目标最大。鲁棒控制的思想就是在最差情况基础上进行最优化。这一部分正是基于这种思考建立了微分对策模型。首先,研究只有一种风险证券的证券投资决策的微分对策方法；然后，再研究有多种风险证券的投资决策的微分对策方法；最后，把证券投资问题归结为求解微分对策值函数问题，并给出购入和抛出证券的策略。

11.1　微分对策理论

以下简单叙述雍炯敏(1992)和 Subbotin(1995)著作中的微分对策理论，而对有关理论不加证明，详尽的内容可参考上述文献。

考虑由下面常微分方程描述的微分对策问题：

$$\dot{X} = f(t, X(t), u(t), v(t)), \quad X(0) = X_0 \tag{11.1.1}$$

其中，$X(t) \in \mathbf{R}^n$ 是状态变量，$u(t) \in Q_1$，$v(t) \in Q_2$ 分别表示控制双方的策略，集合 Q_1 和 Q_2 是欧几里得距离意义下的紧集。

设对策的支付函数 $J(t_0, X_0, u(\bullet), v(\bullet)) = c[X(T)]$，控制 $u(t)$ 努力使其最大，控制 $v(t)$ 希望其最小。

定义 11.1　微分对策(11.1.1)的下值函数定义为：

$$V^-(t, X) = \max_{u \in Q_2} \min_{v \in Q_2} J(t, X, u, v)$$

上值函数定义为：

$$V^+(t, X) = \min_{v \in Q_2} \max_{u \in Q_1} J(t, X, u, v)$$

由微分对策的理论知道(雍炯敏，1992)，对 $\forall (t, X) \in [0, T] \times R^n$，微分对策的上值和下值有如下关系：

$$V^-(t, X) \leqslant V^+(t, X) \tag{11.1.2}$$

当式(11.1.2)等号成立时，微分对策(7.1)存在值函数。值函数定义为：

$$\forall (t, X) \in [0, T] \times R^n, V(t, X) = V^-(t, X) = V^+(t, X)$$

下面给出微分对策问题(11.1.1)值函数存在的条件：

（A1）函数 $f: [0, T] \times R^n \times Q_1 \times Q_2 \rightarrow R^n$ 和 $c(X): R^n \rightarrow R$ 是连续的，并对所有的 $(t, X, u, v) \in [0, T] \times R^n \times Q_1 \times Q_2$，有：

$$\| f(t, X, u, v,) \| \leqslant R_f(1 + \| X \|), | c(X) | \leqslant R_c(1 + \| X \|)$$

$$\tag{11.1.3}$$

其中，R_f 和 R_c 是正数，$\| X \|$ 是欧几里得范数。

(A2) 对一切 $(t, X, u, v) \in [0, T] \times R^n \times Q_1 \times Q_2$，$Y \in \mathbf{R}^n$，函数 f 关于变量 X，满足 Lipschitz 条件：

$$\| f(t, X+Y, u, v) - f(t, X, u, v) \| \leqslant R_L \| Y \| \quad (11.1.4)$$

其中，R_L 是正数。

(A3) 对任意 $\lambda \in \mathbf{R}^n$ 和 $(t, X) \in [0, T] \times R^n$，如下 Isaacs 条件成立：

$$\max_{u \in Q_1} \min_{v \in Q_2} \langle \lambda, f(t, X, u, v) \rangle = \min_{v \in Q_2} \max_{u \in Q_1} \langle \lambda, f(t, X, u, v) \rangle = H(t, X, \lambda)$$

$$(11.1.5)$$

其中，$\langle \lambda, f \rangle$ 表示 R^n 中向量 λ 与 f 的内积。

引理 假设微分对策问题(11.1.1)满足条件(A1)、(A2)和(A3)，则微分对策问题(11.1.1)存在唯一值函数 $V(t, X)$：$[0, T] \times R^n \to R$，且是如下 Cauchy 问题的黏性解(参看定义 11.2、定义 11.3)。

$$\begin{cases} V_t + H(t, X, DV) = 0, & (t, X) \in [0, T] \times R^n \\ V(T, X) = c(X), & X \in \mathbf{R}^n \end{cases} \quad (11.1.6)$$

其中，$H(t, X, \lambda)$ 由(11.1.5)定义，DV 表示 V 的梯度，控制双方的最优策略按如下方式选择。对任何 $\lambda \in \mathbf{R}^n$，最优策略满足式(11.1.5)，即：

$$u^*(t, X, \lambda) = Arg \max_u [\min_v \langle \lambda, f(t, X, u, v) \rangle] \quad (11.1.7a)$$

$$v^*(t, X, \lambda) = Arg \min_v [\max_u \langle \lambda, f(t, X, u, v) \rangle] \quad (11.1.7b)$$

当值函数 $V(t, X)$ 在点 (t, X) 处连续可微时，其中 λ 等于 V 的梯度，即 $\lambda = DV$。

一般情况下，值函数不是 C^1 的，Isaacs-Bellman 偏微分方程未必有光滑解，因此，为了用 Isaacs-Bellman 方程来刻画值函数，必须更新概念，另辟蹊径。在 20 世纪 80 年代初期，Crandall(1983)和 Crandall, Evans & Lion(1984)提供了一种称为黏性解的新概念。在黏性解的概念下，Isaacs-Bellman 偏微方程的解的存在性和唯一性问题容易解决。

下面给出黏性解的定义。

设 Q 是 K 维欧氏空间 R^k 中的一个具有光滑边界 ∂Q 的区域，$C(Q)$ 表示在区域上实值连续函数的全体，$C^1(Q)$ 表示在区域 Q 上有连续一阶导数的实值连续函数的全体。以下考虑一阶偏微分方程：

$$F(X, w(X), Dw(X)) = 0 \quad (11.1.8)$$

其中，$F(\cdot): Q \times R \times R^n \to R$，$X \in Q$，$w: Q \to R$，$Dw$ 表示 w 的梯度。

定义 11.2　如果对任意的 $h \in C^1(Q)$ 及 $w-h$ 的每一局部最大点 X_0，有：

$$F(X_0, w(X_0), Dh(X_0)) \leqslant 0$$

则称连续函数 $w(X)$ 为偏微分方程(7.8)的黏性下解。

如果对任意的 $h \in C^1(Q)$ 及 $w-h$ 的每一局部最小点 X_0，有：

$$F(X_0, w(X_0), Dh(X_0)) \geqslant 0$$

则称连续函数 $w(X)$ 为偏微分方程(11.1.8)的黏性上解。

如果 $w(X)$ 既是偏微分方程(11.1.8)的黏性上解又是黏性下解，则称 $w(X)$ 是偏微分方程(11.1.8)的黏性解。

在有些情况下，上述黏性解的定义用起来不太方便，因此，我们引进一些等价的定义，为此，首先引进一些记号，对于 $w(X) \in C(Q)$ 以及 $X_0 \in Q$，定义函数 $w(X)$ 在 X_0 点的上微分为：

$$D^+ w(X_0) = \{ p \in \mathbf{R}^n : \lim_{X \to X_0} [w(X) - w(X_0) - (p, X - X_0)] \leqslant 0 \}$$

类似地，定义函数 $w(X)$ 在 X_0 点的下微分为：

$$D^- w(X_0) = \{ p \in \mathbf{R}^n : \lim_{X \to X_0} [w(X) - w(X_0) - (p, X - X_0)] \geqslant 0 \}$$

现在给出黏性解的另一个等价定义。

定义 11.3　如果对任意 $X \in Q$，$p \in D^+ w(X)$，有

$$F(X, w(X), p) \leqslant 0$$

则称连续函数 $w(X)$ 为偏微分方程(11.1.8)的黏性下解。

如果对任意 $X \in Q$，$p \in D^- w(X)$，有

$$F(X, w(X), p) \geqslant 0$$

则称连续函数 $w(X)$ 为偏微分方程(11.1.8)的黏性上解。

如果 $w(X)$ 既是偏微分方程(11.1.8)的黏性上解又是黏性下解，则称 $w(X)$ 是偏微分方程(11.1.8)的黏性解。

11.2　只有一种风险证券的微分对策模型描述

首先，考虑只有一种风险证券的投资决策问题，为了描述问题方便，引入如

下符号：

    T ——投资决策过程的终端时间；

    $x(t)$ ——在 t 时刻的现金余额；

    $y(t)$ ——在 t 时刻的证券余额；

    $u(t)$ ——证券的交易速率，$u(t) \in [-U, U]$，U 是常数，当 $u(t) < 0$ 时表示抛售，$u(t) > 0$ 时表示购进，当 $u(t) = 0$ 时表示没有交易；

    x_0 ——初始现金额；

    y_0 ——初始证券金额；

    $x(T)$ ——终端现金余额；

    $y(T)$ ——终端证券余额。

    这一部分所研究的问题是：假设在固定的有限时期 T 内，投资者既不增加资金，也不抽取交易费用外的资金。假设存在一种称为银行存款的无风险资产 $x(t)$，投资者可以自由地从银行存款中取出现金购买证券，也可以自由地抛出证券，变为现金存入银行，获得利率为 $r_1(t)$ 的稳定收入。但是购买和抛售单位金额证券要付交易费用 α。由于不确定因素 $v(t)$ 的存在，证券余额 $y(t)$ 可能增加也可能减少。投资者的目的是针对不确定干扰最差的情况下，选取最优控制 $u(t)$ 使终端值 $x(T) + y(T)$ 最大。这一问题可以用如下微分对策模型描述：

$$\dot{x}(t) = r_1(t)x(t) - u(t) - \alpha \mid u(t) \mid, \quad x(0) = x_0 \qquad (11.2.1)$$

$$\dot{y}(t) = r_2 y(t) + u(t) + \beta y(t)v(t), \quad y(0) = y_0 \qquad (11.2.2)$$

目标泛函为

$$J(u, v) = x(T) + y(T) \qquad (11.2.3)$$

    方程(11.2.1)表示，投资者现金拥有量的瞬时变化量等于现金利率收益 $r_1(t)x(t)$、证券瞬时交易额 $-u(t)$ 以及付出的交易费用 $-\alpha \mid u(t) \mid$ 的总和。方程(11.2.2)表示，证券金额的瞬时变化量等于股票收益 $[r_2(t) + \beta v(t)]y(t)$ 与证券瞬时交易额 $u(t)$ 之和，其中，股票收益率 $r_2(t) + \beta v(t)$ 由两部分组成：一部分是预期收益率 $r_2(t)$；另一部分是不确定干扰 $\beta v(t)$，β 表示不确定部分的幅度，$v(t) \in [-1, 1]$ 描述不确定因素运动方式。由方程(11.2.2)可以看出，本节用有界不确定干扰 $v(t)$ 代替了随机动态模型中的维纳过程，所以本模型可以用来描述另一种不确定性问题。这里的问题可以看成：控制者一方（投资者）在干扰控制者一方（不确定因素）$v(t)$ 最差的情况下，如何选取控制

$u(t) \in [-U, U]$，使目标泛函 J 最大。

在微分对策模型(11.2.1)、(11.2.2)和(11.2.3)中，由于出现了绝对值 $|u(t)|$，这给问题处理带来了一定的困难，为了处理问题方便，假设 $u(t) = u_1(t) - u_2(t)$，$0 \leqslant u_1(t) \leqslant U$，$0 \leqslant u_2(t) \leqslant U$，其中，$u_1(t)$ 表示 t 时刻购进证券的金额，$u_2(t)$ 表示 t 时刻抛出证券的金额。为了使得 $u_1(t)$ 为正时 $|u(t)| = u_1(t)$，$u_2(t)$ 为正时 $|u(t)| = u_2(t)$，需要再加上一个约束条件 $u_1(t)u_2(t) = 0$，即 $u_1(t)$ 和 $u_2(t)$ 中至少有一个为零。事实上，解的最优性将自动使这一约束关系得到满足，即对同一证券不能同时买进与卖出。因此，有 $|u(t)| = u_1(t) + u_2(t)$。

将 $u(t) = u_1(t) - u_2(t)$ 和 $|u(t)| = u_1(t) + u_2(t)$ 代入状态方程(11.2.1)和(11.2.2)得：

$$\dot{x}(t) = r_1 x - u_1(t) + u_2(t) - \alpha u_1(t) - \alpha u_2(t), \qquad x(0) = x_0$$

$$(11.2.4)$$

$$\dot{y}(t) = r_2 y + u_1(t) - u_2(t) + \beta y v(t), \qquad y(0) = y_0 \qquad (11.2.5)$$

式(11.2.4)、式(11.2.5)和式(11.2.3)构成与式(11.2.1)~式(11.2.3)等价的微分对策问题。

11.3 只有一种风险证券的投资策略

11.3.1 交易速率有限情况下的投资策略

为了求解上述微分对策问题，首先，证明该微分对策模型(11.2.4)、(11.2.5)和(11.2.3)存在唯一的值函数。

定理 11.1 在交易策略有限的条件下，微分对策问题(11.2.4)、(11.2.5)和(11.2.3)存在唯一的值函数 $V(t, x, y)$，且是如下伊萨克—贝尔曼(Isaacs-Bellman)方程的黏性解：

$$\begin{cases} V_t + r_1 x V_x + r_2 y V_y - \beta |yV_y| \\ \quad + \max_{u_1, u_2}\{[V_y - (1+\alpha)V_x]u_1(t) + [-V_y + (1-\alpha)V_x]u_2(t)\} = 0 \\ V(T, x, y) = x + y \end{cases}$$

$$(11.3.1)$$

其中，V 的下角标 t, x, y 表示 V 关于相应变量的偏导数。

证明 显然微分对策问题(11.2.4)、(11.2.5)和(11.2.3)满足条件(A1)和(A2),下面只需证明条件(A3)也满足,对任意 $\lambda = (\lambda_1, \lambda_2) \in R^2$, $(t, x, y) \in [0, T] \times R^2$, $u_1(t), u_2(t) \in [0, U]$, $v(t) \in [-1, 1]$ 有:

$$左端 = \max_{u_1, u_2} \min_v \langle \lambda, f(t, x, y, u_1, u_2, v) \rangle$$

$$= \max_{u_1, u_2} \min_v \{ \lambda_1 [r_1 x - (1+\alpha)u_1(t) + (1-\alpha)u_2(t)] +$$

$$\lambda_2 [r_2 y + u_1(t) - u_2(t) + \beta y v(t)] \}$$

$$= \max_{u_1, u_2} \{ [\lambda_2 - (1+\alpha)\lambda_1]u_1(t) + [-\lambda_2 + (1-\alpha)\lambda_1]u_2(t) \} +$$

$$\lambda_1 r_1 x + \lambda_2 r_2 y - \beta |y\lambda_2|$$

$$右端 = \min_v \max_{u_1, u_2} \langle \lambda, f(t, x, y, u_1, u_2, v) \rangle$$

$$= \min_v \max_{u_1, u_2} \{ \lambda_1 [r_1 x - (1+\alpha)u_1(t) + (1-\alpha)u_2(t)] +$$

$$\lambda_2 [r_2 y + u_1(t) - u_2(t) + \beta y v(t)] \}$$

$$= \max_{u_1, u_2} \{ [\lambda_2 - (1+\alpha)\lambda_1]u_1(t) + [-\lambda_2 + (1-\alpha)\lambda_1]u_2(t) \} +$$

$$\lambda_1 r_1 x + \lambda_2 r_2 y - \beta |y\lambda_2|$$

所以,左端=右端,即条件(A3)成立,由引理11.1知道结论成立。证毕。

令　$L_1 = V_y - (1+\alpha)V_x$

$L_2 = -V_y + (1-\alpha)V_x$

$L_3 = V_t + r_1 x V_x + r_2 y V_y - \beta |y V_y|$

则方程(11.3.1)便可写成:

$$L_3 + \max_{u_1, u_2} [L_1 u_1(t) + L_2 u_2(t)] = 0 \tag{11.3.2}$$

由方程(11.3.2)知,最优交易策略分为以下三种情况:

(B1) 当 $L_1 > 0$, $L_2 < 0$ 时,以最大速率买进,即 $u_1(t) = U$, $u_2(t) = 0$;

(B2) 当 $L_1 < 0$, $L_2 > 0$ 时,以最大速率抛出,即 $u_1(t) = 0$, $u_2(t) = U$;

(B3) 当 $L_1 < 0$, $L_2 < 0$ 时,停止交易,即 $u_1(t) = u_2(t) = 0$。

由比较定理(彭实戈,1997)知 $V_x(t, x, y) > 0$,即初始投资越多,目标泛函值越大。在交易费用存在的情况下($\alpha > 0$), $L_1 \geqslant 0$ 和 $L_2 \geqslant 0$ 不能同时成立,即不会出现边买进边卖出的情况。否则,由 L_1 和 L_2 的定义知, $V_y \geqslant (1+\alpha)V_x$ 和 $V_y \leqslant (1-\alpha)V_x$,所以 $(1-\alpha)V_x \geqslant (1+\alpha)V_x$,即 $\alpha V_x \leqslant 0$,这与 α 和 V_x 都大于零相矛盾。

11.3.2　交易速率无限情况下的投资策略

在实际进行交易时,瞬间的交易速率是无限大的,所以,研究交易速率无限情况下的交易策略,具有更为重要的现实意义。上一节研究交易速率有限情况下的交易策略是因为数学上的处理方便和容易得到相应的结果,也是为下面研究交易速率无限情况下的投资策略做准备。

由上一节讨论的结果知道,当交易策略有限时,值函数满足偏微分方程 (11.3.1)。当 $U \rightarrow \infty$ 时,有以下三种情况:

(H1) 若条件(B1)成立,投资者将以无限的速率买进数量为 δy 的证券,由于交易是在等价交换的前提下进行的,投资者在交易的 t_0 时刻资产总值应该保持不变,因此,投资者的值函数在交易的 t_0 时刻是相等的,即

$$V(t_0, x, y) = V(t_0, x - (1+\alpha)\delta y, y + \delta y) \tag{11.3.3}$$

由式(11.3.3)知

$$V(t_0, x - (1+\alpha)\delta y, y + \delta y) - V(t_0, x, y + \delta y) + V(t_0, x, y + \delta y) - V(t_0, x, y)$$

$$= \frac{V(t_0, x - (1+\alpha)\delta y, y + \delta y) - V(t_0, x, y + \delta y)}{-(1+\alpha)\delta y}[-(1+\alpha)\delta y] +$$

$$\frac{V(t_0, x, y + \delta y) - V(t_0, x, y)}{\delta y}\delta y$$

$$= 0$$

令 $\delta y \rightarrow 0$,可得 $L_1 = 0$,由式(11.3.2)知,此时有 $L_2 < 0$,$L_3 < 0$。

(H2) 若条件(B2)成立,投资者将以无限的速率卖出数量为 δy 的证券,类似地有

$$V(t_0, x, y) = V(t_0, x + (1-\alpha)\delta y, y - \delta y) \tag{11.3.4}$$

同理,将式(11.3.4)整理后,令 $\delta y \rightarrow 0$,可得 $L_2 = 0$,再由式(11.3.2)知有 $L_1 < 0$,$L_3 < 0$。

(H3) 若条件(B3)成立,投资者将停止交易。由方程(11.3.2)可得 $L_3 = 0$,同时有 $L_1 < 0$,$L_2 < 0$。

综合以上三种情况,便得到了交易策略无限时微分对策(11.2.4)、(11.2.5) 和(11.2.3)的值函数所满足的偏微分方程:

$$\begin{cases} \max\{V_y - (1+\alpha)V_x, -V_y + (1-\alpha)V_x, V_t + r_1 x V_x + r_2 y V_y - \beta \mid y V_y \mid\} = 0 \\ V(T, x, y) = x + y \end{cases}$$

$$(11.3.5)$$

这样,通过求解偏微分方程(11.3.5)的 Cauchy 问题,可以得到由式(11.2.4)、(11.2.5)和目标泛函(11.2.3)构成的微分对策问题的值函数 $V(t, x, y)$,再参考最优策略(B1)、(B2)和(B3)并用无限交易策略代替其中的有限交易策略,从而最终通过值函数确定投资策略。

11.4 多种风险证券的微分对策模型描述

这一部分所研究的问题是:假设存在一种称为银行存款的无风险资产 $x(t)$,投资者可以自由地从银行存款中取出现金购买证券,也可以自由地抛售证券,变为现金以无风险利率 $r_0(t)$ 存入银行。但是购买和抛售单位金额证券要付交易费用 α。假设 $y_i(t)$ 表示第 i 种证券的余额;$r_i(t)(i=1, 2, \cdots, n)$ 表示第 i 种证券的预期收益率;$v_{ij}(t) \in [-1, 1]$ 表示影响第 i 种证券预期收益率的第 $j(j=1, 2, \cdots, m)$ 个不确定因素的扰动方式;β_{ij} 表示影响第 i 种证券预期收益率的第 j 个不确定因素的扰动幅度;$u_{i1}(t) \geqslant 0$ 表示购进第 i 种证券的速率,$u_{i2}(t) \geqslant 0$ 表示抛售第 i 种证券的速率,$u_{i1}(t)u_{i2}(t) = 0(i=1, 2, \cdots, n)$ 表示同一证券不能同时买进与卖出。则投资者的现金和证券余额满足如下方程:

$$\dot{x}(t) = r_0 x - \sum_{i=1}^{n} u_{i1}(t) + \sum_{i=1}^{n} u_{i2}(t) - \alpha \sum_{i=1}^{n} u_{i1}(t) - \alpha \sum_{i=1}^{n} u_{i2}(t), \ x(0) = x_0$$

$$(11.4.1)$$

$$\dot{y}_i(t) = r_i y_i + u_{i1}(t) - u_{i2}(t) + y_i \sum_{j=1}^{m} \beta_{ij} v_{ij}(t), \ y_i(0) = y_{i0}, \ (i=1, 2, \cdots, n)$$

$$(11.4.2)$$

其中,x_0 表示初始现金余额;y_{i0} 表示第 i 种证券初始余额。方程(11.4.1)表示投资者现金拥有量的瞬时变化量等于现金利率收益 $r_0 x$ 加上 n 种证券的瞬时交易额 $-\sum_{i=1}^{n} u_{i1}(t) + \sum_{i=1}^{n} u_{i2}(t)$ 以及付出的交易费用 $-\alpha \sum_{i=1}^{n} u_{i1}(t) - \alpha \sum_{i=1}^{n} u_{i2}(t)$ 的总和。方程(11.4.2)表示第 i 种证券金额的瞬时变化量等于第 i 种证券收益 $[r_i(t) + \sum_{j=1}^{m} \beta_{ij} v_{ij}(t)] y_i(t)$ 与第 i 种证券瞬时交易额 $u_{i1}(t) - u_{i2}(t)$ 之和,其中 $r_i(t) + \sum_{j=1}^{m} \beta_{ij} v_{ij}(t)$ 表示第 i 种证券的收益率。由方程(11.4.2)可以看出,本章模型的特点在于用有界不确定干扰 $v_{ij}(t)$ 代替了随机动态模型中的维纳过程,用

不确定扰动幅度 β_{ij} 代替了几何布朗运动的方差参数,而且对不确定扰动的结构不需加以任何规定。投资者的目的是在不确定因素 $v_{ij}(t)$ 的扰动对投资者最不利的情况下,如何选取最优控制 $u_{i1}(t)$ 和 $u_{i2}(t)$,使终端值 $x(T) + \sum_{i=1}^{n} y_i(T)$ 最大。定义目标泛函为:

$$J(u_1, u_2, v) = x(T) + \sum_{i=1}^{n} y_i(T) \tag{11.4.3}$$

其中,$u_1(t) = [u_{11}(t), \cdots, u_{n1}(t)]^T$,$u_2(t) = [u_{12}(t), \cdots, u_{n2}(t)]^T$,$v(t) = [v_1(t), \cdots, v_n(t)]^T$。

在这种模型下,投资决策问题可以描述为:控制者一方(投资者)在干扰控制者一方(不确定因素)$v_{ij}(t)$ 最差的情况下,如何选取控制 $u_{i1}(t)$ 和 $u_{i2}(t)$,使目标泛函 J 最大。

11.5　多种风险证券的投资策略

11.5.1　交易速率有限情况下的投资策略

为了求解上述微分对策问题,首先证明微分对策模型(11.4.1)、(11.4.2)和(11.4.3)存在唯一的值函数;然后推导出该值函数满足的偏微分方程;最后,基于值函数给出了最优投资策略。在下述定理 11.2 中,假定交易策略有限,即 $u_{i1}(t)$,$u_{i2}(t) \in [0, U_i]$,其中 $U_i > 0$ 为上限。交易策略无限的情形将接下来讨论。

定理 11.2　在交易策略有限,即 $u_{i1}(t)$,$u_{i2}(t) \in [0, U_i]$ 的条件下,微分对策问题(11.4.1)、(11.4.2)和(11.4.3)存在唯一的值函数 $V(t, x, y_1, y_2, \cdots, y_n)$,且是如下偏微分方程的黏性解:

$$
\begin{cases}
V_t + r_0 x V_x + \sum_{i=1}^{n} r_i y_i V_{y_i} - \sum_{i=1}^{n} \sum_{j=1}^{m} \beta_{ij} \mid y_i V_{y_i} \mid + \\
\max\limits_{u_{i1}, u_{i2}} \left\{ \sum_{i=1}^{n} [V_{y_i} - (1+\alpha) V_x] u_{i1}(t) + \sum_{i=1}^{n} [-V_{y_i} + (1-\alpha) V_x] u_{i2}(t) \right\} = 0 \\
V(T, x, y_1, \cdots, y_n) = x + \sum_{i=1}^{n} y_i
\end{cases}
$$

$$\tag{11.5.1}$$

其中，V 的下角标 t，x，y_i 表示 V 关于相应变量的偏导数。

证明 不难证明微分对策问题(11.4.1)、(11.4.2)和(11.4.3)满足的条件 (A1)和(A2)，下面只需证明条件(A3)也满足。对任意 $\lambda \in \mathbf{R}^{n+1}$，$(t$，$x$，$y_1$，$\cdots$，$y_n) \in [0, T] \times R^{n+1}$，$u_{i1}(t)$，$u_{i2}(t) \in [0, U]$，$v_{ij}(t) \in [-1, 1]$ 有：

$$\text{左端} = \max_{u_{i1}, u_{i2}} \min_{v_{ij}} \langle \lambda, f(t, x, y_i, u_{i1}, u_{i2}, v_{ij}) \rangle$$

$$= \max_{u_{i1}, u_{i2}} \min_{v_{ij}} \{\lambda_0 [r_0 x - (1+\alpha)\sum_{i=1}^{n} u_{i1}(t) + (1-\alpha)\sum_{i=1}^{n} u_{i2}(t)] +$$

$$\sum_{i=1}^{n} \lambda_i [r_i y_i + u_{i1}(t) - u_{i2}(t) + y_i \sum_{j=1}^{m} \beta_{ij} v_{ij}(t)]\}$$

$$= \max_{u_{i1}, u_{i2}} \{\sum_{i=1}^{n} [\lambda_i - (1+\alpha)\lambda_0] u_{i1}(t) + \sum_{i=1}^{n} [-\lambda_i + (1-\alpha)\lambda_0] u_{i2}(t)\} +$$

$$\lambda_0 r_0 x + \sum_{i=1}^{n} \lambda_i r_i y_i - \sum_{i=1}^{n} \sum_{j=1}^{m} \beta_{ij} |y_i \lambda_i|$$

$$\text{右端} = \min_{v_{ij}} \max_{u_{i1}, u_{i2}} \langle \lambda, f(t, x, y_i, u_{i1}, u_{i2}, v_{ij}) \rangle$$

$$= \min_{v_{ij}} \max_{u_{i1}, u_{i2}} \{\lambda_0 [r_0 x - (1+\alpha)\sum_{i=1}^{n} u_{i1}(t) + (1-\alpha)\sum_{i=1}^{n} u_{i2}(t)] +$$

$$\sum_{i=1}^{n} \lambda_i [r_i y_i + u_{i1}(t) - u_{i2}(t) + y_i \sum_{j=1}^{m} \beta_{ij} v_{ij}(t)]\}$$

$$= \max_{u_{i1}, u_{i2}} \{\sum_{i=1}^{n} [\lambda_i - (1+\alpha)\lambda_0] u_{i1}(t) + \sum_{i=1}^{n} [-\lambda_i + (1-\alpha)\lambda_0] u_{i2}(t)\} +$$

$$\lambda_0 r_0 x + \sum_{i=1}^{n} \lambda_i r_i y_i - \sum_{i=1}^{n} \sum_{j=1}^{m} \beta_{ij} |y_i \lambda_i|$$

所以，左端＝右端，即条件(A3)成立，由引理 11.1 知道微分对策问题(11.4.1)、(11.4.2)和(11.4.3)存在唯一的值函数 $V(t, x, y_1, y_2, \cdots, y_n)$，并且满足偏微分方程(11.5.1)。证毕。

下面再推导最优交易策略。

令 $\quad L_{i1} = V_{y_i} - (1+\alpha)V_x$，$L_{i2} = -V_{y_i} + (1-\alpha)V_x$

$$L_3 = V_t + r_0 x V_x + \sum_{i=1}^{n} r_i y_i V_{y_i} - \sum_{i=1}^{n} \sum_{j=1}^{m} \beta_{ij} |y_i V_{y_i}|$$

则方程(11.5.1)便可写成：

$$L_3 + \max_{u_{i1}, u_{i2}} \left[\sum_{i=1}^{n} L_{i1} u_{i1}(t) + \sum_{i=1}^{n} L_{i2} u_{i2}(t) \right] = 0 \qquad (11.5.2)$$

由方程(11.5.2)知,最优交易策略分为以下三种情况:

(B1) 当 $L_{i1} > 0$, $L_{i2} < 0$ 时,以最大速率买进第 i 种证券,即 $u_{i1}(t) = U_i$, $u_{i2}(t) = 0$;

(B2) 当 $L_{i1} < 0$, $L_{i2} > 0$ 时,以最大速率抛出第 i 种证券,即 $u_{i1}(t) = 0$, $u_{i2}(t) = U_i$;

(B3) 当 $L_{i1} < 0$, $L_{i2} < 0$ 时,停止交易,即 $u_{i1}(t) = u_{i2}(t) = 0$。

由于 $V_x(t, x, y_1, \cdots, y_n) > 0$,即初始投资越多,目标泛函值越大。不难证明在交易费用存在的情况下 $(\alpha > 0)$,$L_{i1} \geqslant 0$ 和 $L_{i2} \geqslant 0$ 不能同时成立,即对同一证券不能同时又买进又卖出。

11.5.2　交易速率无限情况下的投资策略

下面研究交易速率无限情况下的投资策略,令交易策略的上限 $U_i \to \infty$,可以得到交易策略无限时的值函数所满足的偏微分方程。

由定理 11.2 的结论知道,当交易策略有限时,值函数满足偏微分方程(11.5.1)。当 $U_i \to \infty$ 时,同 11.3 节的讨论一样有以下三种情况:

(H1) 若条件(B1)成立,投资者将以无限的速率买进数量为 δy_i 的第 i 种证券,由于交易是在等价交换的前提下进行的,投资者在交易的 t_0 时刻资产总值应该保持不变。因此,投资者的值函数在交易的 t_0 时刻是相等的,即必然有:

$$V(t_0, x, y_1, \cdots, y_n) = V(t_0, x - (1+\alpha)\delta y_i, y_1, \cdots, y_i + \delta y_i, \cdots, y_n)$$

将上式整理后,并令 $\delta y_i \to 0$ 可得 $L_{i1} = 0$,由式(11.5.2)知,此时有 $L_{i2} < 0$, $L_3 < 0$。

(H2) 若条件(B2)成立,投资者将以无限的速率卖出数量为 δy_i 的第 i 种证券,类似地有:

$$V(t_0, x, y_1, \cdots, y_n) = V(t_0, x + (1-\alpha)\delta y_i, y_1, \cdots, y_i - \delta y_i, \cdots, y_n)$$

令 $\delta y_i \to 0$ 可得 $L_{i2} = 0$,同时有 $L_{i1} < 0$, $L_3 < 0$。

(H3) 若条件(B3)成立,投资者将停止交易,由方程(11.5.2)可得 $L_3 = 0$,同时有 $L_{i1} < 0$, $L_{i2} < 0$。

综合以上三种情况,便得到了交易策略无限时微分对策(11.4.1)、(11.4.2)和(11.4.3)值函数所满足的偏微分方程:

$$\begin{cases} \max\{L_3, L_{11}, \cdots, L_{n1}, L_{12}, \cdots, L_{n2}\} = 0 \\ V(T, x, y_1, \cdots, y_n) = x + y_1 + \cdots + y_n \end{cases} \tag{11.5.3}$$

这样,通过求解偏微分方程(11.5.3)的 Cauchy 问题,可以得到微分对策 (11.4.1)、(11.4.2)和(11.4.3)的值函数,再参考最优策略(B1)、(B2)和(B3)并 用无限交易策略代替其中的有限交易策略,最后得出投资策略。

11.6 本章小结

本章在假定影响证券收益的不确定因素除有界外没有任何其他条件的限制 下,研究了证券投资决策的微分对策方法,建立了证券投资决策的微分对策模 型。根据微分对策理论证明了微分对策问题(11.4.1)、(11.4.2)和(11.4.3)存 在唯一值函数,并分别得到了交易策略有限和交易策略无限两种情况下值函数 所满足的偏微分方程。这是对证券投资决策问题研究的另一种有意义的尝试。 但是,这些投资策略都是基于值函数给出的。那么,如何确定值函数,需求解一 阶偏微分方程,而一般的一阶偏微分方程是很难求出解析表达式的。如何用数 值方法求解一阶偏微分方程是需要进一步研究的问题。一般来说,偏微分方程 的解析解是很难求的,有时甚至是不可能的。郑立辉等(1998)给出了一种关于 偏微分方程(11.3.1)和(11.3.5)的数值解法。

第 12 章　流动性风险度量与控制策略

本章首先研究连续时间框架下流动性风险度量问题,得到了流动性风险度量公式,然后在连续时间框架下针对组合中只有一种股票、股票价格服从算术布朗运动的情况,基于 LrVaR(Liquidity risk incorporated Value at Risk,LrVaR)给出了流动性风险控制策略,直接利用变分法求解最优控制策略,得到的是近似的非显示解析表达式,最后,基于均值方差效用给出了流动性风险控制策略的显示表达式。

流动性与流动性风险不是一回事,当然流动性度量与流动性风险度量也不是一回事,关于市场风险的度量方法,研究成果相当丰富,基于 VaR 的市场风险管理得到了普遍的应用。而且,作为银行业主要监管部门的巴塞尔委员会允许大银行自 1998 年 1 月起利用 VaR 来设定充足性资本金以后,基于 VaR 的风险管理在实践中得到了迅速发展,绝大多数已有相关研究主要是比较基于 VaR 风险管理和传统风险管理之间的差异(Alexander & Baptista,1999;Kast et al.,1999;Embrechts et al.,2002),而很少涉及基于 VaR 风险管理的公司应当如何制定最优政策以实现风险管理目标这方面的问题。在少数的几篇相关文献中,Luciano(1998)将监管机构对 VaR 的要求纳入经济人的约束中,研究了效用最大化目标经济人的最优组合策略,Basak & Shapiro(2001)将 VaR 引入经济人的效用函数中,分析动态资产配置策略,Almgren & Chriss(1999,2000)、仲黎明等(2004)和刘海龙等(2003)等文献中的"变现期"都是外生给定的。

对于风险中性投资者而言,决策目标退化为使得执行成本最小化,而不需考虑执行成本的不确定性,Bertsimas & Lo(1998)的研究表明,此时投资者的最优策略是在交易期间均等的拆分交易,即线性策略是投资者的最优策略,Huberman & Stanzl(2001)考虑了风险厌恶型投资者的最优策略,他们所采用的方法都是随机动态规划方法;Almgren & Chriss(1999,2000)研究了类似的问题,在他们的研究中,投资者的决策目标是使得执行成本最小化,并没有涉及执行成本的不确定性,不过他们所研究的问题实际上等价于均值方差效用的风险中性投资者最优策略。他们研究的问题略有差异，Bertsimas & Lo(1998)和 Huberman & Stanzl(2001)是研究投资者在规定期限内买入一定数量的证券，而 Almgren & Chriss(1999,2000)考虑投资者在规定期限内卖出一定数量的证券，他们的分析是针对离散时间框架下的完全变现问题，仲黎明等(2004)将分析框架拓展为连续时间，刘海龙等(2003)则在离散时间框架下研究了单种股票的不完全变现问题。本章是对这些相关研究的拓展，突出连续时间框架下的不完全变现问题。

12.1 连续时间框架下流动性风险的度量

一般假定证券价格服从几何布朗运动是比较合理的。事实上，当证券价格波动不大、变现期较短时，可以对这一假设作出简化，假定证券服从算术布朗运动。在下面的分析中可以看到，这一简化为最优策略的求解，尤其是给出解析解，带来了极大的便利。

12.1.1 相关设定与假设

考虑一名投资者在初始零时刻持有一种证券的头寸为 X，假设投资者对该股票准备长期持有的保留头寸为 Y，一旦由于外生冲击不得不变现股票时，投资者将会在持有期第 T 个交易日结束时仍持有股票头寸 Y，即将在持有期内变现 $X - Y$ 的股票。

定义在 t 时刻，$t \in [0, T]$，投资者持有的头寸为 $x(t)$，证券的价格为 $p(t)$，则有

$$x(0) = X, \; x(T) = Y$$

由于投资者可以通过选择 t 时刻持有的组合头寸来确定交易策略，从而可以将在变现期 $(0, T)$ 期间随时间变化的组合头寸 $x(t)$ 等价于投资者的交易策略。定义交易速度为：

$$v(t) = -\frac{\mathrm{d}x(t)}{\mathrm{d}t}$$

假定证券价格 $p(t)$ 服从无漂移的标准几何布朗运动：

$$\mathrm{d}p(t) = \bar{\sigma}p(t)\mathrm{d}B_t \tag{12.1.1}$$

由于本章只考虑短期内的变现，变现前后价格变动差额相对较小，从而可以将价格服从的几何布朗运动近似为服从算术布朗运动，即令

$$\sigma = \bar{\sigma} p(t) \approx \bar{\sigma} p_0$$

其中，p_0 为证券在零时刻的价格，$\bar{\sigma}$ 为原始波动率，则 σ 在变现期内也为常数。为简便起见，接下来直接将 σ 作为波动率。则式(12.1.1)可化为

$$dp(t) = \sigma dB_t \tag{12.1.2}$$

12.1.2　引入交易对价格的冲击

当投资者对组合中的股票进行持续的卖出交易时，股票价格将承受向下的价格冲击。这种冲击可分解为永久冲击和瞬时冲击两部分：永久冲击使得股票的均衡价格发生改变，在股票价格决定的模型中表现为价格运动的微分方程中增加一负向漂移项。瞬时冲击使得股票的供给和需求在瞬间出现不平衡，股票成交价格与交易前的市场价格存在一定的差额，而一旦下一笔相反方向的指令到达，股票价格就会回到原来的均衡水平。

假定永久冲击为交易速度的线性函数 $\gamma v(t)$，γ 为永久冲击系数，此时价格运动的微分方程变为：

$$dp(t) = -\gamma v(t) dt + \sigma dB_t \tag{12.1.3}$$

则在 t 时刻，证券价格 $p(t)$ 为：

$$p(t) = p_0 + \int_0^t dp(t) = p_0 - \int_0^t \gamma v(t) dt + \int_0^t \sigma dB_t \tag{12.1.4}$$

同样，由于瞬时冲击的存在，投资者在 t 时刻的成交价格 $\tilde{p}(t)$ 和未成交前的证券价格 $p(t)$ 之间存在一个差值，假定瞬时冲击为交易速度的线性函数 $\beta v(t)$，得到 t 时刻的成交价格 $\tilde{p}(t)$ 为：

$$\tilde{p}(t) = p(t) - \beta v(t) \tag{12.1.5}$$

12.1.3　执行成本的推导

1. 变现期间现金的变化

投资者对证券进行变现时，在任一 $(t, t+\Delta t)$ 时间区间内，其持有现金的变化量为证券头寸的变动量与成交价格之间的乘积：

$$\Delta TC(t) = \tilde{p}(t) \cdot (-\Delta x) \tag{12.1.6}$$

将式(12.1.4)、式(12.1.5)代入式(12.1.6)得到：

$$\Delta TC(t) = \left(p_0 - \int_0^t \gamma v(t)\mathrm{d}t + \sigma B_t - \beta v(t)\right) \cdot (-\Delta x(t)) \quad (12.1.7)$$

令 $\Delta t \to 0$，对式(12.1.7)在 $(0, T)$ 积分，得到在变现期末 T 时刻，变现获得的所有现金为：

$$TC = p_0 \cdot (x(0) - x(T)) + \int_0^T \left(\int_0^t \gamma v(t)\mathrm{d}t\right)\mathrm{d}x(t) - \int_0^T \sigma B_t \mathrm{d}x(t) + \int_0^T \beta v(t)\mathrm{d}x(t)$$

$$(12.1.8)$$

利用 $\mathrm{d}x(t) = -v(t)\mathrm{d}t$：

$$\int_0^T \beta v(t)\mathrm{d}x(t) = -\int_0^T \beta v(t)^2 \mathrm{d}t \quad (12.1.9)$$

利用 $\mathrm{d}x(t) = -v(t)\mathrm{d}t$ 和分部积分公式，可得：

$$\int_0^T \left(\int_0^t \gamma v(t)\mathrm{d}t\right)\mathrm{d}x(t) = x(T) \cdot \int_0^T \gamma v(t)\mathrm{d}t - \int_0^T \gamma v(t)x(t)\mathrm{d}t$$

$$= -\frac{\gamma}{2}x(T)^2 - \frac{\gamma}{2}x(0)^2 + \gamma x(0)x(T)$$

$$(12.1.10)$$

$$\int_0^T \sigma B_t \mathrm{d}x(t) = \sigma B_T x(T) + \int_0^T \sigma x(t)\mathrm{d}B_t \quad (12.1.11)$$

将式(12.1.9)～式(12.1.11)代入式(12.1.8)得到：

$$TC = p_0(x(0) - x(T)) - \frac{\gamma}{2}x(T)^2 - \frac{\gamma}{2}x(0)^2 + \gamma x(0)x(T)$$

$$- \int_0^T \beta v(t)^2 \mathrm{d}t - \sigma B_T x(T) - \int_0^T \sigma x(t)\mathrm{d}B_t$$

$$(12.1.12)$$

在 T 时刻，剩余头寸的价值为：

$$p(T)x(T) = \left(p_0 - \int_0^T \gamma v(t)\mathrm{d}t + \sigma B_T\right)x(T) \quad (12.1.13)$$

则 T 时刻投资者资产价值为现金总额 TC 与剩余头寸价值 $p(T)x(T)$ 之和。

2. 执行成本的表达式

定义投资者执行成本 EC 为期初资产价值与期末资产价值之差：

$$EC = p_0 x(0) - (p(T)x(T) + TC)$$

$$= \frac{\gamma}{2} x(0)^2 - \frac{\gamma}{2} x(T)^2 + \int_0^T \beta v(t)^2 \mathrm{d}t + \int_0^T \sigma x(t) \mathrm{d}B_t \quad (12.1.14)$$

此时,投资者的执行成本是一个与交易策略有关的随机变量,其期望和方差分别为:

$$E[EC] = \frac{\gamma}{2} x(0)^2 - \frac{\gamma}{2} x(T)^2 + \int_0^T \beta v(t)^2 \mathrm{d}t \quad (12.1.15)$$

$$V[EC] = \int_0^T \sigma^2 x(t)^2 \mathrm{d}t \quad (12.1.16)$$

12.1.4　LrVaR 的表达式

有了执行成本的期望和方差,根据 LrVaR 的定义,可以得到置信水平 $1-\alpha$、持有期 T 下,该投资者采用交易策略 $x(t)$,$t \in (0, T)$,将组合头寸由 X 降至 Y 时的最大可能损失,即 LrVaR,为:

$$\mathrm{LrVaR} = E[EC] + Z_\alpha \sqrt{V[EC]}$$

$$= \frac{\gamma}{2} x(0)^2 - \frac{\gamma}{2} x(T)^2 + \int_0^T \beta v(t)^2 \mathrm{d}t + Z_\alpha \sqrt{\int_0^T \sigma^2 x(t)^2 \mathrm{d}t}$$

$$(12.1.17)$$

其中,Z_α 为正态分布的 α 分位数。

式(12.1.17)所定义的 LrVaR,即为置信水平 $1-\alpha$、持有期 T 下,考虑内生流动性风险的 LrVaR,LrVaR 即为连续时间框架下的 LrVaR 表达式。

$$\mathrm{LrVaR} = E[EC] + Z_\alpha \sqrt{V[EC]} \quad (12.1.18)$$

同样道理,在离散时间框架下,可以得到证券价格服从算术布朗运动情况下的 LrVaR。投资者执行成本的期望和方差分别为 $E[EC]$ 和 $V[EC]$[见式(12.1.19)]:

$$E(EC) = \frac{1}{2} \gamma X^2 - \frac{1}{2} \gamma Y^2 + \frac{1}{2} \gamma \sum_{k=1}^K \tau^2 v^2(k) + \sum_{k=1}^K \beta v^2(k) \tau$$

$$V(EC) = \sigma^2 \sum_{m=1}^K x^2(m) \tau \quad (12.1.19)$$

把式(12.1.19)代入式(12.1.18)就得到在离散时间框架下证券价格服从算术布

朗运动情况下的 LrVaR。LrVaR 就是流动性风险度量的表达式。

12.2　基于 LrVaR 的风险控制策略

基于 LrVaR 的风险控制策略的求解实际上是求解最优轨迹 $x(t)^*$，$x(t)^*$ 满足：

$$x(t)^* = \arg\min_{x(t)} \left(\frac{\gamma}{2}X^2 - \frac{\gamma}{2}Y^2 + \int_0^T \beta x'(t)^2 \mathrm{d}t + Z_a\sigma\sqrt{\int_0^T x(t)^2 \mathrm{d}t} \right)$$

$$(12.2.1)$$

首先，不加证明地给出引理 12.1，该引理的证明很容易在有关变分法的教科书中找到（陈位宫，1989）。

12.2.1　最优策略求解的准备：有关引理、命题的证明

引理 12.1　如果函数 $y = f(x)$ 在 $[a, b]$ 上连续，又

$$\int_a^b f(x)\eta(x)\mathrm{d}x = 0$$

对任何具有如下性质的函数 $\eta(x)$ 都成立：

(1) $\eta(x)$ 在 $[a, b]$ 上有 n 阶连续导数（n 为任何给定的非负整数）；

(2) $\eta(a) = 0 = \eta(b)$；

(3) $|\eta(x) < \varepsilon|$（ε 为任意给定的正数）。

则，函数 $y = f(x)$ 在 $[a, b]$ 上恒为零。

令：

$$J[x(t)] = \int_0^T \beta x'(t)^2 \mathrm{d}t + Z_a\sigma\sqrt{\int_0^T x(t)^2 \mathrm{d}t}$$

则式(12.2.1)所定义的最优策略 $x(t)^*$ 也将使得泛函 $J[x(t)]$ 取得最小值：

$$x(t)^* = \arg\min_{x(t)} J[x(t)] \qquad (12.2.2)$$

利用引理 12.1，我们有命题 12.1，得到 $x(t)^*$ 满足的微分方程。

命题 12.1　式(12.2.2)所定义的泛函 $J[x(t)]$ 在某条确定的曲线 $x(t)$ 上取极值，且 $x(t)$ 在 $(0, T)$ 上有二阶连续导数，那么函数 $x(t)$ 满足微分方程：

$$-2\beta x''(t) + \frac{Z_a\sigma}{\sqrt{\int_0^T x(t)^2 \mathrm{d}t}} x(t) = 0 \tag{12.2.3}$$

证明　既然泛函 $J[x(t)]$ 在曲线 $x(t)$ 上取极值,故当 $x_1(t)$ 是 $x(t)$ 的某个 1 阶 ε-邻域中的曲线时[①],有 $J[x_1(t)] \geqslant$(或 $\leqslant$)$J[x(t)]$。

现在任取一个函数 $\eta(t)$,$\eta(t)$ 满足:

(1) $\eta(t)$ 在 $(0, T)$ 有 1 阶连续导数。

(2) $\eta(0) = 0 = \eta(T)$。

则当 $|c|$ 充分小时,曲线 $x_1(t) = x(t) + c\eta(t)$ 在 $x(t)$ 的 1 阶 ε-邻域内。

事实上,当 $|c|$ 充分小时,

$$|x_1(t) - x(t)| = |c\eta(t)| \leqslant \varepsilon$$
$$|x_1'(t) - x'(t)| = |c\eta'(t)| \leqslant \varepsilon$$

从而曲线 $x_1(t)$ 在 $x(t)$ 的 1 阶 ε-邻域内。

现在,$x(t)$ 及 $\eta(t)$ 均已给定,显然泛函 $J[x(t) + c\eta(t)]$ 为变量 c 的函数,记为:

$$\psi(c) = J[x(t) + c\eta(t)]$$

当 $c = 0$ 时:

$$\psi(0) = J[x(t)]$$

泛函 $J[x(t)]$ 取极值,即函数 $\psi(c)$ 在 $c = 0$ 处取极值。

由微分中值定理可知,若 $\psi'(0)$ 存在,则:

$$\psi'(0) = 0$$

而

$$\frac{\mathrm{d}\psi}{\mathrm{d}c}\bigg|_{c=0} = \frac{\mathrm{d}\left[\frac{\gamma}{2}(X^2 - Y^2) + \int_0^T \beta \cdot (x'(t) + (c\delta x)')^2 \mathrm{d}t + Z_a\sigma\sqrt{\int_0^T (x(t) + c\delta x)^2 \mathrm{d}t}\right]}{\mathrm{d}c}\bigg|_{c=0}$$

---

① 所谓"$x_1(t)$ 是 $x(t)$ 的某个 1 阶 ε-邻域中的曲线",指 $x_1(t)$ 满足:
$|x_1(t) - x(t)| \leqslant \varepsilon$
$|x_1'(t) - x'(t)| \leqslant \varepsilon$ 　　　当 $x_1(t) \in (0, T)$
$x_1(t)$ 在 $(0, T)$ 有 1 阶连续导数。

$$= \int_0^T 2\beta(x'(t) + (c\delta x)') \cdot (\delta x)' \mathrm{d}t + \frac{Z_a\sigma}{2\sqrt{\int_0^T (x(t) + c\delta x)^2 \mathrm{d}t}} \int_0^T (2(x(t) +$$

$$c\delta x) \cdot \delta x) \mathrm{d}t \bigg|_{c=0}$$

$$= \int_0^T 2\beta x'(t) \eta'(t) \mathrm{d}t + \frac{Z_a\sigma}{2\sqrt{\int_0^T x(t)^2 \mathrm{d}t}} \int_0^T 2x(t) \eta(t) \mathrm{d}t \qquad (12.2.4)$$

利用分部积分公式和 $\eta(0) = 0 = \eta(T)$，式(12.2.4)可以化简为：

$$\frac{\mathrm{d}\psi}{\mathrm{d}c}\bigg|_{c=0} = 2\beta x'(t)\eta(t)\bigg|_0^T - \int_0^T 2\beta x''(t)\eta(t)\mathrm{d}t + \frac{Z_a\sigma}{2\sqrt{\int_0^T x(t)^2 \mathrm{d}t}} \int_0^T 2x(t)\eta(t)\mathrm{d}t$$

$$= -\int_0^T 2\beta x''(t)\eta(t)\mathrm{d}t + \frac{Z_a\sigma}{\sqrt{\int_0^T x(t)^2 \mathrm{d}t}} \int_0^T x(t)\eta(t)\mathrm{d}t$$

$$= \int_0^T \left(-2\beta x''(t) + \frac{Z_a\sigma}{\sqrt{\int_0^T x(t)^2 \mathrm{d}t}} x(t)\right)\eta(t)\mathrm{d}t$$

又 $x(t)$ 有 2 阶连续导数，故 $-2\beta x''(t) + \dfrac{Z_a\sigma}{\sqrt{\int_0^T x(t)^2 \mathrm{d}t}} x(t)$ 是连续的，而

$\eta(t)$ 是满足以下条件的任意函数：

(1) $\eta(t)$ 在 $(0, T)$ 有 1 阶连续导数。

(2) $\eta(0) = 0 = \eta(T)$。

由引理 12.1 可知极值曲线 $x(t)$ 满足：

$$-2\beta x''(t) + \frac{Z_a\sigma}{\sqrt{\int_0^T x(t)^2 \mathrm{d}t}} x(t) = 0$$

证毕。

12.2.2 最优策略解析形式的推导

这样，通过命题 12.1，求解最优轨迹 $x(t)^*$ 的问题(12.2.1)转化为求解 2 阶微分方程：

$$x''(t) = \theta x(t) \tag{12.2.5}$$

边界条件为 $x(0) = X$，$x(T) = Y$，其中

$$\theta = \beta \frac{Z_a \sigma}{2\sqrt{\int_0^T x(t)^2 \mathrm{d}t}}$$

2 阶微分方程(12.2.5)的通解形式为

$$x(t) = h \sinh(t\sqrt{\theta}) + l \cosh(t\sqrt{\theta})$$

利用边界条件，可得

$$h = \frac{Y}{\sinh(T\sqrt{\theta})} - \frac{X}{\tanh(T\sqrt{\theta})}, \quad l = X$$

即：

$$x(t) = X\cosh(t\sqrt{\theta}) + \left(\frac{Y}{\sinh(T\sqrt{\theta})} - \frac{X}{\tanh(T\sqrt{\theta})}\right)\sinh(t\sqrt{\theta}) \tag{12.2.6}$$

将式(12.2.6)代入式(12.2.3)，并化简得到：

$$X^2 T\sqrt{\theta} - T\sqrt{\theta}\left(\frac{Y}{\sinh(T\sqrt{\theta})} - \frac{X}{\tanh(T\sqrt{\theta})}\right)^2 + X^2 \sinh(T\sqrt{\theta})\cosh(T\sqrt{\theta}) +$$

$$\frac{Y^2}{\tanh(T\sqrt{\theta})} + \frac{X^2\cosh^2(T\sqrt{\theta})}{\tanh(T\sqrt{\theta})} - \frac{XY}{\sinh(T\sqrt{\theta})\tanh(T\sqrt{\theta})} +$$

$$2XY\sinh(T\sqrt{\theta}) - X^2\sinh(2T\sqrt{\theta}) - \frac{Z_a^2\sigma^2}{2\beta^2\theta^{1.5}} = 0 \tag{12.2.7}$$

至此，问题转化为求解超越方程(12.2.7)，利用数值解法可以得到满足方程(12.2.7)的解 θ^*，最后得到极值曲线：

$$x(t)^* = X\cosh(t\sqrt{\theta^*}) + \left(\frac{Y}{\sinh(T\sqrt{\theta^*})} - \frac{X}{\tanh(T\sqrt{\theta^*})}\right)\sinh(t\sqrt{\theta^*}) \tag{12.2.8}$$

式(12.2.8)表明，基于 LrVaR 的最优变现策略为时间的双曲正弦和双曲余

弦函数的线性组合。

12.2.3 基于 LrVaR 最优变现策略的数值求解

考虑投资者在 2001 年 1 月 8 日持有深发展 1 000 万股,其中 400 万股是准备长期持有的头寸,即,一旦发生外生冲击,他不得不对股票进行变现时,在持有期末他会保留 400 万股的头寸,从而初始头寸 X 和目标头寸 Y 为:

$$X = 10^7, Y = 4 \times 10^6$$

下面将利用改进的 N - R 算法求解在 95% 置信水平下、持有期为 5 个交易日的最大可能损失,即 LrVaR 最小的交易策略。

利用 2000 年 10 月 9 日至 2000 年 12 月 31 日深发展的分时交易数据,计算得到永久冲击系数 $\gamma = 5.60 \times 10^{-8}$、瞬时冲击系数 $\beta = 1.75 \times 10^{-8}$,日收益波动率为 $\bar{\sigma} = 4.18 \times 10^{-4}$,调整后的季波动率 $\sigma = 0.297$,置信水平为 $\alpha = 95\%$。利用 MATLAB 编程,并在程序中设定最大迭代次数 $M = 600$,迭代精度为 $\varepsilon = 10^{-6}$,最终得到的交易策略如图 12 - 1 所示:

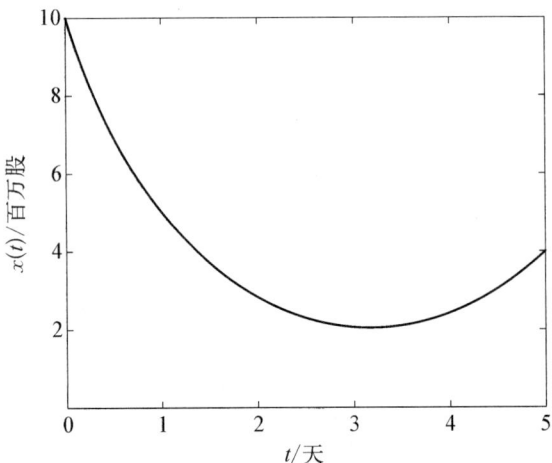

图 12 - 1　基于 LrVaR 的最优变现策略(数值解法)

投资者采用该交易策略,得到的 LrVaR 为:

$$\text{LrVaR} = 8.47 \times 10^6$$

从图 12 - 1 可以看出基于 LrVaR 最优变现策略的大致形状,不过,最优策略究竟具有何种表达式? 单纯的数值解法和非显函数的近似解析表达式无法给出确切的答案。为此,第 12.3 节将利用变分法求出该最优策略的解析形式,以确定该最优策略的具体形状。

12.2.4　基于 LrVaR 最优策略与其他策略的比较

为从直观上说明,12.2.3 节所求得基于 LrVaR 最优变现策略,是所有交易策略中使 LrVaR 取最小值的交易策略,下面以线性、折线和下凸二次函数等三种策略作为例子,分别求出它们的 LrVaR,并与已经求得的基于 LrVaR 的最优策略的 LrVaR 做比较,这三种策略的表达式如下:

$$x_L(t) = Y + \left(1 - \frac{t}{T}\right)(X - Y)$$

$$x_C(t) = \begin{cases} \left(1 - \dfrac{t}{3}\right)Y, \ 0 \leqslant t \leqslant 3 \\ \dfrac{t-3}{T-3}Y, \ 3 < t \leqslant 5 \end{cases}$$

$$x_D(t) = \frac{2X}{T^2}t^2 - \frac{3X - Y}{T}t + X$$

图 12 - 2 给出了三种策略的图示。

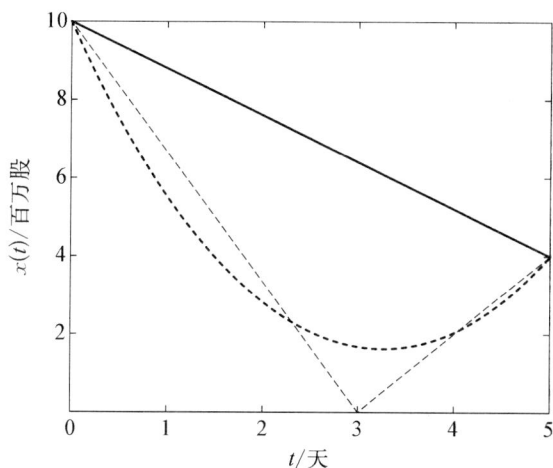

图 12 - 2　其他交易策略图示(线性策略、
折线策略、下凸二次函数策略)

注:实线为线性策略,破折线为折线策略,虚线为下凸二次函数策略。

在上述三种策略中,线性策略是最简单的形式,采用线性策略的投资者试图通过降低预期执行成本来降低 LrVaR 值;折线策略中,投资者会首先按照线性策略将头寸规模下降至零头寸,而后,再按照线性策略进行买入操作,通过降低持有期内的波动性风险来降低 LrVaR 值;下凸二次函数策略中,投资者的目的同样是通过降低波动性风险来降低 LrVaR 值。

表 12-1 比较了包括基于 LrVaR 的最优变现策略在内的四种交易策略的 LrVaR,本节所求得的最优变现策略的 LrVaR 值确实低于其他几种策略。从图 12-2 可以看出,下凸二次函数策略的形状与基于 LrVaR 最优策略的形状较为相似,在表 12-1 中,下凸二次函数策略的 LrVaR 与最小 LrVaR 值也较为接近。

表 12-1　不同交易策略 LrVaR 的比较

	基于 LrVaR 的 最优变现策略	线性交易策略	折线交易策略	下凸二次函数 交易策略
LrVaR	8.47×10^6	1.19×10^7	9.09×10^6	8.59×10^6

12.3　基于均值方差效用的风险控制策略

12.3.1　问题的提出

假定所考虑的投资者在初始零时刻持有一种股票的头寸为 X,其中,他准备长期持有的头寸为 Y,一旦发生外部冲击,他必须在 T 个交易日内变现股票以获得现金,而且在变现期末他仍将持有 Y 头寸。在 12.2 中已经得到了基于 LrVaR 的风险控制策略的解析解,但这是近似的非显性解。这一部分仍然在连续时间框架下,考虑只有一种资产价格服从算术布朗运动时,得到基于均值方差效用的风险控制策略。执行成本的期望和方差的表达式仍然为:

$$E[EC] = \frac{1}{2}\gamma(X^2 - Y^2) + \beta\int_0^T v^2(t)\mathrm{d}t \tag{12.3.1}$$

$$V[EC] = \int_0^T \sigma^2 x^2(t)\mathrm{d}t \tag{12.3.2}$$

显然,$E[EC]$ 和 $V[EC]$ 为交易策略 $x(t)$ 的泛函。

对于具有均值方差效用的投资者而言,其损失效用泛函 $W(x(t))$ 为:

$$W(x(t)) = E[EC] + \frac{\lambda}{2}V[EC]$$

$$= \frac{1}{2}\gamma(X^2 - Y^2) + \int_0^T \left[\beta v^2(t) + \frac{\lambda}{2}\sigma^2 x^2(t)\right]\mathrm{d}t \tag{12.3.3}$$

其中，λ 为投资者的风险厌恶系数：

$$\begin{cases} \lambda > 0 & \text{投资者为风险厌恶的} \\ \lambda = 0 & \text{投资者为风险中性的} \\ \lambda < 0 & \text{投资者为风险喜好的} \end{cases}$$

接下来只将风险厌恶型投资者作为研究对象，即只考虑 $\lambda \geqslant 0$ 的情况。

该投资者的决策目标是使得损失效用泛函最小化，则投资者变现的最优策略 $x^*(t)$ 满足：

$$x^*(t) = \underset{x(t)}{\arg\min} W(x(t)) \tag{12.3.4}$$

12.3.2　基于均值方差效用风险控制策略的求解

令：

$$J(x(t)) = \int_0^T \left[\beta v^2(t) + \frac{\lambda}{2} \sigma^2 x^2(t) \right] \mathrm{d}t$$

则 $x^*(t)$ 使得 $W(x(t))$ 取得最小值，等价于 $x^*(t)$ 使得指标泛函 $J(x(t))$ 取得最小值。

令：

$$F(x(t)) = \beta v^2(t) + \frac{\lambda}{2} \sigma^2 x^2(t) \tag{12.3.5}$$

为使 $J(x(t))$ 取得最小值，$F(x(t))$ 应满足如下形式的欧拉方程：

$$\frac{\partial F}{\partial x} - \frac{\mathrm{d}}{\mathrm{d}t}\left(\frac{\partial F}{\partial \dot{x}} \right) = 0 \tag{12.3.6}$$

由于 $v(t) = -\dfrac{\mathrm{d}x(t)}{\mathrm{d}t}$，式(12.3.6)可化为：

$$\frac{\partial F}{\partial x} + \frac{\mathrm{d}}{\mathrm{d}t}\left(\frac{\partial F}{\partial v} \right) = 0 \tag{12.3.7}$$

将式(12.3.5)代入式(12.3.7)，并化简得到：

$$\ddot{x} = \frac{\lambda \sigma^2}{2\beta} x \tag{12.3.8}$$

当 $\lambda = 0$ 时，利用边界条件 $x(0) = X$，$x(T) = Y$，可得方程(12.3.8)的通解为：

$$x(t) = (Y - X)\frac{t}{T} + X \qquad (12.3.9)$$

当 $\lambda > 0$ 时,方程(12.3.8)为二阶微分方程,利用边界条件 $x(0) = X$, $x(T) = Y$,可得通解为:

$$x(t) = \left(\frac{Y}{\sinh(\rho T)} - \frac{X}{\tanh(\rho T)}\right)\sinh(\rho t) + X\cosh(\rho t) \quad (12.3.10)$$

其中 $\rho = \sqrt{\dfrac{\lambda\sigma^2}{2\beta}}$。

容易验证,当 $\lambda \to 0$ 时:

$$\lim_{\lambda \to 0} x(t) = (Y - X)\frac{t}{T} + X$$

与 $\lambda = 0$ 时的通解相同。

即,当 $\lambda \geqslant 0$ 时,可以使得投资者损失效用泛函 $W(x(t))$ 最小的最优策略 $x^*(t)$ 为:

$$x^*(t) = \left(\frac{Y}{\sinh(\rho T)} - \frac{X}{\tanh(\rho T)}\right)\sinh(\rho t) + X\cosh(\rho t)$$

$$(12.3.11)$$

式(12.3.11)表明,最优策略实际上是由 ρ 所确定的,故将 ρ 称为"形状参数"。

12.3.3 数值算例与图示

本部分将利用实际市场的数据,给出投资者最优策略的实例和图示。

考虑某投资者在 2001 年 1 月 8 日持有 1 000 万股深发展(000001),他准备长期持有的头寸为 400 万股,一旦发生外部冲击,他必须在 5 个交易日内变现股票,而考虑到他准备长期持有的头寸,则变现结束时他仍将持有 400 万头寸,首先假定变现期为 5 个交易日。

则在零时刻和 $T = 5$ 时刻:

$$x(0) = X = 10^7, \ x(T) = Y = 4 \times 10^6$$

利用 2000 年 10 月 9 日—2000 年 12 月 31 日的分时数据,得到永久冲击系数 γ、瞬时冲击系数 β 及调整后的日波动率 σ:$\gamma = 5.62 \times 10^{-8}$,$\beta = 1.75 \times 10^{-8}$,

$\sigma = 0.297$。

假定投资者的风险厌恶系数为 $\lambda = 10^{-6}$，则形状参数为：

$$\rho = \sqrt{\frac{\lambda \sigma^2}{2\beta}} = 0.502 \tag{12.3.12}$$

1. 不同形状参数下最优策略的比较

图 12-3 给出了不同形状参数时的最优策略。

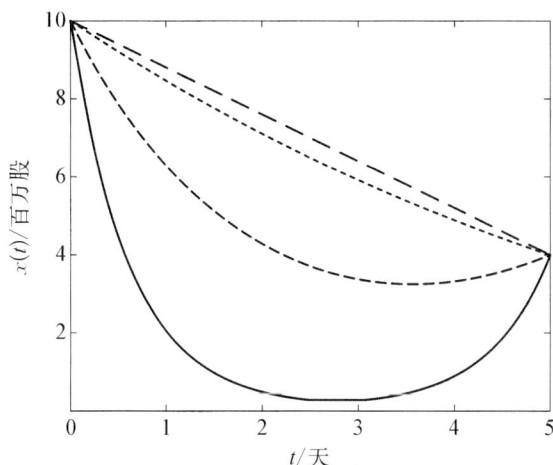

图 12-3　形状参数对最优交易策略的影响

注：图中实线、破折线、虚线分别为 $\rho = 1.588$、$\rho = 0.502$、$\rho = 0.159$，点划线表示 $\rho \to 0$ 的最优交易策略，即线性策略。

图 12-3 显示，当形状参数较大时，投资者会在变现初期迅速变现，甚至在一段时期内只持有低于目标头寸的股票，以降低所承受的风险，而后在临近变现期末转而买入，以弥补与目标头寸的差额。

显然从式(12.3.12)和图 12-3 中可以看出，在变现中，投资者会以更快的速度变现波动性高、流动性好的股票，迅速降低这类股票的头寸，以便同时降低执行成本的期望和方差。而且，投资者的风险厌恶程度对最优交易策略具有重要影响，高度风险厌恶的投资者以预期执行成本的增加为代价来降低所承受的执行成本的不确定性。市场中其他投资者进行相同方向的交易增加了执行成本，并使得原来的最优策略不再是最优的。

2. 不完全变现与完全变现时控制策略的比较

Almgren & Chriss(2000)在研究完全变现的最优策略时提出：可以将不完全变现转化为等价的完全变现问题。例如，初始头寸为 X、目标头寸为 Y 的不完全变现问题可以转化为等价的初始头寸为 $X-Y$ 的完全变现问题。我们认为两个问题之间存在较大的差异。图 12 - 4 比较了形状参数 $\rho = 0.502$ 时不完全变现和等价完全变现的最优策略。

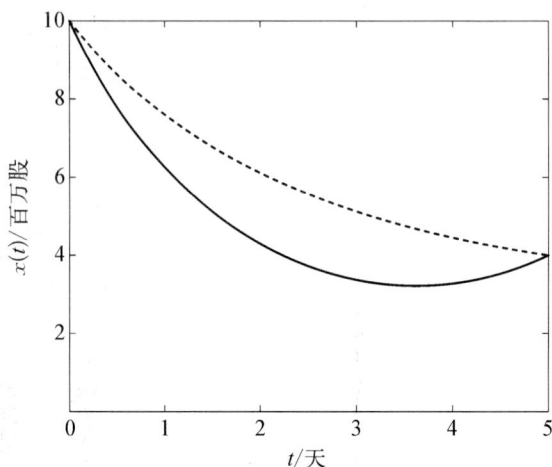

图 12 - 4　不完全变现和等价完全变现的最优策略

注：① 图中实线为不完全变现时的最优策略，虚线为等价完全变现的最优策略；② $\rho = 0.502$。

　　在等价的完全变现中，投资者的头寸始终高于目标头寸，直至变现期末达到目标头寸；而在不完全变现中，投资者在变现初期迅速将头寸降至目标头寸以下，在临近变现期末时再行买入以补足与目标头寸的差额。

　　造成两种情况下最优策略差别的主要原因在于等价的完全变现中不考虑目标头寸那部分股票的波动性对执行成本方差的影响，而不完全变现时将这一因素考虑在内。这样，在不完全变现时，投资者有可能将头寸持有量降至目标头寸以下，以便降低风险，实现预期执行成本和所承受的执行成本不确定性之间的平衡，使得损失效用最小。仔细思考一下，只有当融资融券无限顺畅时，不完全变现和完全变现的最优控制策略才是完全等价的。事实上，这是一种非常理想的不现实的情况，因为融资融券不可能无限顺畅。

12.4　本章小结

　　本章分别在离散时间和连续时间框架下得出了考虑流动性风险的 VaR。即 LrVaR。然后，求得基于 LrVaR 的只有一种资产的简化情况下的风险控制策略,这里所考虑的投资者是以当前时刻的 *LrVaR* 最小为决策目标制定未来可能变现时的交易策略。而在实践中,投资者的决策目标千差万别,在不同决策目标下的最优策略肯定存在较大差异,这无疑也是未来研究方向之一。同样道理,基于均值方差效用函数也得到了最优风险控制策略。而且最优风险控制策略是时间双曲正弦和双曲余弦函数的线性组合,属于指数函数族。投资者在对股票进行变现时,应当同时考虑预期执行成本和执行成本的不确定性,以控制流动性风险。本章研究了不完全变现时投资者基于均值方差效用的最优策略,在一定的假设下求得风险控制策略的解析形式,并利用实际市场中的数据给出了实例图示及敏感性分析,最后还考察了市场中其他投资者的交易对执行成本的影响。结论表明,为实现预期执行成本和执行成本的不确定性之间的平衡,投资者会按照时间的双曲正弦和双曲余弦函数的线性组合进行交易,将组合头寸在规定的期限内降至目标头寸。通常情况下投资者组合中会包括多种股票,这些股票之间的相关性会使最优策略的求解变得更为复杂,组合中拥有多个资产时的最优策略及考虑时变、非线性价格冲击模型下的最优策略都是未来的研究方向。

第 13 章 基于风险预算的资产配置策略

风险预算理论已为越来越多的机构投资者所重视,特别是对风险控制高度重视的保本基金、社保基金、保险基金和养老基金等,都逐渐开始采用这一新的管理方法。风险预算作为一种新的风险管理方法,已经将资产配置从一个限制风险的防御性角色转变为一个优化风险的主动进攻型角色。本章首先论述了基于风险预算资产配置问题研究的重要意义,然后对已有研究成果进行了分析,指出了以往研究取得的主要研究成果和存在的不足,分析了未来可能的研究方向。

13.1 研究的背景和意义

13.1.1 研究背景

资产配置是金融市场的基本功能之一。随着中国证券市场逐渐成熟,各类机构投资者迅速壮大,对资产配置产生了旺盛的实践需求。与此同时,A 股市场中投资者的持仓结构也在发生重大变化,2011 年第 4 季度,持仓 500 万元市值以上的机构投资者占总机构投资者的比重仅为 18.6% 左右,截至 2018 年第 4 季度,该比例已高达 40% 以上,说明中国机构投资者队伍正逐步壮大。具体来看,2011 年第 4 季度至 2016 年第 4 季度,持仓 500 万~1 000 万元的投资者中,机构投资者占比从 4.65% 上升到 7.30%;持仓规模 1 000 万元到 1 亿元的机构投资者占比从 8.32% 上升到 18.75%;持仓 1 亿元以上的则从 5.22% 上升到 13.90%。持仓 1 000 万元以上的机构投资者数量增长速度相对较快,这在一定程度上说明,中国机构投资者的资产管理规模正在逐步增加。根据主要投资标的的种类,基金可分为债券基金、股票基金、混合基金和货币基金。2015 年股灾之后,单纯的股票型基金产品占比持续下降,但混合基金发行数量和占比却持续上升。2017 年第 4 季度,混合型基金发行的产品数占基金发行总产品数的 50% 左右,而这一比重在 2014 年第 4 季度还不到 30%(见图 13 - 1)。相比于其他单

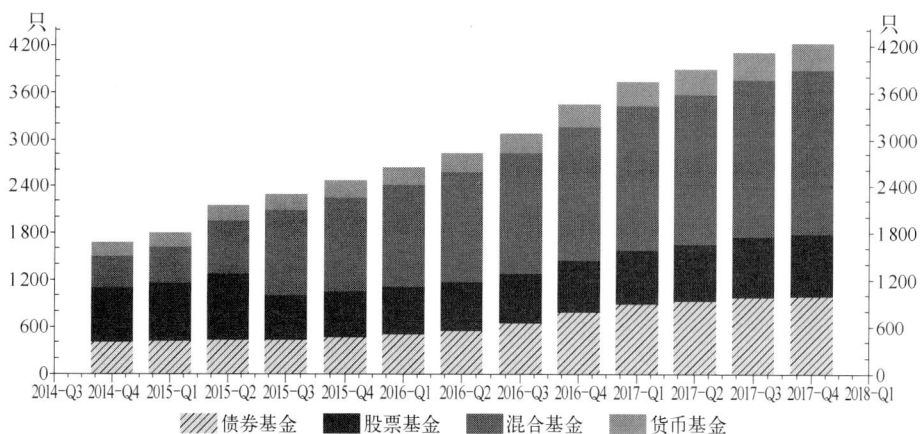

图 13-1　不同类型基金产品数

数据来源：Wind。

一投资品种组合，混合型基金同时配置不同品种资产，并且根据市场状态灵活调整其比例，从而保证产品在一定的风险程度下，获得较高的收益。如何采取科学有效的方法配置资产是管理混合型基金亟待解决的问题。

在基金公司开户数增加的同时，其管理的资产规模也在迅速增加，截至 2017年第 4 季度，基金管理公司及其子公司管理的资产规模已超过 14 万亿元。与此同时，证券公司和私募基金管理的资产规模也在迅速扩张，截至 2016 年第 4 季度，证券公司和私募基金管理的资产规模分别为 16 万亿元和 11 万亿元（见图 13-2）。

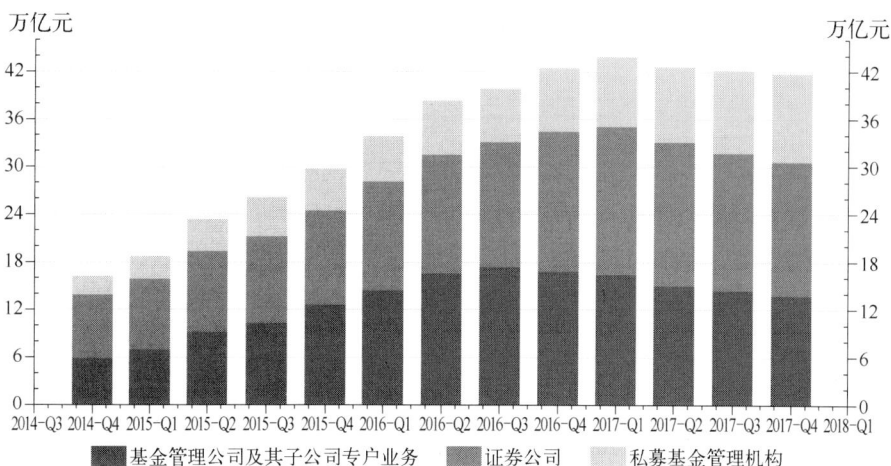

图 13-2　机构投资者管理规模

数据来源：Wind。

截至 2018 年 1 月,各类被动型产品也日益丰富(见表 13-1),这大大地简化了资产配置过程,使得真正意义上具有分散作用的大类资产配置成为可能。2017 年 9 月 8 日,首批 6 只公募 FOF 获批。和普通基金相比,FOF 最大的不同之处在于投资标的。前者通常以股票、债券等有价证券为投资标的;FOF 并不会直接投资于上述资产,而是买卖"基金"本身,通过持有其他基金来间接持有资产。这标志着 A 股投资市场正式进入了配置时代。

表 13-1　A 股市场主要被动产品一览表

类别	代码	证 券 简 称	类别	代码	证 券 简 称
A 股	510050	华夏上证 50ETF	海外	164906	交银中证中国互联网
	510180	华安上证 180ETF		513050	中证海外互联 ETF
	510300	华泰柏瑞沪深 300ETF		513100	国泰纳斯达克 100ETF
	510330	华夏沪深 300ETF		513500	博时标普 500ETF
	159919	嘉实沪深 300ETF		159941	广发纳斯达克 100ETF
	510390	平安大华沪深 300ETF		513030	华安德国 30(DAX)ETF
	510500	南方中证 500ETF	货币	511990	华宝现金添益 A
	159915	易方达创业板 ETF		511810	南方理财金 H
	161022	富国创业板指数分级		511660	建信现金添益 H
	159902	华夏中小板 ETF	债券	511010	国债 ETF
港股	510900	易方达恒生 H 股 ETF		511220	城投 ETF
	159920	华夏恒生 ETF		511230	周期债
	161831	银华恒生 H 股		511260	十年国债
	513660	华夏沪港通恒生 ETF	黄金	518880	华安黄金 ETF
	540012	汇丰晋信恒生 A 股 A		159937	博时黄金 ETF
	501301	华宝港股通恒生中国	能源股和商品	510170	国联安上证商品 ETF
	501303	广发港股通恒生 A		510110	海富通上证周期 ETF
	513600	南方恒生 ETF		159945	广发中证全指能源 ETF
	160717	嘉实 H 股指数		510410	博时自然资源 ETF
	159954	南方恒生中国企业 ETF		161715	招商中证大宗商品

资产配置理论是现代投资组合理论中的重要组成部分。通过稳健合理的资产配置,不仅可以增加投资者的利润,而且可以有效地规避投资风险。资产配置

对于机构投资者在提高投资业绩、分散投资风险等方面都起着重要作用。传统的资产配置模型,通常是基于马科维茨理论的均值方差模型,即根据每类资产的风险和收益,以及每类资产之间的相关性,来构建投资组合,以实现同等风险下收益最大,或者同等收益下风险最小的投资目标。这个模型在理论上是可行的,但在现实复杂的市场环境中,诸多理论问题没有解决,而且理论与实际有时存在巨大的差距,这正是研究的出发点。

在 20 世纪 90 年代后期,随着金融科技的发展,风险预算管理作为一种新的风险管理理念和技术,开始引起了理论界和机构投资者的广泛关注。风险预算是一个分配稀缺资源的基本经济问题,不过这里的稀缺资源是可以接受和度量的投资风险。风险预算的目标是在投资者可以接受的风险水平下获得最大的收益。风险预算不仅要求对投资组合进行长期的战略资产配置,更是寄托于积极管理者,并且以市场的非有效性作为投资的指导,目标是通过发掘市场的失效点来追求超额收益,从而超越基准或市场指数。风险预算管理的关键在于能够适时地发现混沌世界金融市场的失效点,并且动态调整组合头寸,达到投资收益最大化的目的。风险预算管理突破了传统的风险管理,将风险管理和投资过程系统地结合起来,成为事前、事中和事后并重的一种全新的风险管理模式。Capon(2000)和 Neil(2002)认为,风险预算是风险管理发展的未来,是风险管理的革命。但是基于风险预算的资产配置策略研究和实践还远远不够,众多问题仍然没有解决。

长期以来,由于中国证券市场的不规范以及投资者风险意识不足,使得投资者以及投资组合管理者对风险并不重视,而仅仅把注意力放在收益上。在市场发生剧烈变化,尤其是在出现崩溃性下跌时,投资者和管理者往往会束手无策。以上证综合指数为例,2008 年最大回撤高达 65%,2015 年达 45%,2018 年 1 月末 2 月初仅 10 天跌幅达到 15%。众多机构投资者和个人投资者亏损累累,这一惨痛的现实已使越来越多的机构投资者开始将风险因素纳入投资组合管理中,资产配置渐渐得到业界的重视和应用。近几年,中国已经有一些机构投资者开始重视对风险预算的研究,并尝试应用于投资实践中。2005 年国内第一只风险预算基金——湘财荷银风险预算混合型证券投资基金已在全国范围内发行运作。该基金采用从荷兰银行最新引进的风险预算技术,对投资决策的风险进行事前测算和事中、事后的控制,取得了预期效果。如今在中国的资本市场,资产配置已经得到重视并在实践广泛应用,但基于风险预算的资产配置在实践中的运用还远远不够成熟。

资本资产定价模型和马科维茨(Markowitz)的优化模型简单易用,且易解释,得到了机构投资者的广泛关注与重视,有些机构管理团队就是利用这一资产配置的科学方法胜出的。但由于其往往依赖长期历史数据,对于输入参数十分敏感,尤其是对期望收益,特别是 2008 年的全球的金融危机和 2015 年中国的"股灾",让中国的机构投资者看到许多战略性资产配置所隐含的风险,而且这两次危机的严重性是史无前例的,成为一些机构投资者的一场噩梦。而大多数机构都是通过组合优化方法来调整资产配置的,正因为如此,马科维茨的现代投资组合理论受到专业人士的强烈批评。

近些年人们开始推崇风险平价模型,该模型是风险预算模型的特例,最初只涉及债券和权益的组合,而现在已经被广泛应用到整个投资领域。如今,风险平价模型是以风险预算技术来设计投资组合的。风险平价策略的目标是将风险预算分配给每个资产,风险平价不突出业绩维度,而强调风险管理维度,在这一点上比风险预算模型的要求更为苛刻。即使有人认为风险平价策略是资产配置问题最权威的解决方案,人们还是应当对其保持谨慎态度。风险平价策略仍只是一个用于资产配置的金融模型,其业绩也有赖于投资者的参数选择,而且风险小是相对的,不可能无限小。

事实上,无论是马科维茨的现代投资组合理论,还是风险预算模型,本身没有问题,问题的核心是参数的估计问题。这里所说的参数主要包括期望收益率、期望波动率、预期流动性、预期收益率相关性、预期波动率相关性和预期流动相关性等。如果这些参数估计是科学合理的,那么核心问题就解决了,这些模型就都可以放心使用。因此,解决这些问题,并在此基础上研究基于风险预算的资产配置才是研究的核心所在。接下来论述基于风险预算的资产配置策略研究的重要意义。

13.1.2 研究意义

(1)机构投资者风险控制的需要。尽管中国学术界和金融界以风险控制为核心的投资理念正在逐步形成,但在追求收益目标和市场躁动的驱使下,基于风险预算的配置视角常常被忽视甚至抛弃,因此客观评价收益以及合理平衡风险与收益的关系,仍值得金融从业人员深刻体会并严格遵照执行。反思 2015 年中国发生的"股灾",一些机构投资者损失巨大,在一定意义上就是没有重视风险预算,没有重视风险控制和制度建设。因此,研究基于风险预算的资产配置策略就是重中之重。

(2)发展基础理论研究的需要。近年来,量化投资已成为学术界和投资界讨论的热点话题。风险预算技术在一些期刊论文和学术会议上可以见到少量的研究,有关风险平价的运用也可以从实践中见到,但是对风险预算尚未见到系统、全面、深入的阐述。从方法上看,风险平价和风险预算模型的思路简明清晰,容易被理解和推广。但是有关参数估计的科学性和可靠性问题仍然没有解决。

（3）理论转化为实践的需要。从专业研究和投资实践的角度来看,目前各类研究和讨论对于经典投资组合理论的介绍并不缺乏,但如何将理论转化为实践,却鲜有描述。最重要的问题是如果参数估计问题得到了解决,那么指标之间的关系和动态变化是接下来需要解决的问题,这些都对投资实践有重要的指导作用。

（4）发展壮大机构投资者的需要。风险预算是基于风险的资产配置策略。在投资实践中,该项策略已得到较广泛的应用,如在股票、债券、商品期货市场中的智能指数(Smart Beta)产品、多重资产的投资组合策略以及符合大型机构投资需求的战略资产组合策略等。对于像中国这样经济体量大的国家,经济金融的稳定至关重要,而共同基金、社保基金、养老基金、保险基金和证券公司等机构投资者是金融市场的中坚力量。

（5）维护金融市场稳定的需要。如何尝试将风险预算技术和其他经济学方法相结合也是重要的研究课题,比如中长期的投资思路与中短期的调整方法相结合,就是从中长期的角度看如何运用风险预算技术,从中短期的角度看如何运用组合保险策略。从战略上看,可以对短期利率、债券、权益类资产和高收益产品等定义其长期运行路径;从战术上看,可以根据指标估计的动态变化调整资产配置。怎样调整需要有科学理论的支撑和实践的检验。因此,研究基于风险预算的资产配置动态调整策略,详细推导并论证调整过程,可作为资产配置理论与实践研究的有力参考工具。

13.2 国内外研究现状

资产配置(asset allocation)是金融经济学的核心问题之一(Wachter,2010;Rogers,2013;Detemple,2014;Brocas et al.,2019;Shimizu et al.,2019;刘海飞等,2019)。Markowitz(1952)建立的均值方差模型揭开了现代金融学的序幕,Sharpe(1964)在此基础上建立了资本资产定价模型(CAPM),随后默顿建立了连续时间最优投资消费模型(Merton,1969)和跨期资本资产定价(ICAPM)模型(Merton,1973)。资产配置的主要工作是研究在一定的投资机会集中,经济人如何进行决策以满足一定限制条件下的目标。典型的资产配置模型涉及两个重要的假设：一个是投资者的目标以及约束，另一个是客观外在的决策机会集或者经济环境。投资目标及其约束反映了经济人对各种机会的权衡取舍态度，不同投资者的偏好和约束可以不同，也可以相同。从现有的研究来看，资产配置中最为常用的两种目标函数便是马科维茨的均值方差准则和默顿的期望效用函数。接下来，从 6 个方面对以往相关研究成果进行综述。

13.2.1　基于均值方差准则的资产配置

确定经济人的偏好是进行资产配置建模时首先要解决的问题，一般而言，即使投资集完全相同，不同投资目标下的策略也并不相同。在半个多世纪以来的资产配置研究中，最常使用的目标当属马科维茨模型中的均值方差准则和默顿最优投资消费模型中的冯诺依曼-摩根斯坦恩期望效用函数。因为方差不满足迭代期望原理，所以常规的贝尔曼最优动态原理无法适用于动态均值方差问题，这两种目标下的模型求解方法相差较大。我们分别对其进行综述。在下面的叙述中，假定 t 为决策开始时刻，T 为投资组合绩效评估时刻，F_t 表示截止 t 时刻的所有信息，W_T 表示 T 时刻的组合财富，γ 表示风险厌恶系数。

在金融学中，相对而言，收益率测度方法比较统一，但是基于不同方面的考虑，却诞生出很多如标准差、下半方差、最大回撤、在险值、条件在险值等风险指标。基于其中若干风险指标，众多学者研究了均值风险准则下的资产配置问题。均值方差模型是 Markowitz(1952,2010) 的奠基性工作。该模型使用组合收益率的方差来衡量风险，于是，理性投资者面临的最优投资问题，是如何选择风险和无风险资产的配置比例，使得给定投资组合风险下最大化投资组合的期望收益率，或者在给定组合的期望收益率下最小化组合风险。当同时考虑投资组合期望收益和风险时，投资者的目标为：

$$\max E[W_T \mid F_i] - \frac{\gamma}{2} \mathrm{Var}[W_T \mid F_i]$$

在资产期望收益率和收益率协方差矩阵给定时，马科维茨给出了风险资产的最优配置权重。但是在马科维茨模型中，投资者只进行一期决策，现实中的投资者具有多次投资机会，一个自然而然的推广便是多期均值方差模型。

在多期资产配置模型中，通常根据贝尔曼动态最优原理将原始的随机动态优化问题转换为对应的哈密顿-雅克比-贝尔曼（HJB）方程的求解问题。然而由于方差项不满足迭代期望公式，无法直接应用经典随机控制理论求解动态均值方差问题。Aït-Sahalia & Brandt(2001)和 Campbell et al. (2010)等考虑了短视多期模型,即在决策的每一期,投资者只需要考虑下一期组合的最优配置问题。然而实证研究(Brandt,1999)表明,在多期资产配置问题中,跨期对冲需求占整个风险资产配置权重的相当比例,多期模型并非单期模型的简单叠加。在非完备市场假设下,Cochrane(2014)求解了保证组合的长期收益率均值等于一个提前设定水平下使得组合收益率的长期方差最小化的最优投资策略。Wang & Forsyth(2010)利用有限元方法给出了均值方差准则下嵌入法对应的 HJB 方程的数值求解方法。Cui et al. (2012)放松了自融资条件,允许组合存续期内投资者可以撤回资金,得到了一个占优于自融资均值方差组合策略的投资策略。Dang & Forsyth(2016)进一步推广了 Cui et al. (2012)的非自融资策略,并给出了利用嵌入法得到的 HJB 方程的数值算法。Shi et al. (2017)进一步将非自融资占优策略从纯扩散市场推广到跳扩散市场。

但是利用嵌入法求解动态均值方差模型得到的投资策略是预先承诺策略(pre-committed strategy),因为动态均值方差目标具有时间不一致性(time-inconsistency),在进行完初始决策后的某个时刻,投资者有动机去偏离初始时刻制定的投资策略。在时间一致决策理论(Strotz,1955)的基础上,Basak & Chabakauri(2010)在非完备非常数投资集市场中,利用全方差分解递推公式,给出了动态均值方差组合的时间一致投资策略显式解,以及几个特殊市场假设下的解析解。随后,Björk 等分别在离散(Björk & Murgoci,2014a)和连续(Björk et al. ,2014b)时间框架下,系统地建立起一类包括但不仅仅限于均值方差目标的时间不一致随机最优控制问题的一般性理论(Björk et al. ,2017)。不同于经典随机最优控制问题中"最优解"的概念,时间不一致问题中的时间一致策略是一个子博弈完美纳什均衡解,Björk 给出了该解的严格数学定义。类似于借助HJB 方程求解随机动态规划问题,Björk 建立了扩展 HJB 方程来求解时间不一致随机动态规划问题。

随着动态均值方差问题的完整解决以及时间不一致随机最优控制理论的系统建立,近年来,大量的研究扩展了 Basak & Chabakauri(2010)的时间一致动态均值方差模型。Wang & Forsyth(2011)给出了含有任意约束条件的动态均值方差模型时间一致策略的数值求解方法。Basak & Chabakauri(2012)研究了均值方差准则下的非完备市场中的时间一致对冲策略。Zhang et al. (2017)研究了均值方差准则下期权的时间一致对冲策略。在 Basak(2012)的模型中,时间一致投资策略与组合的当前财富无关。即只要市场环境给定,无论初始禀赋多少,投资者均投资固定数量的财富于风险资产。为了解决这个问题,Björk et al.

(2014)引入了依赖于财富状态的风险厌恶系数,求解了状态依赖风险厌恶系数下的动态均值方差问题,特别地,当风险厌恶系数与财富的倒数成正比时,给出了时间一致策略的显式解。相应地,Li(2013)等研究了状态依赖风险厌恶下保险人的最优投资和再保险问题。Sun et al.(2016)在带跳几何布朗运动市场中,同时研究了状态依赖的预先承诺策略和时间一致策略。除使用方差刻画风险之外,He et al.(2015)和He & Zhou(2011)讨论了基于CVaR风险测度的最优配置问题。还有一些学者研究了VaR风险测度下的组合选择问题(Alexander & Baptista,2004;Zhou et al.,2017)。

然而马科维茨模型给出组合权重对收益估计的变动非常敏感。在投资实践中,因为标的资产的期望收益不可直接观测,投资者就会基于他们常用的历史收益和其他一系列假设条件进行统计估计,而在估计过程中引入估计偏差,即使微小的误差也会造成组合权重的显著差异。由于传统均值方差模型无法区分不同可信度的差异,投资者的主观观点不能很好被模型所表达。为此,Black & Litterman(1992)在均衡收益基础上通过引入投资者观点修正了期望收益,建立了著名的 Black-Litterman 模型,现已成为投资实务中最流行的方法之一。Harris et al.(2017)进一步建立了该模型的动态过程。

另一方面,马科维茨模型中风险过于集中,少数比例的证券贡献了组合的大部分风险。站在分散风险的角度,鲍奕奕、刘海龙(2007)和 Roncalli(2013)研究了风险预算模型(risk budget)。Clarke et al.(2013)进一步给出了风险平价、最大分散化投资组合以及最小方差投资组合的非严格闭解形式,为构建基于风险预算的资产配置提供了有意义的理论参考。Zhu et al.(2010)在均值方差框架下引入了边际风险控制约束,为积极组合风险管理提供了一个合适的分析工具。Li et al.(2013)进一步基于多因子模型和均值方差框架,提出了一种在组合优化中分配系统风险的模型。Bai et al.(2016)则给出了一种求解风险平价组合的最小二乘方法。经典的风险平价模型中考虑的是资产的风险对组合风险的贡献,Roncalli & Weisang(2016)站在风险因子的角度研究了风险因子组合的风险平价问题。

13.2.2 基于期望效用函数的资产配置

20世纪50年代,冯诺依曼(Von Neumann)和摩根斯坦恩(Morgenstern)在公理化假设的基础上,运用逻辑和数学工具,建立了不确定条件下理性人进行决策分析的**期望效用函数理论**,随后被广泛地应用于经济分析中。不同于均值方差模型,期望效用函数本身同时综合了风险和收益,投资者的风险厌恶程度可以用绝对风险厌恶指数和相对风险厌恶指数来表示。作为一类特殊的期望效用函数,双曲绝对风险厌恶(hyperbolic absolute risk aversion,HARA)效用函数,被广泛应用于资产配置模型中。HARA 效用可以表示为:

$$U(W) = \frac{1-\gamma}{\gamma} \left(\frac{a}{1-\gamma}W + b \right)^{\gamma} \quad \left(a > 0, \frac{a}{1-\gamma}W + b > 0 \right)$$

常用的幂效用(constant relative risk aversion,CRRA)、对数效用、指数效用(constant absolute risk aversion,CRAR)、二次效用都是其参数取一定范围值的特例。

在连续时间框架下求解最优投资消费问题时,常常需要利用随机控制方法建立 HJB 方程,一般情形下 HJB 方程是一个非线性偏微分方程,并不容易求解。在完备市场假设下,Cox & Huang(1989)提出了**鞅方法**,它绕开了复杂的非线性偏微分方程求解问题,可以将最优投资问题最终化为线性偏微分方程的求解问题。Henderson(2005)在风险资产价格服从几何布朗运动的假设下,给出了含有不可完全对冲的服从一般扩散过程的工资收入的 CARA 型投资者最优投资策略显式解。类比利率期限结构中的二次过程相关概念,Liu(2007)假定短期利率和股票收益率以及波动率服从多元"二次过程"(quadratic process),在完备和非完备市场中借助变量分离方法,分别将 CRRA 型投资者的最优投资问题对应的 HJB 方程化简为黎卡提(Riccati)方程组,并在几个特定过程下给出了显式解。

13.2.3　关于随机收益率模型的研究

对资产的风险收益联合动态特征建模是资产配置问题的基础。在投资集是时变的情况下,投资者在进行资产配置时不但要考虑价格本身的风险,还需要考虑到投资机会集变化带来的风险。按照经济本质和统计模型,可以将现有的时变投资集模型分为随机收益率、随机波动率、跳扩散、马尔科夫价值转换四种类型,并分别对其进行综述。

资产配置的首要目标便是获得投资收益,不同资产的收益不同,同一资产不同时刻、不同状态下的收益也不同。资产定价实证研究中的主要工作之一便是对收益率进行建模。作为两种重要的利率标的,现金和债券经常被纳入资产配置中,利率存在期限结构已是固定收益证券研究中的共识。对于风险资产,通常假设价格服从几何布朗运动,这意味着资产收益率服从独立不相关的正态分布。然而现实中,资产的收益率却存在尖峰厚尾等统计规律,因此,独立正态模型并非一个好的市场模型。近年来,资产定价实证中的一个重要共识便是**风险资产**

超额收益率的可预测性（Cochrane,2008；Koijen & Nieuwerburgh,2011），综合考虑到无风险资产的期限结构和风险资产的超额可预测收益率，众多学者研究了相关的资产配置问题。

  Kim & Omberg（1996）在市场风险价格（market price of risk）服从Ornstein-Uhlenbeck 均值回复过程的假设下，给出了双曲绝对风险厌恶型（HARA）投资者的最优投资策略显式解，并且从数学上详细地讨论了该组最优解的一些性质。这组精确的解的表达式，为投资组合的后续研究提供了范本。如 Basak & Chabakauri（2010）在同样的假设下研究了动态均值方差准则下的时间一致投资策略。Wachter（2002）假定风险资产的瞬时收益率服从均值回复过程，分别研究了 CRRA 型经济人的最优资产配置和最优消费问题，并给出了完备市场中最优配置策略的精确解。张玲等（2015）在同样假设下研究了 CARA 型投资者的最优动态资产负债管理问题。Barberis（2000）在离散时间收益率可预测模型的基础上分析了参数估计误差对于 CRRA 型长期投资者最优买入持有策略的影响，结果发现即使存在参数估计误差，在考虑收益率可预测后，风险资产的投资比例随着投资期限的增加而增加。Koijen et al.（2009）假设瞬时收益率服从均值回复过程，研究了 CRRA 型投资者的最优投资问题。Li & Liu（2017）在 Koijen et al.（2009）研究的基础上，考虑了一个有限时间动量模型，同样研究了 CRRA 型投资者的最优投资问题。

  在股息率、短期利率和长期利率均服从算术布朗运动的假设下，Brennan 等（1997）研究了 CRRA 偏好型投资者的股票、现金、永续债券最优配置问题。美国市场的数据显示，短视投资者的战术资产配置（tactical asset allocation）策略和（Brennan et al.，1997）长期投资者的战略资产配置（strategic asset allocation）截然不同，将收益率可预测性纳入战略资产配置模型中会显著提高组合的样本外收益。Munk & Sørensen（2010）在利率服从 Vasicek 模型的基础上，假设资产价格满足仿射过程（affine process），研究了具有随机工资的 CRRA 型经济代表人最优投资消费问题。Guan & Liang（2014）在随机利率和随机波动率框架下讨论了 CRRA 型经济人的 DC 型养老金投资问题。在随机利率和随机通货膨胀率假设下，Guan & Liang（2014）讨论了 CRRA 型保险人的最优投资和再保险问题。Chang & Chang（2017）在 Vasicek 利率模型下，研究了 HARA 型经济人的最优投资消费问题。

13.2.4　关于随机波动率模型的研究

  投资者在资产配置决策中，不但关注收益，还关注风险。**投资组合的风险来**

源于组合投资标的的风险,因此对标的资产的风险过程建模是进行资产配置的关键步骤。资产波动率是最常使用的风险指标。在经典的资产配置模型中,假设波动率为常数,然而这一假设并不符合现实。最为突出的事实是,波动率为常数和期权的波动率微笑这一现象矛盾。近年来,大量的实证研究表明,波动率存在动态结构。特别地,当考虑多个资产时,收益率的相关系数矩阵也可能随时间变化,众多的学者在随机波动率假设下研究了资产配置问题。从现有的随机波动率模型来看,一类直接用价格状态变量对波动率进行建模,如 CEV 模型;另一类则需要引入额外的状态变量来刻画波动率过程。接下来就这两类模型下的资产配置问题进行综述。

第一,CEV 模型。CEV 模型克服了几何布朗运动模型中波动率为常数的不足,且无须引入额外的状态变量刻画波动率。近年来,许多学者研究了 CEV 模型下的动态资产配置问题。第一类文献主要研究了具有确定现金流的动态组合选择问题。Xiao et al.(2007)基于对数效用研究了企业年金的最优配置问题;Gao(2009)分别研究了 CRRA 和 CARA 效用型投资者下企业年金的最优配置问题;Jung & Kim(2012)研究了 HARA 型投资者的最优投资问题。第二类文献主要研究自融资组合的最优配置或投资消费问题。假定市场上有多个服从 CEV 过程的风险资产,Zhao et al.(2012)研究了 CARA 型投资者的最优投资问题,但只得到了弹性方差系数为 0 和 -2 时的解析解。第三类文献主要研究带有随机现金流的资产配置问题。假定盈余过程是带漂移的布朗运动,Li et al.(2014)同时研究了 CARA 型保险人和再保险人的最优投资和再保险问题,Li,Rong & Zhao(2015)研究了均值方差准则下保险人和再保险人的时间一致投资策略。Wang et al.(2018)假定盈余过程是带跳过程和漂移项的布朗运动,研究了 CARA 型保险投资人和再保险投资人的最优投资和再保险问题,也只得到了弹性方差系数为 0 和 -1 时的解析解。

第二,波动率状态变量模型。Basak & Chabakauri(2010)在均值方差准则下给出了一类包括但不限于 Heston 模型的随机波动率模型对应的时间一致投资策略。Zeng & Taksar(2013)假设波动率是外生状态变量,服从平方根扩散过程,研究了 CRRA 型投资者的最优投资问题,推广了经典的 Heston 模型。Chacko & Viceira(2005)假设股票波动率的平方的倒数服从平方根扩散过程,研究了非完备市场下具有递归效用的经济人最优投资消费问题,在单位替代弹性下得到了显式解,其他情况得到了近似解。Hsuku(2007)拓展了 Chacko & Viceira(2005)的不完备市场模型,引入了非冗余的衍生证券使市场完备化,并基于 Heston 模型,在连续时间递归效用下,得到了最优投资策略在特殊参数下的解析表达以及一般参数对应的数值解。Larsen et al. (2012)建立了一个一般性的框架以评估在给定的市场环境中背离 CRRA 型投资者最优投资策略带来的福利损失。Escobar et al. (2015)假定投资者可以投资于股票以及衍生品市场,股票价格过程带跳且波动率服从平方根扩散过程,研究了具有模糊厌恶的鲁棒最优投资问题。结果发现模糊厌恶会显著地影响价格和波动率各自对应的风险暴露,在不完全市场中,波动率模糊对投资策略的影响很小。忽视跳跃风险、模型不确定性以及衍生品会导致福利损失。数值算例表明,忽视模型不确定性带来的损失不亚于不参与衍生品交易带来的损失。在 Chacko & Viceira(2005)研究的基础上,Faria et al. (2016)利用鲁棒控制利率和微扰技术进一步考虑了模糊厌恶下的资产配置问题,发现考虑到模糊厌恶时,随机波动率对投资策略有影响,但是相对而言,投资者更关注收益率的模糊性,跨期对冲需求仍然很小。Escobar et al. (2017a,2017b)分别在完备和非完备多因子随机波动率模型下研究了 CRRA 型投资者的最优投资问题,发现短视投资、忽视衍生品资产以及使用单因子模型并忽视收益率之间的随机相关性,会导致显著的福利损失。

在多元市场中,Buraschi et al. (2010)用满足 Wishart 过程的相关系数矩阵刻画资产收益率的相关性风险,研究了 CRRA 型投资者的最优投资问题,结果发现相对于单个资产的情形,动态对冲需求变得更大。由随机相关系数带来的动态对冲需求是显著的,且随着方差协方差矩阵冲击的持续性、杠杆效应的强度、投资集的维度以及投资约束的持续时间增加而增加。Chiu & Wong(2014a,2014b)假设相关系数矩阵是 Wishart 过程的函数,利用嵌入法研究了均值方差准则下投资者的资产配置问题。

13.2.5 关于跳扩散模型的研究

假设风险资产价格服从纯扩散过程,意味着资产价格过程以及影响资产价格过程的状态变量演化路径是连续的,即价格或者状态变量在短时间内发生较大变化的概率很小,但是在现实中却存在各种"稀有事件"(rare events),它们的发生会导致价格或者状态变量在短时间内发生较大变化。为了刻画这种**非连续性变化**,通常需要在扩散过程中引入跳。Merton(1976)在几何布朗运动中引入了泊松跳过程用于欧式期权定价。近年来,建立在跳过程基础上的**罕见灾难**(disaster risk)模型成为资产定价和资产配置的核心研究内容之一(Tsai & Wachter,2015),它部分地解释了资产定价实证研究中的收益率溢价之谜、波动率之谜、收益率可预测以及金融市场中的一些其他现象。Jin & Zhang(2012)在一个更一般的多维时变跳扩散市场中,将 CRRA 型投资者的最优投资策略分解为纯扩散部分和纯跳部分,得到了最优投资策略的半解析解。Jin & Zhang (2013)在此研究的基础上加入了交易约束,研究了 CRRA 型投资者的最优投资问题。在带马尔科夫机制转换的跳扩散市场中,Bo et al. (2017)研究了方差互换(variance-swaps)的最优投资问题。

极端事件的发生,不但会引起价格的大幅变化,还可能引起波动率的大幅变化,为此,Liu & Longstaff(2003)在 Heston(1993)随机波动率模型的基础上,在风险资产的价格过程与波动率过程中同时引入了跳过程,研究了 CRRA 型投资者的最优投资问题,并得到了显式解。Liu & Pan(2003)在价格过程带跳且波动率满足 Heston(1993)过程的基础上引入了衍生品,研究了 CRRA 型投资者的最优投资问题,也得到了显式解。风险资产收益率具有跳的特征,并且跳事件倾向于在多个国家之间同时发生并导致系统性风险。注意到这点,Das et al. (2004)在多元风险资产的价格过程中引入了一个共同跳过程用于风险资产价格建模,研究了 CRRA 型投资者的国际资产选择问题。在 Liu & Pan(2003)研究的基础上,Brange et al. (2008)在波动率上引入了跳,详细探讨了波动率跳以及模型不确定性对 CRRA 型投资者最优资产配置的影响。Rytchkov(2016)在 Liu et al. (2003)的基础上加入了由时变波动率决定的保证金约束,研究了递归效用下经济人的投资消费问题,结果发现,随着保证金的维持时间增长以及波动率变大,非标准对冲需求也会相应增加。Branger et al. (2017)在多元 Heston 模型的基础上,在风险资产的价格过程与方差协方差过程中同时引入了跳过程,研究了 CRRA 型投资者的最优投资问题。Hong et al. (2018)在更加一般的多元跳扩散市场中研究了 HARA 型投资者的最优投资问题。

除期望效用函数之外,很多学者也研究了均值方差准则下跳扩散市场中的资产配置问题。Guo et al. (2004)利用嵌入法技术研究了均值方差准则下多元跳几何布朗运动市场中的资产配置问题。郭文旌等(2011)在经典风险模型下利用嵌入法技术研究了均值方差准则下保险人的最优投资问题。罗琰等(2012)在 Guo et al. (2004)的基础上加入了卖空约束,同样考虑了均值方差准则下的资产配置问题,并得到了显式解。Dang et al. (2014)给出了跳几何布朗运动市场中均值方差组合的最优脉冲控制投资策略数值求解方法。在跳几何布朗运动市场假设的基础上,Liang et al. (2016)假设风险过程为复合泊松过程,且金融市场的跳过程和风险过程跳过程相关,利用嵌入法技术研究了均值方差准则下保险人的最优再保险和投资问题。李爱忠等(2018)在多元跳几何布朗运动市场中,进一步假设跳强度服从平方根扩散过程,利用嵌入法技术研究了均值方差准则下的最优投资问题。

经典的跳资产价格过程中一般假设跳风险服从泊松过程,泊松过程中两次跳事件之间是独立的。然而在现实金融市场中,风险资产价格过程在时间序列和横截面上具有传染现象,一次风险事件爆发后,紧接着爆发的金融事件强度可能会加大,一个金融资产价格受到冲击后,其他金融资产价格也可能同时受到冲击。Aït-Sahalia et al. (2015)引入了 Hawkes 跳扩散过程来刻画这一现象,并给出了对数型投资者投资策略的显式解以及 CARA 和 CRRA 型投资者的半解析解。

13.2.6　关于机制转换模型的研究

众所周知,经济周期存在扩张、衰退、紧缩、复苏四个阶段,类似的,资本市场也存在"牛市"和"熊市"两个状态,并且在这两个状态的不断更替中演进。在不同的市场状态下,金融市场的收益率和波动率风险是不一样的。为了刻画这种事实,计量经济学家引入了**马尔科夫机制转换**(regime-switching)模型对金融市场进行建模(Ang et al.,2012),实证结果表明,机制转换模型能够很好地描述资产收益率的尖峰肥尾、异方差和非对称相关系数等性质。近年来,大量的学者研究了机制转换市场下的资产配置问题。Guidolin et al. (2007)发现股票和债券收益率联合分布中存在崩盘、缓慢增长、牛市和复苏四个机制,这四个机制下的最优投资策略相差很大,并且随投资者估计的概率而改变。在崩盘状态下,买入持有型投资者的投资期限越长,持有的股票仓位越大。但是在牛市状态下却完全相反。Guidolin et al. (2008a)还考虑了收益率的高阶矩的机制转换特征对国际资产配置的影响。Guidolin et al. (2008b)研究了机制转换模型下价值和规模因子的配置问题。Liu(2011)在资产的瞬时收益率期望满足隐马尔可夫过程的假设下,给出了一类具有模糊厌恶的递归效用的经济人用随机变分和随机积分表示的最优投资消费策略,美国市场的数据表明,模糊厌恶对动态对冲需求影响很大。

Yiu et al. (2010)在同样的市场假设下研究了受最大在险价值(VaR)约束的最优投资消费问题,给出了机制转换模型对应的 HJB 方程的数值算法。在 Yiu et al. (2010)研究的基础上,Zhu et al. (2016)假设机制不可观测,研究了同样的最优投资消费问题。Hainaut(2014)在综合考虑市场摩擦、交易成本、非流动性以及延迟支付后,利用脉冲控制技术研究了机制转换模型下的养老金最优缴费时机和缴费大小选择问题。Zou et al. (2014)假设金融市场和保险损失过程均依赖于经济机制,研究了 HARA 型保险人的最优投资、消费、保险问题,发现最优策略与经济机制密切相关。谷爱玲等(2016)假设保险公司的盈余过程和金融市场的资产价格过程均由可观测的连续时间马尔科夫链所调节,研究了具有 CARA 效用的保险公司的最优超额损失再保险和投资问题。Chen et al. (2016)假设金融市场和保险赔付过程由机制转换过程驱动,研究了 CARA 型保险人的最优投资和再保险策略。通过求解机制转换 HJB 方程,给出了最优策略的显式解。Escobar et al. (2017a,2017b)在多元股票债券市场中引入了由机制转换过程调整的随机参数,研究了 HARA 型投资者的最优投资问题,结果表明,最优投资策略中包含了一个投资乘数与机制相关的固定比例组合保险策略,该策略保证了组合到期时财富不低于某一水平。Yao et al. (2016)在马尔科夫机制转换市场的基础上考虑了工资风险和死亡风险,使用拉格朗日乘子方法给出了均值方差准则下 DC 型养老金的动态最优投资策略,以及有效前沿的封闭解。Zhang et al. (2016)在机制转换模型的基础上加入了卖空约束,利用拉格朗日乘子法给出了均值方差组合对应的最优投资策略和有效前沿解析解。

13.3　未来研究方向

虽然到目前为止,资产配置领域的研究取得了丰硕的成果,但仍然有许多问题需要解决:

(1) 现有的关于非自融资组合的研究中,要么假设不变投资集,要么在时变投资集中同时假设市场完备。如假设市场风险和资金流风险完全相关,或者假设存在一个资金流的衍生品,比如再保险产品。市场风险和资金流风险的经济本质完全不同,假设其完全相关过于牵强,同时市场上并不一定有再保险产品。因此,时变市场中存在不可完全对冲的随机资金流的资产配置问题有待进一步深入研究。

(2) 使用非方差作为风险指标的均值—风险投资组合模型中,现有研究主要集中于讨论自融资组合的配置问题,但是现实中的大多数组合都是非自融资的。目前使用在险值(VaR)、条件在险值(CVaR)作为约束或者风险目标的非自融资组合的最优资产配置研究并不多,这是一个值得探索的方向。

(3) 现有的资产配置模型主要着眼于时变投资集中,单个无风险资产和单个风险资产的配置问题,或者服从多维几何布朗运动的多风险资产配置问题。而在现实中,大多数组合中都包含了多个不同种类的风险资产,比如投资组合中可能配置了股票、商品、黄金、外汇等品种。多维几何布朗运动的假设一方面忽视了不同投资品种之间的风险收益模型差异,另一方面忽视了风险资产收益的时变特征。因此,考虑跨品种的资产配置模型更具有现实意义。

（4）大量的实证研究发现，资产之间的风险具有复杂的关系，比如非线性、非对称、尾部相关等，可以用 Copula 连接函数对其进行刻画。现有的研究主要聚焦于复杂风险关系的揭示，或者具有特殊权重组合的风险测度，以及特殊投资品种的最优对冲策略。尚未发现基于这些复杂风险关系的资产配置研究，这方面有待进一步探索。

（5）无论是使用方差还是在险价值、条件在险值作为风险测度，现有的风险预算资产配置大都基于资产收益率满足正态分布这一假设，但是大量实证研究表明，风险资产收益率不满足正态分布，比如上面提到的复杂风险关系就无法使用正态分布来刻画，然而该方面基于风险预算的资产配置研究却并不多见，这方面还需要进一步深入研究。

（6）从现有的研究来看，风险平价模型中，大量采用历史波动率（协方差矩阵）或者已实现波动率作为未来资产收益率波动的估计，指数编制公司在编制风险平价指数（如上证股债风险平价指数、中证股债风险平价指数、中证多资产风险平价指数）时，也直接采用了同样的方案。但众所周知，波动率并非常数，在时间序列分析领域有成熟的模型对其进行刻画。因此，将一些随机波动率模型引入风险平价模型中可能是一个有益的尝试。

（7）现有的风险平价组合模型中，大量使用标准差来度量组合风险。但标准差在刻画风险方面存在不足：一方面，标准差无法区分价格上涨和价格下跌带来的波动；另一方面，标准差只能捕捉到收益率的二阶矩信息，当收益率存在非对称、尖峰、厚尾分布时，标准差不能反映这部分风险。半方差能区分上涨和下跌风险，在险价值（VaR）、条件在险价值（CVaR）可以刻画损失风险，尤其是尾部风险，它们在投资实践中更有意义。另外，基于风险贡献均衡的思想，探讨这些风险测度下的风险平价模型是一个更加具有现实意义的尝试。

（8）除风险和收益之外，流动性也是资产的重要属性，它会直接影响投资组合的风险和收益。所有的资产配置都要通过交易来实现，现实中的交易成本包括流动性冲击成本在内的隐性成本，它对于大型机构投资者尤为重要。目前尚未见到考虑流动性风险的资产配置研究，因此考虑流动性风险的资产配置研究更有现实意义。

13.4　本章小结

本章首先论述了基于风险预算资产配置问题研究的重要意义，然后分别基

于均值方差效用、基于效用函数、基于随机收益率、基于随机波动率、基于跳扩散
模型和基于机制转换模型对已有研究成果进行了分析。指出了以往研究取得的
主要研究成果和存在的不足,分析了未来可能的研究方向: ① 时变市场中带有
一类不可完全对冲随机资金流的资产配置;② 基于不同价格过程的动态多品种
资产配置;③ 在时变方差及复杂风险相关下基于 copula 模型的风险预算资产配
置;④ 基于非标准差风险测度的风险平价策略;⑤ 考虑流动性风险的资产配置;
⑥ 不同风险测度下的风险预算资产配置比较研究。

结 束 语

成果总结

经常有人问我：你完成了这么多课题，发表了 100 多篇论文，究竟对我们国家、对民族、对国民经济、对企业、对证券市场、对投资者有什么用呢？我认真梳理分析了已经完成的课题和发表的论文，感觉大多数研究成果是有用的。有些研究成果暂时还没有看出来有重要作用，也可能有些研究成果有错误，这些都是正常的，问题是潜在用途和直接用途是两回事，理论用途和现实用途是两回事，直接用途和间接用途是两回事，有重要实用价值和确实被采用是两回事。就拿这本书来说吧，本书是笔者 20 多年来从事教学与科学工作的主要研究成果的一部分，极其具有代表性，接下来就逐一分析：

（1）关于证券市场微观结构理论。微观结构理论中的存货模型、信息模型和交易策略模型已经取得的研究成果对于我们的研究就有很大启发，也引起了很多思考，这就是作用。同样，1.4 节中分析美国的芝加哥商业交易所曾在 1982 年对标普 500 指数期货合约实行过日交易价格为 3％的价格限制，但这一规定在 1983 年被废除。由于没有接受具有悠久历史的成熟市场的这次教训，2015 年 12 月 4 日，中国股票市场正式发布指数熔断相关规定，熔断基准指数为沪深 300 指数，采用 5％和 7％两档阈值，于 2016 年 1 月 1 日起正式实施。由于实施熔断机制后市场巨幅下跌，2016 年 1 月 8 日暂停实施，显然在有涨跌幅是 10％的限制下推出熔断制度，理论与实证研究远远不够。2019 年推出科创板熔断制度，是在没有涨跌幅的限制时段实行熔断机制，还需要在实践中检验。

（2）关于证券市场交易机制。对证券市场交易机制的分类与评价已经有了很多研究成果，我对证券市场交易机制进行了分类，提出的评价证券市场交易机制质量指标体系，也是参考了已有的研究成果，实际评价是否采用，还有一个深入研究的过程。有选择地采纳，说明研究成果也是有用的，更何况所得到的研究成果不可能尽善尽美，最重要的是如何定性与定量相结合地综合评价证券市场交易机制,探讨设计能够在一定条件下相互转换的混合交易机制,是一个值得研究的问题。

（3）关于证券市场流动性度量问题。我参考报价驱动机制证券市场流动性度量方法,提出了指令驱动机制证券市场流动性度量的新方法,并运用传统方法和新方法对中国证券市场的流动性进行了实证分析。从统计数据上看,提出的新度量方法优于传统度量方法,但是也存在明显的缺陷,就是度量的时段价格都一样时是有问题的,因此不可能直接使用。现在这个问题已经解决,但在这方面还需要深入研究,探讨新的、更接近现实的度量指标。

（4）关于资产定价问题。我们在详细描述了衍生资产的概念、种类和特征的基础上,简单综述了完全市场期权定价方法,然后提出了非完全市场衍生资产定价方法,分别给出了单期离散时间确定性套利定价公式、ε-套利定价公式和区间定价公式。这些成果既有理论意义,也有现实意义,可以直接运用,改变了一提到定价就是一个价格的惯性思维。需要深入研究的是,连续时间衍生资产定价和离散时间多期衍生资产定价问题,并探讨解决问题的新思路。

（5）关于期货定价问题。众所周知,持有成本(cost of carry)模型是期货定价的基本模型,但这个模型没有进一步考虑有摩擦期货市场,而本书的贡献是在有摩擦非完全期货市场的情况下,运用无套利基本原理,分别得出了事前预测和事后检验的期货无套利区间模型,然后运用这个模型研究了上海期铜市场的定价问题,得到了上海期铜的定价公式。这个公式与使用经典无套利定价方法确定的期货价格有本质上的不同,这个价格不是一个确定的值,而是一个区间。这个结果无论是对套期保值交易者,还是对套利交易者,都有直接实用价值。

（6）关于存款保险定价问题,这一部分在期权定价法和期望损失定价法的基础上,提出了利用银行破产时被保险存款的期望损失来定价存款保险的新思路。这个方法的特点是存款保险定价不仅与银行资产的风险和收益有关,而且与银行资本持有状况和存款的参保比率有密切关系;通过理论推导得到了存款保险定价公式。研究结果表明:银行持有的资本越多,银行破产的概率越低,存款保险机构偿付的概率也越低,存款保险的费用则越低;存款的参保比率越高,存款费率越低,这样可以客观地反映商业银行破产时被保险存款的期望损失。毫无疑问,在证券市场效率较高的前提下,新公式和新思路有重要的理论与现实意义,可以作为收取存款保险费用的参考依据。

（7）关于消费投资问题。这一部分在假设证券收益存在有界不确定干扰和考虑交易费用的情况下,基于微分对策理论,研究了最差情况下的最优消费和投资策略问题。建立了最优消费和投资决策的微分对策模型;证明了该微分对策模型存在唯一的值函数，并根据微分对策理论推导出了值函数满足的 IB 偏微分方程；通过求解 IB 偏微分方程，得到了最差情况下的最优消费和投资策略。这一部分问题来源于实际，对相关理论研究是有启发的，但从所得结果来看，直接运用于实际还不太可行，因此，在这方面需要进一步解决的问题是：如何简化模型？如何解决实际问题？

（8）关于投资策略。我们运用随机最优控制理论研究了带有交易费用的 n 种风险证券的投资决策问题。这一问题具有实际背景，针对现实问题建立了证券投资决策问题的随机最优控制模型，并把证券投资决策问题归结为求解随机最优控制值函数问题，得出了基于值函数的一般投资策略。将这一部分研究成果直接运用于解决实际问题是困难的，关键是交易速率怎样度量和确定还没有解决，因此，还需要进一步研究如何确定值函数，如何用数值方法求解。

（9）关于风险控制问题。默顿和普利斯卡解决了金融风险控制问题中出现的一类一维二阶偏微分方程自由边界问题，普利斯卡和塞尔比解决了金融风险控制问题中出现的一类二维二阶偏微分方程自由边界问题。本部分内容研究了金融风险控制问题中出现的一类多维二阶微分方程自由边界问题，得出两个重要研究结果。这部分成果的理论价值和意义是明显的，但直接的应用目前还没有解决。

（10）关于风险规避投资策略问题。研究单期考虑风险规避的收益率最大化问题具有现实背景意义，研究了风险规避限制下的投资策略的一般问题，建立了相应的随机最优控制问题数学模型，推导出了随机最优控制问题值函数所满足的带有风险规避系数的 HJB 偏微分方程；并针对具体的证券投资决策问题，给出了相应的风险规避投资者的投资策略，这个策略是可以解决现实问题的，问题是各种参数如何正确度量直接影响实际效果。

（11）关于证券投资决策的微分对策方法。这里把投资者看成微分对策的一方，而把不确定干扰看成微分对策的另一方，并针对不确定干扰的最差情况进行最优控制。也就是说，不确定干扰努力破坏投资者的目标，而投资者则使目标最大。这个问题构思独特，逻辑合理。分别构造只有一种风险证券和有多种风险证券的微分对策模型，通过把证券投资问题归结为求解微分对策值函数问题，得到了购入和抛出证券的策略。这里的关键仍然是交易速率怎样度量和确定的问题，只要解决了这一问题，正确运用数值方法求解值函数，就可以直接运用于解决实际问题。

（12）关于流动性风险度量与控制策略问题。这部分内容主要解决流动性风险度量与控制策略两个问题。在假设股票价格变动只受波动、漂移和交易策略的冲击三方面影响的基础上，得到了流动性风险度量公式 $LrVaR$，在证券价格服从算术布朗运动的假设下，分别推导出了基于 $LrVaR$ 和基于均值方差效用的最优变现策略解析解。这一部分的结果有极强的针对性和重大的理论与现实意义，解析表达式的完美漂亮，参数敏感性分析强大的解释能力，都对投资者进行量化交易分析和解决交易策略问题有重要的参考价值。存在的问题是怎样正确地估计与度量资产的波动性、瞬时冲击和永久冲击，是需要深入研究解决的问题，如果出现错误和较大偏差，模型再好，依据模型做出的决策也是错误的。

（13）基于风险预算的资产配置这部分内容只是通过大量阅读相关研究成果的体会与认识，对所阅读文献进行了归纳总结，论述了研究基于风险预算资产配置问题的重要意义，指出了以往研究取得的主要成果和存在的不足，分析了未来可能的研究方向，仅供参考，希望对读者有所启发。

未来展望

从 1969 年到 2019 年 50 年间，金融经济的理论与实践有了长足的发展，研究成果层出不穷，其研究的主要成果集中在三个方面：在证券市场微观结构理论方面主要有基于存货模型的理论、基于信息模型的理论和基于交易策略模型的理论；在资产定价方面主要有资本资产定价理论、套利定价理论和期权定价理论；在风险管理方面主要有证券组合理论、套期保值理论、风险转移理论及对金融风险的预警、度量和控制等理论。众所周知，这些丰富的研究成果对现代金融理论研究与实践发展有巨大的推动作用。虽然许多研究成果是在距离现实甚远的一些假设条件下得到的，但对证券市场的理论与实践仍具有重要的理论意义和现实的指导意义。

现代金融理论的发展趋势是：① 从相互割裂的宏观层次和微观层次两个方面的研究转移到以微观层次为核心上来，从微观的角度出发探索这两个方面的关系，侧重微观经济结构的研究；② 从纯理论的定性描述性金融阶段转移到大量地应用数理科学、工程技术和统计分析方法进行定量分析的分析性金融阶段；③ 从以人工计算为主的简单分析阶段转移到以计算机信息科学为手段的智能分析和复杂性研究阶段；④ 从静态的确定性研究阶段转移到动态的不确定性研究阶段；⑤ 从侧重理论研究阶段转移到侧重实证分析阶段。特别是从这几年的大量研究成果来看，这些特征就更为显著。

尽管前人的这些研究成果如此重要，以至于许多在这些理论研究方面做出突出贡献的科学家获得了诺贝尔奖,这些成果也确实丰富了证券市场的微观经济理论的内容,加速了金融衍生产品创新的步伐,推动了金融市场的迅猛发展,但由于金融经济理论内容丰富、方法复杂、应用广泛,许多问题仍然没有解决,新的问题也在不断出现。下面指出需要在今后的研究中进行深入分析和解决的几个可能有潜力的研究方向。

(1)在证券市场的微观结构理论方面。首先,研究市场微观结构理论对市场参与者投资策略的影响可为投资者决策服务。通过证券市场微观结构对市场中的信息进行分析,以打开交易过程的"黑箱"之谜,探讨微观主体的定价行为。通过研究信息对市场参与者的影响,分析价格发现过程、股价与信息的关系,为投资者决策提供了理论基础。在决策过程中,还可以利用微观结构理论建立计量模型,通过各种数据如价格、成交量、周转率、价差、深度等指标来寻求套利机会,为市场参与者决策服务。其次,研究市场微观结构理论还可了解经济学研究在证券领域的发展方向。市场微观结构理论研究的是比普通商品价格形成过程复杂得多的有价证券的价格形成机制,该理论在 1987 年全球股灾后得到了较快的发展并日趋完善,它不仅涉及信息的作用,而且关注不同交易机制对价格形成的不同影响,探讨交易机制与市场绩效的关系,推动均衡价格形成理论的进一步发展,使得经济学理论研究更贴近现实。再次,对交易制度设计者而言,市场微观结构的研究为如何设计交易机制才能达到预期目标提供了帮助。市场设计的目标对不同参与者的立场(利益)而言是不同的。对交易所而言,设计交易机制的最大目标可能是追求交易手续费的最大化;对交易商而言,最理想的市场是流动性最强并且交易成本最小;对管理者而言,最好的市场可能是稳定性最强的市场;对全社会而言,应该是整个社会福利最大化的市场。目前比较流行的提法是证券市场的"公共利益"(public interest)。早在 1974 年,美国《商品交易法》就对满足公共利益的市场作了定义。一个体现公共利益的市场要满足三个条件:一是可信任的价格发现;二是广泛的价格传播;三是可以有效地对冲价格风险(套期保值)。这一定义可作为市场设计的标准。最后,在理论上将库存模型与信息模型结合起来,将库存模型与交易策略模型结合起来,将微观结构理论与行为科学理论结合起来,很可能是一个有潜力的研究方向。

(2)在资产定价理论方面。在非完全市场假设下,本书只讨论了离散时间单期衍生资产定价问题,事实上,所使用的研究方法完全可以推广到离散时间多期衍生资产定价和连续时间衍生资产定价,只不过模型更复杂,计算更烦琐。因此,应该继续探讨简单有效的连续时间衍生资产定价问题和离散时间多期衍生资产定价问题,研究 ε-套利定价和区间定价的内在联系,并进行大量的实证分析。另外,在证券市场是非有效的或弱式有效的假设下,证券价格不等价于一个鞅随机过程,由卡拉塔斯(Karatxas)和施里夫(Shreve)等人倡导的鞅方法不再适用,不能用等价鞅测度的概念研究衍生资产的定价问题,因此,研究新的衍生资产定价方法是一个值得重视的问题。另一个比较具有现实意义的问题是如何对不同流动性的资产定价,无论是从理论上还是从实际上,都有许多问题有待解决。

（3）在金融风险管理方面。一般情况下,各种具体金融风险的管理是通过金融市场实现的,金融市场不仅是金融风险的产生场所,还是转移风险的中介。投资者可以借助于金融市场,通过对风险的买卖,达到管理风险的目的。然而,对于金融中介机构来说,金融风险是它们获取利润的源泉,若金融中介机构把风险全部屏蔽掉或转移掉,那么它也就不会有利润,从而失去了存在的必要性。因此,金融中介公司风险管理的目标并不是消除全部风险,而是通过对风险的选择和管理,来满足自己对风险和收益的偏好。这就存在一个在金融风险管理的过程中,如何在确定风险的条件下,使收益最大或者是在使收益确定的情况下风险最小,这本身就是一个值得研究的优化问题。

另外,如何度量与控制流动性风险和信用风险,是一个理论性很强的、极具现实意义的研究课题,比如,怎样度量某证券组合的流动性风险,证券投资基金在面临巨额赎回时,如何制定变现策略等。怎样预测和度量波动性、瞬时冲击、永久冲击,买入冲击和卖出冲击是否有一定关系,冲击系数与波动性是否有一定关系,不同资产的价格冲击是否有相关性等许多问题,都需要未来的研究来解决。

由于金融风险受复杂多变的政治、经济、科技及社会环境的影响,使各种金融风险之间存在密切的联系,很难把它们完全分隔开来,因此,对金融风险的管理并不等于各种具体风险管理的简单加总,还应该对金融风险进行统一的建模与管理。也就是说,对每一种风险的管理都应该在整体最优的框架下进行。统一的风险度量技术必须确保产生的结果具有较高的标准化程度,才能使风险的度量结果具有可比性,这种总体与局部的关系与制造业管理中的集成化思想是一致的。金融风险管理无论在国内还是在国际上,都是一个崭新的领域。在实现金融风险管理的过程中,还将遇到许多有重要价值的研究课题,如风险因素运动方程的辨识,资产负债现金流量的估计,多因素衍生证券定价模型的求解,等等,这些问题必将是今后的研究课题。

一些读者可能一看到这么多晦涩难懂的数学公式就晕头转向,的确,读懂这本书需要有较好的数学基础。

附　录

附录 A　微分对策理论概要

以下简述微分对策理论,而对有关理论不加证明,详尽的内容可参考 Ksendal et al. (1998)。

考虑由下面常微分方程描述的微分对策问题:

$$\dot{X} = f(t, X(t), u(t), v(t)), \qquad X(0) = X_0 \qquad (A.1)$$

其中,$X(t) \in \mathbf{R}^n$ 是状态变量,$u(t) \in Q_1$,$v(t) \in Q_2$ 分别表示控制双方的策略,集合 Q_1 和 Q_2 是欧几里得距离意义下的紧集。设对策的支付函数为:

$$J(t_0, X_0, u, v) = \int_0^T \psi(s, X(s), u(s), v(s)) g(s, X(s), u(s), v(s)) \mathrm{d}s + \varphi[T, X(T)] g(t, X(t), u(t), v(t))$$

$$(A.2)$$

其中,$f: [0, T] \times R^n \times Q_1 \times Q_2 \to R^n$,$\psi: [0, T] \times R^n \times Q_1 \times Q_2 \to R^n$,$g: [0, T] \times R^n \times Q_1 \times Q_2 \to R^n$,$g(t, X(t), u(t), v(t)) = \exp\left(-\int_0^t b(X(s), u(s), v(s)) \mathrm{d}s\right)$,$b: R^n \times Q_1 \times Q_2 \to R^n$,$\varphi: [0, T] \times R^n \to R^n$,控制 $u(t)$ 努力使其最大,控制 $v(t)$ 希望其最小。

定义 1　微分对策(A.1)的下值函数定义为 $V^-(t, X) = \max\limits_{u \in Q_2} \min\limits_{v \in Q_2} J(t, X, u, v)$。

定义 2　微分对策(A.1)的上值函数定义为 $V^+(t, X) = \min\limits_{v \in Q_2} \max\limits_{u \in Q_1} J(t, X, u, v)$。

由微分对策的理论知道,对 $\forall (t, X) \in [0, T] \times R^n$,微分对策的上值和下值有如下关系:

$$V^-(t, X) \leqslant V^+(t, X) \tag{A.3}$$

当式(A.3)等号成立时,微分对策(A.1)、(A.2)存在值函数。值函数定义为:

$$\forall (t, X) \in [0, T] \times R^n, V(t, X) = V^-(t, X) = V^+(t, X)$$

下面给出微分对策问题(A.1)、(A.2)值函数存在的条件。

(B1) 函数 $f: [0, T] \times R^n \times Q_1 \times Q_2 \rightarrow R^n$ 和 $\psi: [0, T] \times R^n \times Q_1 \times Q_2 \rightarrow R^n$ 是连续的,并对所有的 $(t, X, u, v) \in [0, T] \times R^n \times Q_1 \times Q_2$,有:

$$\| f(t, X, u, v) \| \leqslant R_f (1 + \| X \|), \quad \| \psi(t, X, u, v) \| \leqslant R_\psi (1 + \| X \|) \tag{A.4}$$

其中,R_f 和 R_ψ 是正数,$\| X \|$ 是欧几里得范数。

(B2) 对一切 $(t, X, u, v) \in [0, T] \times R^n \times Q_1 \times Q_2$,$Y \in \mathbf{R}^n$,函数 f 关于变量 X,满足 Lipschitz 条件:

$$\| f(t, X + Y, u, v) - f(t, X, u, v) \| \leqslant R_L \| Y \| \tag{A.5}$$

其中,R_L 是正数。

(B3) 对任意 $\lambda \in \mathbf{R}^n$ 和 $(t, X) \in [0, T] \times R^n$,如下 Isaacs 条件成立:

$$\max_{u \in Q_1} \min_{v \in Q_2} H(t, X, u, v, \lambda) = \min_{v \in Q_2} \max_{u \in Q_1} H(t, X, u, v, \lambda) = H(t, X, \lambda) \tag{A.6}$$

其中,$H(t, X, u, v, \lambda) = \psi(t, X, u, v) - b(X(t), u(t), v(t)) V(t, X) + \langle \lambda, f(t, X, u, v) \rangle$,$\langle \lambda, f \rangle$ 表示 R^n 中向量 λ 与 f 的内积。

引理 1 假设微分对策问题(A.1)满足条件(B1)、(B2)和(B3),则微分对策问题(A.1)、(A.2)存在唯一值函数 $V(t, X): [0, T] \times R^n \rightarrow R$,且是如下 Cauchy 问题的黏性解:

$$\begin{cases} H(t, X, DV) = 0, & (t, X) \in [0, T] \times R^n \\ V(T, X) = \varphi[T, X(T)], & X \in \mathbf{R}^n \end{cases} \tag{A.7}$$

其中,$H(t, X, \lambda)$ 由(A.6)定义,DV 表示 V 的梯度,控制双方的最优策略按如下方式选择。对任何 $\lambda \in \mathbf{R}^n$,最优策略满足式(A.6),即:

$$u^*(t, X, \lambda) = Arg \max_u [\min_v H(t, X, u, v, \lambda)] \tag{A.8}$$

$$v^*(t, X, \lambda) = Arg \min_v [\max_u H(t, X, u, v, \lambda)] \tag{A.9}$$

当值函数 $V(t, X)$ 在点 (t, X) 处连续可微时，其中 λ 等于 V 的梯度，即 $\lambda = DV$。

定理 7.1 的证明：显然微分对策问题 $(7.1.1)$、$(7.1.2)$ 和 $(7.1.3)$ 满足条件 $(B1)$ 和 $(B2)$，下面只需证明条件 $(B3)$ 也满足，对任意 $\lambda = (\lambda_1, \lambda_2) \in R^2$，$(t, x, y) \in [0, T] \times R^2$，$u_1(t)$，$u_2(t) \in [0, U]$，$v(t) \in [-1, 1]$ 有：

$$左端 = \max_{u_1, u_2, c} \min_{v} \{V_t - \rho V + F(c) + \langle \lambda, f(t, x, y, u_1, u_2, v) \rangle\}$$

$$= \max_{u_1, u_2, c} \min_{v} \{V_t - \rho V + F(c) + \lambda_1 [r_1 x - c - (1+\alpha)u_1(t) + (1-\alpha)u_2(t)] +$$

$$\lambda_2 [r_2 y + u_1(t) - u_2(t) + \beta y v(t)]\}$$

$$= V_t - \rho V + \lambda_1 r_1 x + \lambda_2 r_2 y - \beta |y\lambda_2| + \max_{c} \{F(c) - c\lambda_1\} +$$

$$\max_{u_1, u_2} \{[\lambda_2 - (1+\alpha)\lambda_1]u_1(t) + [-\lambda_2 + (1-\alpha)\lambda_1]u_2(t)\}$$

$$右端 = \min_{v} \max_{u_1, u_2, c} \{V_t - \rho V + F(c) + \langle \lambda, f(t, x, y, u_1, u_2, v) \rangle\}$$

$$= \min_{v} \max_{u_1, u_2, c} \{V_t - \rho V + F(c) + \lambda_1 [r_1 x - c - (1+\alpha)u_1(t) + (1-\alpha)u_2(t)] +$$

$$\lambda_2 [r_2 y + u_1(t) - u_2(t) + \beta y v(t)]\}$$

$$= V_t - \rho V + \lambda_1 r_1 x + \lambda_2 r_2 y - \beta |y\lambda_2| + \max_{c} \{F(c) - c\lambda_1\} +$$

$$\max_{u_1, u_2} \{[\lambda_2 - (1+\alpha)\lambda_1]u_1(t) + [-\lambda_2 + (1-\alpha)\lambda_1]u_2(t)\}$$

所以，左端 = 右端，即条件 $(B3)$ 成立，由引理 1 知道结论成立。

附录 B　随机微分对策理论概要

这一部分仅给出随机微分对策的结论,不给出证明。考虑由下面常微分方程描述的随机微分对策问题:

$$dX(t) = a(t, X(t), u(t), v(t))dt + b(t, X(t), u(t), v(t))dw(t) \qquad X(0) = X_0$$
(B. 1)

其中, $X(t) \in \mathbf{R}^n$ 是状态变量, $a: R \times R^n \times Q_1 \times Q_2 \to R^n$, $b: R \times R^n \times Q_2 \to R^n$, $w(t)$, $t \geqslant 0$ 是概率空间 (Ω, F, P) 上的 n 维纳过程; $F_t = \sigma[w(s), s \leqslant t]$ 是由维纳过程 $w(t)$ 产生的 σ-域族 $\{F_t\}$, 每个 σ-域 $\{F_t\}$ 都是完备化的; $u(t) \in Q_1$, $v(t) \in Q_2$ 分别表示控制双方的策略,集合 Q_1 和 Q_2 是欧几里得距离意义下的紧集。定义随机微分对策的支付函数为:

$$J(u(\cdot), v(\cdot)) = E^{t, X}\left(\int_t^T f(s, X^{u, v}(s), u(s), v(s))ds + h[T, X^{u, v}(T)]\right)$$
(B. 2)

其中 $f: R \times R^n \times Q_1 \times Q_2 \to R^n$, $h: R \times R^n \to R$, E 表示期望。控制 $u(t)$ 使支付函数最大,控制 $v(t)$ 使支付函数最小。下面给出随机微分对策的相关定义。

定义 1　微分对策(1)的下值函数定义为 $V^-(t, X) = \max\limits_{u \in Q_2} \min\limits_{v \in Q_2} J(t, X, u, v)$。

定义 2　微分对策(1)的上值函数定义为 $V^+(t, X) = \min\limits_{v \in Q_2} \max\limits_{u \in Q_1} J(t, X, u, v)$。

由随机微分对策的理论知道,对 $\forall (t, X) \in [0, T] \times R^n$,随机微分对策的上值和下值有如下关系:

$$V^-(t, X) \leqslant V^+(t, X)$$
(B. 3)

当式(B. 3)等号成立时,微分对策(B. 1)、(B. 2)存在值函数。值函数定义为:

$$\forall (t, X) \in [0, T] \times R^n, V(t, X) = V^-(t, X) = V^+(t, X)$$

下面给出微分对策问题(B. 1)、(B. 2)值函数存在的条件。

(A1) 存在不依赖于 x, u, v 的正常数 K,使得对所有的 $(t, X, u, v) \in [0, T] \times R^n \times Q_1 \times Q_2$ 和 $g = a, b, f, h$ 都有:

$$| g(t, X, u, v) - g(t, X, u, v) | \leqslant K | X - Y | \qquad (B.4)$$

(A2) 假定存在正常数 L 对一切 $(t, X, u, v) \in [0, T] \times R^n \times Q_1 \times Q_2$, $\theta \in \mathbf{R}^n$ 有:

$$\sum_{i, j=1}^{n} b_{ij}(t, X, u, v) \theta_i \theta_j \geqslant L | \theta |^2 \qquad (B.5)$$

(A3) 对任意 $(t, X) \in [0, T] \times R^n$, 如下 Isaacs 条件成立:

$$\max_{u \in Q_1} \min_{v \in Q_2} H(t, X, u, v, DV, D^2V) = \min_{v \in Q_2} \max_{u \in Q_1} H(t, X, u, v, DV, D^2V)$$

$$= H(t, X, DV, D^2V) \qquad (B.6)$$

其中, $H(t, X, u, v, DV, D^2V) = f(t, X, u, v) + LV$, DV 表示 V 的梯度, D^2V 表示 V 的 Hessian 阵, L 是线性微分算子, 定义为:

$$L = \frac{\partial}{\partial t} + \sum_{i=1}^{n} a_i(t, X, u, v) \frac{\partial}{\partial x_i} +$$

$$\frac{1}{2} \sum_{i, j=1}^{n} [(b(t, X, u, v))(b(t, X, u, v))^{\mathrm{T}}]_{ij} \frac{\partial^2}{\partial x_i \partial x_j}$$

定理 1 假设随机微分对策问题(B.1)、(B.2)满足条件(A1)、(A2)和(A3), 则随机微分对策问题(B.1)、(B.2)存在唯一值函数 $V(t, X)$: $[0, T] \times R^n \to R$, 且是如下 Cauchy 问题的解:

$$\begin{cases} f(t, X, u, v) + H(t, X, DV, D^2V) = 0, & (t, X) \in [0, T] \times R^n \\ V(T, X) = h(T, X), & X \in \mathbf{R}^n \end{cases}$$

$$(B.7)$$

控制双方的最优策略按如下方式选择:

$$u^*(t, X) = Arg \min_u [\max_v H(t, X, u, v, DV, D^2V)] \qquad (B.8)$$

$$v^*(t, X) = Arg \max_v [\min_u H(t, X, u, v, DV, D^2V)] \qquad (B.9)$$

附录 C　公式(6.2.6)的证明

令 $y = \dfrac{x - E[Ln(V_T)]}{\sqrt{\mathrm{Var}[\ln(V_T)]}}$，那么 y 服从标准正态分布，则式(6.2.4)可表示为：

$$E(G_2) = B\int_{\frac{0-E[Ln(V_T)]}{\sqrt{\mathrm{Var}[\ln(V_T)]}}}^{\frac{\ln(DP-B)-E[Ln(V_T)]}{\sqrt{\mathrm{Var}[\ln(V_T)]}}} f(y)\mathrm{d}y + DP\int_{\frac{\ln(DP-B)-E[Ln(V_T)]}{\sqrt{\mathrm{Var}[\ln(V_T)]}}}^{\frac{\ln(DP)-E[Ln(V_T)]}{\sqrt{\mathrm{Var}[\ln(V_T)]}}} f(y)\mathrm{d}y$$
$$-\int_{\frac{\ln(DP-B)-E[Ln(V_T)]}{\sqrt{\mathrm{Var}[\ln(V_T)]}}}^{\frac{\ln(DP)-E[Ln(V_T)]}{\sqrt{\mathrm{Var}[\ln(V_T)]}}} e^{y\cdot\sqrt{\mathrm{Var}[\ln(V_T)]}+E[Ln(V_T)]} f(y)\mathrm{d}y \qquad (\mathrm{C.1})$$

因为 y 服从标准正态分布，将标准正态分布的概率密度函数及 $E[\ln(V_T)] = \left[\ln V_0 + \left(\mu - \dfrac{\sigma^2}{2}\right)T\right]$；$\mathrm{Var}[\ln(V_T)] = \sigma^2 T$ 代入(A1)可得：

$$E(G_2) = B\left[N\left(\frac{\ln(DP-B)-E[Ln(V_T)]}{\sqrt{\mathrm{Var}[\ln(V_T)]}}\right) - N\left(\frac{0-E[Ln(V_T)]}{\sqrt{\mathrm{Var}[\ln(V_T)]}}\right)\right] +$$
$$DP\left[N\left(\frac{\ln(DP)-E[Ln(V_T)]}{\sqrt{\mathrm{Var}[\ln(V_T)]}}\right) - N\left(\frac{\ln(DP-B)-E[Ln(V_T)]}{\sqrt{\mathrm{Var}[\ln(V_T)]}}\right)\right] -$$
$$e^{(\ln V_0+\mu T)}\int_{\frac{\ln(DP-B)-E[Ln(V_T)]}{\sqrt{\mathrm{Var}[\ln(V_T)]}}}^{\frac{\ln(DP)-E[Ln(V_T)]}{\sqrt{\mathrm{Var}[\ln(V_T)]}}} \frac{1}{\sqrt{2\pi}} e^{-\frac{(y-\sigma\sqrt{T})^2}{2}}\mathrm{d}y \qquad (\mathrm{C.2})$$

再令 $z = y - \sigma\sqrt{T}$，则式(C.2)的第三项可变形为：

$$e^{(\ln V_0+\mu T)}\int_{\frac{\ln(DP-B)-E[Ln(V_T)]}{\sqrt{\mathrm{Var}[\ln(V_T)]}}}^{\frac{\ln(DP)-E[Ln(V_T)]}{\sqrt{\mathrm{Var}[\ln(V_T)]}}} \frac{1}{\sqrt{2\pi}} e^{-\frac{(y-\sigma\sqrt{T})^2}{2}}\mathrm{d}y$$
$$= e^{(\ln V_0+\mu T)}\int_{\frac{\ln(DP-B)-\left[\ln V_0+\left(\mu-\frac{\sigma^2}{2}\right)T\right]-\sigma^2 T}{\sigma\sqrt{T}}}^{\frac{\ln(DP)-\left[\ln V_0+\left(\mu-\frac{\sigma^2}{2}\right)T\right]-\sigma^2 T}{\sigma\sqrt{T}}} \frac{1}{\sqrt{2\pi}} e^{-\frac{(z)^2}{2}}\mathrm{d}z$$
$$= e^{(\ln V_0+\mu T)}\left[N\left(\frac{Ln\left(\dfrac{DP}{V_0}\right)-\left(\mu+\dfrac{\sigma^2}{2}\right)T}{\sigma\sqrt{T}}\right) - N\left(\frac{Ln\left(\dfrac{DP-B}{V_0}\right)-\left(\mu+\dfrac{\sigma^2}{2}\right)T}{\sigma\sqrt{T}}\right)\right]$$
$$\qquad (\mathrm{C.3})$$

将式(C.3)代入式(C.2)可得：

$$
E(G_2) = B\left[N\left(\frac{Ln\left(\frac{DP-B}{V_0}\right)-\left(\mu-\frac{\sigma^2}{2}\right)T}{\sigma\sqrt{T}}\right) - N\left(\frac{\ln\left(\frac{0}{V_0}\right)-\left(\mu-\frac{\sigma^2}{2}\right)T}{\sigma\sqrt{T}}\right)\right]
$$

$$
+ DP\left[N\left(\frac{Ln\left(\frac{DP}{V_0}\right)-\left(\mu-\frac{\sigma^2}{2}\right)T}{\sigma\sqrt{T}}\right) - N\left(\frac{Ln\left(\frac{DP-B}{V_0}\right)-\left(\mu-\frac{\sigma^2}{2}\right)T}{\sigma\sqrt{T}}\right)\right]
$$

$$
- e^{(\ln V_0 + \mu T)}\left[N\left(\frac{Ln\left(\frac{DP}{V_0}\right)-\left(\mu+\frac{\sigma^2}{2}\right)T}{\sigma\sqrt{T}}\right) - N\left(\frac{Ln\left(\frac{DP-B}{V_0}\right)-\left(\mu+\frac{\sigma^2}{2}\right)T}{\sigma\sqrt{T}}\right)\right]
$$

$$
\text{(C.4)}
$$

因为 $N\left(\dfrac{\ln\left(\dfrac{0}{V_0}\right)-\left(\mu-\dfrac{\sigma^2}{2}\right)T}{\sigma\sqrt{T}}\right)=0$，所以式(6.2.6)得证。

附录D　第3章实证研究结果

第3章实证研究结果如附表D-1～附表D-4所示。

附表D-1　带有A、B股的B股股票流动性计算结果

名　称	流通股数	2000年12月25—29日			2001年3月26—30日		
		换手率	深度	影响力	换手率	深度	影响力
真空B股	21 083	0.095 5	30 051.19	1.296 3	0.306 9	41 739.48	0.647 5
二纺B股	23 293	0.082 5	48 055.25	1.505 0	0.301 7	97 603.61	0.467 0
大众B股	20 280	0.045 4	15 875.69	2.233 3	0.219 5	38 046.58	0.641 5
永生B股	4 562.6	0.056 4	3 896.97	2.242 3	0.198 2	7 353.33	0.651 8
中铅B股	12 005	0.060 5	12 970.18	2.361 9	0.290 0	35 888.04	0.513 8
ST中纺B	12 012	0.097 4	27 869.29	1.275 6	0.210 5	45 143.57	0.538 8
胶带B股	4 174.5	0.080 5	**3 109.82**	2.130 4	0.171 6	**3 379.72**	0.929 9
氯碱B股	40 656	0.058 4	**56 557.86**	2.165 1	0.241 6	**136 419.40**	0.541 0
轮胎B股	24 310	0.070 5	40 793.10	1.637 4	0.278 7	112 917.80	0.334 4
冰箱B股	17 940	0.088 4	31 724.00	1.428 5	0.264 5	53 314.38	0.521 8
金桥B股	20 449	0.053 1	13 230.85	3.679 2	0.263 3	53 846.00	0.527 5
外高B股	18 233	0.044 8	16 321.60	2.030 9	0.168 8	25 649.92	0.911 1
联华B股	3 600	0.082 6	4 017.43	1.757 1	0.184 5	5 546.00	0.642 6
新锦B股	14 641	0.082 2	35 387.06	1.076 9	0.288 7	42 263.10	0.595 2
ST永久B	6 900	**0.161 0**	29 225.79	**0.662 9**	0.439 3	39 888.29	0.371 9
凤凰B股	13 200	0.106 2	25 041.79	1.237 8	0.196 7	30 541.76	0.488 1
海欣B股	7 507	0.050 1	7 831.04	1.607 7	**0.545 1**	10 230.98	0.719 4
耀皮B股	12 500	0.042 0	11 937.73	2.191 8	0.179 0	21 309.90	0.706 7
大江B股	6 006	0.153 5	13 173.71	1.199 7	0.402 0	18 289.17	0.506 8
上柴B股	21 700	0.055 0	29 848.25	1.953 8	0.262 9	65 575.98	0.553 4
英雄B股	9 689.7	0.116 0	22 487.80	1.025 5	0.422 6	24 814.48	0.520 6
三毛B股	4 065.6	0.117 8	6 653.33	1.198 4	0.463 4	7 330.04	0.570 0
友谊B股	10 708	0.123 9	17 463.16	1.272 3	0.316 5	27 330.81	0.512 2

续　表

名　称	流通股数	2000 年 12 月 25—29 日			2001 年 3 月 26—30 日		
		换手率	深度	影响力	换手率	深度	影响力
上工 B 股	9 750	0.086 7	16 915.60	1.399 5	0.307 0	27 464.13	0.485 6
上菱 B 股	9 480	0.045 9	6 212.57	2.033 9	0.341 7	9 845.11	0.782 9
ST 钢管 B	8 800	0.097 7	16 527.50	1.157 0	0.135 3	8 327.83	1.162 4
物贸 B 股	6 655	0.132 5	15 203.10	0.994 7	0.154 6	13 019.87	0.638 6
自仪 B 股	10 715	0.066 6	13 720.19	2.087 6	0.285 7	43 732.14	0.411 6
邮通 B 股	12 480	0.057 8	12 870.36	1.939 3	0.256 9	24 287.65	0.614 7
陆家 B 股	50 960	**0.026 7**	26 209.42	**4.120 5**	0.144 8	87 846.07	0.818 4
华新 B 股	16 400	0.039 3	16 961.32	2.913 4	0.174 0	32 435.91	0.936 5
新亚 B 股	15 600	0.065 3	21 232.29	1.855 2	0.276 3	46 846.96	0.512 2
龙电 B 股	27 000	0.045 7	22 868.89	2.201 7	0.308 4	17 457.32	**1.863 4**
天海 B 股	18 000	0.094 4	22 962.16	2.030 7	0.304 7	34 713.10	0.783 4
华源 B 股	20 700	0.058 7	26 413.70	1.940 5	0.370 7	57 693.83	0.546 0
东信 B 股	15 000	0.026 9	4 924.88	2.967 8	**0.105 0**	8 243.93	1.189 8
黄山 B 股	10 400	0.072 5	9 671.54	2.107 9	0.283 4	19 014.97	0.705 7
海航 B 股	7 668	0.040 9	8 247.90	2.030 6	0.392 9	35 444.59	**0.284 5**
轻骑 B 股	23 000	0.054 9	37 123.82	2.121 0	0.311 8	117 577.70	0.471 4
振华 B 股	11 000	0.067 0	12 281.17	1.658 5	0.217 7	13 925.35	0.920 8
锦港 B 股	11 100	0.110 3	14 930.73	1.728 9	0.429 1	22 256.59	0.579 8
求和	614 223.4	3.113 5	808 800.00	76.458 6	11.416 4	1 564 555.00	27.120 8

附表 D-2　带有 A、B 股的 A 股股票流动性计算结果

名　称	流通股数	2000 年 12 月 25—29 日			2001 年 3 月 26—30 日		
		换手率	深度	影响力	换手率	深度	影响力
黄山旅游	5 200	0.049 6	486.38	0.738 3	0.028 2	299.08	1.259 6
华源股份	11 040	0.040 5	972.98	0.984 2	0.064 4	947.96	1.038 8
锦州港	5 400	0.112 5	646.28	0.627 6	0.076 6	530.03	0.717 1
海南航空	22 140	0.027 0	1 760.18	1.579 7	0.056 4	3 786.61	0.662 7
振华港机	7 040	0.314 0	1 740.38	0.311 5	0.039 7	635.45	0.778 0

名　称	流通股数	2000 年 12 月 25—29 日			2001 年 3 月 26—30 日		
		换手率	深度	影响力	换手率	深度	影响力
真空电子	31 816	**0.018 0**	1 333.28	1.748 1	0.017 9	861.56	2.836 8
二纺机	7 118.2	0.060 6	590.84	1.081 0	0.023 1	410.93	1.667 3
ST 中纺机	2 574	0.337 9	439.25	0.450 2	0.063 6	268.39	0.776 7
大众交通	10 947	0.035 3	398.18	1.833 8	0.018 6	304.63	2.494 0
第一铅笔	2 908.8	0.076 1	187.64	0.956 4	0.066 4	203.34	0.897 5
永生股份	912.5	0.194 1	55.35	0.763 0	0.164 3	105.59	0.421 7
胶带股份	834.9	0.259 3	63.29	0.438 6	0.114 5	79.63	0.358 2
联华合纤	900	0.117 9	**34.23**	1.240 0	0.257 3	123.20	0.356 3
氯碱化工	2 783.2	0.290 5	531.97	0.363 8	0.061 3	262.49	0.783 0
冰箱压缩	2 028	0.264 6	216.40	0.581 9	0.095 9	183.47	0.723 7
轮胎橡胶	2 288	0.125 3	151.63	0.967 6	0.101 6	158.16	0.932 9
浦东金桥	11 715	0.049 2	887.12	0.995 5	0.049 7	775.93	1.070 9
外高桥	4 950	0.164 4	423.91	0.487 2	0.054 3	274.46	0.925 7
新锦江	3 801.6	0.087 8	327.29	0.825 6	0.092 8	405.60	0.710 0
陆家嘴	16 052	0.023 9	629.69	1.692 5	0.013 6	435.24	2.448 9
凤凰股份	2 640	0.158 6	144.39	0.918 6	**0.012 9**	**36.30**	**2.746 8**
上海邮通	2 704	0.197 5	229.20	0.505 3	0.110 0	142.25	0.955 0
上海三毛	5 712	0.097 5	592.77	0.617 1	0.131 3	448.99	0.860 8
大江股份	2 574	0.125 1	233.38	0.735 3	0.156 4	296.04	0.616 3
济南轻骑	22 973	0.022 9	**2 503.10**	1.437 9	0.028 7	**4 389.27**	0.865 3
龙电股份	8 300	0.020 2	196.94	**2.632 8**	0.229 2	284.39	2.704 8
天津海运	7 976.1	0.091 5	1 402.77	0.443 9	0.045 2	545.89	1.184 4
新亚股份	6 891.1	0.053 0	228.22	2.455 2	0.072 5	1 161.61	0.491 1
东方通信	9 494	0.031 5	149.36	2.355 1	0.067 7	382.83	0.980 2
华新水泥	4 800	0.064 6	543.91	0.802 0	0.048 1	334.33	1.421 1
ST 永久	1 495	**0.450 8**	343.82	**0.263 1**	0.067 8	93.05	1.235 3
耀皮玻璃	3 125	0.058 8	255.00	0.803 4	0.049 4	159.30	1.389 4

续 表

名 称	流通股数	2000 年 12 月 25—29 日			2001 年 3 月 26—30 日		
		换手率	深度	影响力	换手率	深度	影响力
物贸中心	1 331	0.237 2	129.91	0.554 0	0.217 7	209.99	0.337 1
友谊股份	3 356.4	0.043 4	165.51	1.193 7	0.037 1	239.37	0.900 6
上菱电器	14 160	0.055 1	519.93	1.432 5	0.082 1	722.31	1.066 6
上柴股份	2 160	0.142 7	220.13	0.651 8	0.079 5	206.90	0.727 0
上工股份	1 560	0.280 6	113.70	0.800 0	0.095 1	185.49	0.478 3
英雄股份	2 768.4	0.100 7	278.88	0.616 5	**0.522 4**	657.33	**0.221 7**
ST 钢管	1 320	0.218 5	73.00	0.893 1	0.119 5	75.44	0.869 8
自仪股份	3 367	0.092 8	215.47	1.115 4	0.053 6	247.07	1.077 2
海欣股份	10 204	0.098 1	910.04	0.718 6	0.387 5	888.65	0.732 3
求和	271 360.2	5.289 6	21 325.67	40.611 8	4.073 9	22 758.54	43.721 0

附表 D‑3　2001 年 5 月 28 日流通股超过 2 亿元的部分股票流动性计算结果

股票名称	流通股数	成交股数	成交金额	换手率	流通速度	波动幅度	有效流速
深发展 A	139 312.48	1 098.81	**17 453.60**	0.788 7%	0.797 6%	2.692 3%	29.296 0%
深万科	39 871.19	279.39	3 955.00	0.700 7%	0.699 1%	1.702 1%	41.168 0%
世纪星源	34 388.13	382.33	3 285.70	1.111 8%	1.100 9%	2.690 1%	41.330 3%
深宝安	57 972.69	207.33	1 518.10	0.357 6%	0.356 5%	2.197 8%	16.272 3%
深能源	40 526.35	310.01	3 107.50	0.765 0%	0.760 3%	1.901 9%	40.220 7%
深鸿基	28 680.05	102.74	1 017.40	0.358 2%	0.361 3%	2.149 4%	16.666 1%
石油大明	22 152.37	106.11	1 665.90	0.479 0%	0.473 6%	2.056 6%	23.291 4%
粤高速	27 453.07	185.31	1 510.80	0.675 0%	0.663 0%	2.977 7%	22.669 0%
中国凤凰	29 516.80	148.44	1 055.50	0.502 9%	0.501 2%	1.128 3%	44.569 5%
粤美的	29 155.26	86.19	1 100.70	0.295 6%	0.294 8%	2.204 7%	13.408 7%
粤电力	39 147.60	264.79	3 092.80	0.676 4%	0.680 8%	2.164 5%	31.249 2%
湘火炬	26 591.59	230.47	4 721.30	0.866 7%	0.867 6%	0.980 4%	88.403 7%
泰山石油	29 482.25	693.29	8 366.80	**2.351 6%**	**2.340 5%**	2.250 0%	104.513 4%
银广夏	28 103.74	**36.78**	1 214.60	**0.130 9%**	**0.130 4%**	2.756 5%	**4.747 8%**
新大洲	33 716.48	191.98	1 405.20	0.569 4%	0.570 2%	3.051 3%	18.660 6%

股票名称	流通股数	成交股数	成交金额	换手率	流通速度	波动幅度	有效流速
粤宏远	29 205.81	154.35	1 131.60	0.528 5%	0.520 4%	2.739 7%	19.289 9%
新钢钒	29 980.00	223.25	1 732.90	0.744 7%	0.742 0%	2.337 7%	31.855 0%
东方电子	60 211.20	171.30	3 079.10	0.284 5%	0.282 7%	1.284 9%	22.141 4%
锌业股份	34 702.20	174.84	1 769.90	0.503 8%	0.502 5%	1.485 1%	33.924 5%
一汽轿车	54 600.00	190.35	1 316.60	0.348 6%	0.349 2%	2.790 0%	12.495 5%
太钢不锈	48 750.00	107.69	**741.20**	0.220 9%	0.219 3%	2.189 8%	10.087 9%
云南铜业	28 080.00	274.59	2 469.60	0.977 9%	0.974 0%	4.090 9%	23.903 8%
鞍钢新轧	73 507.15	448.86	2 014.40	0.610 6%	0.607 7%	1.793 7%	34.042 9%
中关村	37 484.69	204.63	4 104.90	0.545 9%	0.543 4%	2.102 1%	25.969 4%
首钢股份	35 000.00	219.73	2 224.90	0.627 8%	0.620 4%	3.196 8%	19.638 4%
邯郸钢铁	49 000.00	310.65	2 471.50	0.634 0%	0.630 9%	2.284 3%	27.754 2%
齐鲁石化	35 000.00	320.29	1 924.10	0.915 1%	0.911 7%	1.168 6%	78.307 6%
武钢股份	32 000.00	187.65	1 305.00	0.586 4%	0.587 2%	0.864 6%	67.827 7%
东风汽车	30 000.00	379.53	3 766.60	1.265 1%	1.269 5%	2.038 7%	62.053 2%
上海机场	49 157.25	283.95	2 887.60	0.577 6%	0.578 5%	2.284 0%	25.290 4%
钢联股份	35 000.00	625.44	4 369.20	1.787 0%	1.778 5%	2.898 6%	61.650 5%
民生银行	35 000.00	379.00	7 557.50	1.082 9%	1.087 0%	2.486 0%	43.557 4%
宝钢股份	143 000.00	**1 386.81**	7 441.60	0.969 8%	0.965 5%	1.310 9%	73.981 7%
葛洲坝	34 580.00	153.00	1 317.50	0.442 5%	0.440 2%	1.635 5%	27.052 8%
青山纸业	44 642.00	248.89	1 747.80	0.557 5%	0.557 0%	3.333 3%	16.725 7%
上海汽车	54 600.00	1 230.07	17 340.70	2.252 9%	2.237 4%	1.714 3%	**131.417 7%**
莲花味精	28 000.00	574.77	7 591.20	2.052 8%	2.026 4%	3.926 1%	52.284 8%
真空电子	31 815.64	173.12	2 280.10	0.544 1%	0.546 1%	2.923 1%	18.615 1%
金杯汽车	36 400.00	229.83	1 708.00	0.631 4%	0.634 5%	2.032 5%	31.064 9%
申能股份	25 099.20	265.41	4 620.70	1.057 4%	1.042 6%	4.239 3%	24.944 1%
爱建股份	30 835.27	121.58	1 593.50	0.394 3%	0.392 4%	2.384 6%	16.534 7%
原水股份	56 085.15	286.89	2 538.60	0.511 5%	0.509 2%	1.475 6%	34.665 7%
爱使股份	29 962.48	553.24	7 588.20	1.846 4%	1.832 9%	5.891 1%	31.342 8%

股票名称	流通股数	成交股数	成交金额	换手率	流通速度	波动幅度	有效流速
华晨集团	80 850.94	591.88	5 403.20	0.732 1%	0.730 1%	3.555 6%	20.589 3%
飞乐股份	33 301.74	203.49	2 486.60	0.611 0%	0.608 6%	1.893 0%	32.279 3%
哈药集团	26 637.07	126.05	1 658.90	0.473 2%	0.472 2%	1.526 7%	30.995 4%
中华企业	26 546.68	247.11	2 946.90	0.930 9%	0.936 4%	1.864 4%	49.927 5%
上海石化	72 000.00	481.68	2 377.90	0.669 0%	0.663 9%	3.272 0%	20.446 3%
青岛海尔	37 491.42	161.38	3 137.70	0.430 4%	0.427 0%	1.914 1%	22.487 8%
济南轻骑	30 671.00	403.69	2 635.20	1.316 2%	1.311 9%	3.100 8%	42.447 3%
轻纺城	25 223.33	260.28	2 575.00	1.031 9%	1.028 7%	3.272 0%	31.537 5%
悦达投资	30 949.05	160.66	1 460.10	0.519 1%	0.517 9%	0.882 0%	58.854 2%
马钢股份	60 000.00	347.22	1 343.00	0.578 7%	0.576 2%	1.558 4%	37.133 3%
东方集团	36 526.99	339.75	3 439.00	0.930 1%	0.921 5%	3.707 4%	25.088 5%
华北制药	46 926.86	242.70	1 605.30	0.517 2%	0.514 4%	1.363 6%	37.927 1%
鞍山信托	20 513.44	83.92	1 070.50	0.409 1%	0.409 3%	1.813 9%	22.553 7%
四川长虹	95 140.23	242.70	2 692.90	0.255 1%	0.254 9%	1.996 4%	12.778 0%
梅雁股份	64 686.57	313.36	1 517.60	0.484 4%	0.330 2%	1.412 4%	34.297 5%
中炬高新	24 923.00	175.57	1 640.90	0.704 4%	0.700 1%	2.260 5%	31.163 5%
亚泰集团	27 551.56	214.34	2 127.50	0.778 0%	0.772 6%	2.024 3%	38.431 2%

附表 D-4　2001 年 5 月 28 日流通股不足 0.35 亿元的部分股票流动性计算结果

股票名称	流通股数	成交股数	成交金额	换手率	流通速度	波动幅度	有效流速
深中冠	2 023.12	27.44	502.40	1.356 0%	1.351 5%	2.369 1%	57.249 4%
深大通	1 914.00	26.09	546.50	1.363 0%	1.363 9%	1.582 7%	86.124 0%
深纺织	2 217.60	62.95	1 138.80	2.839 0%	2.849 0%	2.407 6%	117.903 2%
北方国际	2 600.00	51.71	1 226.90	1.989 0%	2.018 3%	3.330 4%	59.717 0%
甬成功	2 780.50	11.43	309.60	0.411 0%	0.408 3%	2.453 5%	16.754 5%
太光电信	2 200.00	9.18	222.40	0.417 0%	0.417 5%	4.602 5%	9.066 2%
古井贡 A	2 000.00	60.20	1 399.80	3.010 0%	2.983 0%	4.321 3%	69.655 7%
威达医械	2 850.00	104.77	1 819.00	3.676 0%	3.716 9%	4.154 3%	88.489 9%

续　表

股票名称	流通股数	成交股数	成交金额	换手率	流通速度	波动幅度	有效流速
中联建设	2 062.50	47.40	1 263.10	2.298 0%	2.292 8%	3.639 8%	63.139 5%
石油济柴	3 250.00	41.49	737.30	1.277 0%	1.271 1%	2.665 9%	47.886 7%
庆云发展	3 281.23	99.00	2 124.10	3.017 0%	3.081 6%	6.219 6%	48.510 4%
中讯科技	2 299.00	19.16	420.10	0.833 0%	0.833 9%	1.934 6%	43.079 1%
石狮新发	2 910.50	34.36	642.70	1.181 0%	1.182 8%	2.107 0%	56.030 9%
重庆实业	2 600.00	8.45	227.30	**0.325 0%**	**0.327 7%**	3.660 4%	8.878 9%
华神集团	2 040.00	10.02	320.60	0.491 0%	0.491 4%	2.063 5%	23.803 2%
炎黄在线	1 441.83	**6.68**	**180.70**	0.463 0%	0.462 2%	3.706 5%	12.499 8%
四川锦华	2 800.00	59.98	1 335.30	2.142 0%	2.153 1%	1.857 7%	115.310 0%
大龙泉	2 920.32	13.03	408.00	0.446 0%	0.449 5%	8.009 3%	**5.570 8%**
隆源实业	1 350.00	11.61	440.10	0.860 0%	0.860 1%	2.372 7%	36.245 6%
茂化永业	2 112.50	111.38	2 832.60	5.272 0%	5.224 7%	3.600 0%	146.456 3%
声乐股份	3 000.00	34.81	787.40	1.160 0%	1.172 8%	3.952 7%	29.355 1%
圣雪绒	3 000.00	24.51	604.50	0.817 0%	0.820 4%	1.842 0%	44.354 0%
大庆华科	3 000.00	21.60	533.90	0.720 0%	0.717 2%	1.544 7%	46.610 5%
浙江富润	3 120.00	21.69	455.30	0.695 0%	0.691 0%	4.217 2%	16.484 8%
长江包装	1 740.00	72.66	1 877.20	4.176 0%	4.239 2%	5.493 6%	76.012 8%
鼎天科技	2 940.00	20.23	628.60	0.688 0%	0.686 1%	2.875 8%	23.926 9%
宝华实业	2 668.00	96.38	2 272.00	3.612 0%	3.614 1%	7.474 6%	48.329 8%
天龙集团	3 000.00	36.24	751.30	1.208 0%	1.209 8%	2.341 5%	51.591 7%
红河光明	2 000.00	10.45	389.90	0.523 0%	0.521 5%	4.048 9%	12.904 7%
辽宁时代	3 000.00	133.73	**3 272.60**	4.458 0%	4.452 1%	4.725 7%	94.327 4%
先锋股份	3 000.00	33.76	737.40	1.125 0%	1.129 3%	1.805 6%	62.326 2%
苏福马	3 000.00	53.28	1 303.30	1.776 0%	1.767 0%	4.041 7%	43.942 3%
康美药业	1 800.00	37.57	1 473.80	2.087 0%	2.087 1%	3.049 1%	68.453 8%
轻工机械	2 400.00	78.78	1 651.90	3.283 0%	3.250 9%	3.535 1%	92.854 3%
第一铅笔	2 908.79	63.27	1 283.10	2.175 0%	2.161 8%	3.114 0%	69.849 7%
永生股份	912.55	28.26	718.80	3.097 0%	3.068 4%	3.585 7%	86.366 6%

续　表

股票名称	流通股数	成交股数	成交金额	换手率	流通速度	波动幅度	有效流速
胶带股份	834.90	15.93	461.80	1.908 0%	1.896 1%	3.737 3%	51.052 7%
联华合纤	900.00	15.73	369.20	1.748 0%	1.741 8%	3.986 1%	43.846 4%
氯碱化工	2 783.24	135.80	2 660.30	4.879 0%	4.811 4%	3.917 5%	124.548 1%
冰箱压缩	2 028.00	90.47	1 673.90	4.461 0%	4.431 0%	6.052 2%	73.709 6%
轮胎橡胶	2 288.00	**155.30**	2 847.30	**6.788 0%**	**6.739 4%**	4.277 8%	**158.670 9%**
国嘉实业	3 038.01	11.69	255.70	0.385 0%	0.382 9%	1.928 4%	19.954 2%
福建福联	3 183.57	62.27	1 548.70	1.956 0%	1.945 9%	2.857 1%	68.459 3%
凤凰股份	2 640.00	40.70	1 284.80	1.542 0%	1.554 9%	3.626 9%	42.506 0%
上海邮通	2 704.00	28.03	585.40	1.037 0%	1.028 6%	3.140 1%	33.012 1%
大江股份	2 574.00	72.24	1 178.10	2.807 0%	2.796 5%	3.920 3%	71.588 7%
雄震集团	1 512.00	10.78	268.20	0.713 0%	0.714 8%	3.210 1%	22.210 2%
山川股份	2 500.00	40.43	793.80	1.617 0%	1.528 8%	3.475 1%	46.536 7%
西藏圣地	2 400.00	14.55	317.00	0.606 0%	0.606 7%	2.695 2%	22.494 0%
宏盛科技	1 124.20	7.10	199.00	0.632 0%	0.628 1%	2.554 0%	24.728 7%
耀皮玻璃	3 125.00	28.54	448.80	0.913 0%	0.915 0%	1.341 9%	68.061 1%
物贸中心	1 331.00	26.88	519.80	2.020 0%	1.998 1%	4.461 9%	45.261 3%
华联超市	2 571.27	51.31	1 553.80	1.996 0%	2.004 7%	2.525 3%	79.022 4%
上柴股份	2 160.00	80.28	1 301.30	3.717 0%	3.668 9%	4.062 5%	91.487 2%
上工股份	1 560.00	38.72	737.00	2.482 0%	2.459 7%	4.533 3%	54.751 1%
英雄股份	2 768.43	34.65	705.60	1.252 0%	1.249 4%	3.465 3%	36.117 9%
青海三普	3 000.00	90.17	1 701.60	3.006 0%	2.982 1%	3.858 5%	77.896 9%
富邦科技	2 700.00	35.15	651.10	1.302 0%	1.302 1%	1.087 0%	119.770 4%
新疆众和	2 925.00	107.27	2 372.70	3.667 0%	3.700 0%	5.386 4%	68.085 2%
石劝业	1 530.97	54.26	1 340.60	3.544 0%	3.574 9%	3.900 4%	90.866 2%

参考文献

［1］鲍奕奕,刘海龙.基于风险预算的资产配置方法[J].上海管理科学,2007(01):7-9.

［2］陈伟中,金以萍,汪应洛.证券资产动态定价模型与机制研究[J].西安交通大学学报,1997,31(10):105-111.

［3］陈位宫编著.力学变分原理[M].北京:高等教育出版社,1989.

［4］程功,张维,熊熊.信息噪音、结构化模型与银行违约概率度量,管理科学学报[J].2007,10(4):38-48.

［5］戴国强,吴林祥.金融市场微观结构理论[M].上海:上海财经大学出版社,1999.

［6］党开宇,吴冲锋.亚式期权定价及其在期股激励上的应用[J].系统工程,2000,18(2):27-32.

［7］谷爱玲,陈树敏.状态相依效用下的超额损失再保险——投资策略「J].运筹学学报,2016(01):91-104.

［8］顾勇,吴冲锋.基于回售条款的可换股债券的定价研究[J].管理科学学报,2001,4(4):9-15.

［9］郭文旌,赵成国,袁建辉.跳跃扩散市场的最优保险投资决策[J].系统工程理论与实践,2011(04):749-760.

[10]何杰.证券市场微观结构理论[J].经济导刊,2000(5):31-38.

[11]黄小原.H_∞控制方法在证券组合问题中的应用[J].控制与决策,1998,13(1):49-53.

[12]黄小原.一种新的期权价格估计方法[J].预测,1996,15(2):59.

[13]黄小原.证券组合的快车道问题研究[J].信息与控制,1994,23(2):71-75.

[14]李爱忠,彭月兰,任若恩,等.不确定环境下的跳扩散连续时间资产配置策略[J].系统工程理论与实践,2018,37(12):3118-3126.

[15]刘海飞,李心丹,柏巍,等.基于波动持续性的最优组合构建与分散化研究[J].管理科学学报,2019,22(01):49-61.

[16]刘海龙,樊治平,潘德惠.基于微分对策的证券投资决策方法[J].东北大学学报,1999a,20(1):101-104.

[17]刘海龙,樊治平,潘德惠.具有交易费用的证券投资决策问题[J].管理科学学报,1999,2(4):39-43.

[18]刘海龙,吴冲锋.非完全市场期权定价的ε-套利方法[J].预测,2001,20(4):17-19.

[19] 刘海龙,郑立辉,樊治平,等.证券投资决策的微分对策方法研究[J].系统工程学报,1999b,14(1):69-72.

[20] 刘海龙,仲黎明,吴冲锋.开放式基金流动性风险的最优控制[J].控制与决策,2003,18(1):217-220.

[21] 罗开位,侯振挺,李致中.期权定价理论的产生和发展[J].系统工程,2000,18(6):1-5.

[22] 罗琰,杨招军,张维.跳扩散市场投资组合研究[J].经济数学,2012,29(2):45-51.

[23] 马超群,陈牡妙.标的资产服从混合过程的期权定价模型[J].系统工程理论与实践,1999,19(4):41-46.

[24] 彭实戈.倒向随机微分方程及其应用[J].数学进展,1997,2(46):97-112.

[25] 宋逢明.金融工程原理[M].北京:清华大学出版社,1999.

[26] 宋逢明.期权定价理论和1997年度诺贝尔经济学奖[J].管理科学学报,1998,1(2):6-10.

[27] 王承炜,吴冲锋.上市公司可转换债券价值分析[J].系统工程,2001,19(4):47-53.

[28] 王春峰.金融市场风险管理[M].天津:天津大学出版社,2001.

[29] 王建新,秦洁.证券市场交易方式研究[J].证券市场导报,1999(7):4-18.

[30] 王康宁.最优控制的数学理论[M].北京:国防工业出版社,1995.

[31] 王晓春.流动性与我国证券市场交易及其机制的选择[J].财经理论与实践,2000,21(4):79-81.

[32] 魏志宏.中国存款保险定价研究,金融研究[J].2004(5):99-104.

[33] 吴怡.A股国际化背景下的收盘机制研究[D].上海:上海交通大学,2019.

[34] 杨之曙,吴宁玫.证券市场流动性研究[J].证券市场导报,2000(1):25-33.

[35] 雍炯敏.动态规划方法与HAMILTON-JACOBI-BELLMAN方程[M].上海:上海科学技术出版社,1992.

[36] 袁东.证券市场上做市商制度的运作机理分析[J].证券市场导报,1997(2):17-26.

[37] 张金宝,任若恩.基于银行债务的清偿结构存款保险定价[J].金融研究,2007(6):35-43.

[38] 张玲,张未未,郑军.动态非短视资产负债管理[J].运筹与管理,2015(06):225-232.

[39] 张胜记.扩大买卖盘揭示范围对证券市场质量的影响研究——对中国股市流动性、波动性影响的实证研究[D].上海:上海交通大学,2005.

[40] 张维,邱勇.多银行贷款池的组合违约风险研究[J].管理科学学报,2008,11(4):134-141.

[41] 张亿镭.纽约证券交易所的专营商制度及其对中国的启示[J].世界经济,1999(10):20-23.

[42] 郑立辉,冯珊,张兢田,等.微分对策在期权定价中的应用:数值分析[J].华中理工大学学报,1998,26(11):47-49.

[43] 郑立辉,张近.确定性套利——非完备市场中期权定价的新概念[M].亚太金融研究:亚

太金融学会第七届年会论文选,吴冲锋,黄培清. 上海交通大学出版社,2001.

[44] 郑立辉. 基于鲁棒控制的期权定价方法[J]. 管理科学学报,2000,3(3):60-64.

[45] 郑立辉. 基于鲁棒控制的期权定价理论与方法研究[R]. 华中理工大学博士后研究工作报告,1998:23-65.

[46] 仲黎明. 股市投资者内生流动性风险管理研究[D]. 上海:上海交通大学博士学位论文,2004.

[47] 朱国华,余宙. 不对称信息下的做市商制度分析[J]. 证券投资,1998(10):39-43.

[48] Brocas, Isabelle, et al. Risk aversion in a dynamic asset allocation experiment[J]. Journal of Financial and Quantitative Analysis, 2019, 54(5):2209-2232.

[49] Friedman A. 随机微分方程及其应用[M]. 吴让泉译. 北京:科学出版社,1983.

[50] John C H. 期权、期货和衍生证券[M]. 张掏伟译. 北京:华夏出版社,1997.

[51] Aase K K. Admissible investment strategies in continuous trading[J]. Stochastic Process and Their Application, 1988, 30(2):291-301.

[52] Aase K K. Optimal portfolio diversification in a general continuous time model[J]. Stochastic Process and Their Application, 1984, 18(1):81-98.

[53] Admati A R, Pfleiderer P. Sunshine trading and financial market equilibrium[J]. Review of Financial Studies, 1991(4):443-481.

[54] Admati A R, Pfleiderer P. A theory of intraday patterns:volume and price variability[J]. Review of Financial Studies, 1988, 1(1):3-40.

[55] Ahn H, Cheung y. The intraday patterns of the spread and depth in a market without market makers:The stock Exchange of Hong Kong[J]. Pacific — Badin Finance Journal, 1999(7):539-556.

[56] Aït-Sahalia Y, Brandt M W. Variable selection for portfolio choice[J]. The Journal of Finance, 2001, 56(4):1297-1351.

[57] Aït-Sahalia Y, Hurd T R. Portfolio choice in markets with contagion[J]. Journal of Financial Econometrics, 2015, 14(1):1-28.

[58] Alexander G J, Baptista A M. A comparison of VaR and CVaR constraints on portfolio selection with the mean-variance model[J]. Management Science, 2004, 50(9):1261-1273.

[59] Alexander G J, Baptista A M, Value at risk and mean-variance analysis[R]. working paper, University of Minnesota, 1999.

[60] Almgren R, Chriss N, Optimal execution of portfolio transactions[J]. Journal of Risk, 2000(3):5-39.

[61] Almgren R, Chriss N, Value under liquidation[J]. Risk, 1999(12):62-64.

[62] Amihud Y, Mendelson H. Liquidity, maturity and the yields on US government securities[J]. The Journal of Finance, 1991, 46:1411-1426.

[63] Amihud Y, Mendelson H. Volatility, efficiency and trading: evidence from the Japanese stock market[J]. The Journal of Finance, 1991, 46(4): 1765 - 1790.

[64] Amin K. Jump diffusion option valuation in discrete time[J]. The Journal of Finance, 1993, 48(3): 1833 - 1863.

[65] Ang A, Timmermann A. Regime changes and financial markets[J]. Annual Review of Financial Economics, 2012, 4(1): 313 - 337.

[66] Arnott R, Wagner W. The measurement and control of trading costs[J]. Financial Analyst Journal, 1990(46): 73 - 80.

[67] Arrow K J. Essays in the theory of risk bearing[M]. Chicago: Markham, 1971.

[68] Arrow K J. The role of securities in the optimal allocation of risk-bearing[J]. Review of Economic Studies, 1964(31): 91 - 96.

[69] Bachelier, L. Theorie de la speculation[R]. Annales de l'ecole Normale Superieure. Vol. 3, Paris, Gauthiervillars, 1900; English Translation in the Random Character of Stock Market Prices, Coonter P H, ed. Cambridge: MIT Press, 1964: 17 - 78.

[70] Back K, Cao H, Willard G A. Imperfect competition among Informed traders[J]. The Journal of Finance, 2000, 55(5): 2117 - 2155.

[71] Back K, Pedersen H. Long-lived information and intraday patterns[J]. Journal of Financial Markets, 1998, 1(3): 385 - 402.

[72] Back K. Insider trading in continuous time[J]. Review of Financial Studies, 1992, 5(3): 387 - 409.

[73] Bagehot W A. The only game in town[J]. Financial Analysis Journal, 1971(27): 12 - 14.

[74] Bai X, Scheinberg K, Tutuncu R. Least-squares approach to risk parity in portfolio selection[J]. Quantitative Finance, 2016, 16(3): 357 - 376.

[75] Barberis N. Investing for the long run when returns are predictable[J]. The Journal of Finance, 2000, 55(1): 225 - 264.

[76] Barron E N, Jensen R. Total risk aversion, stochastic optimal control and differential games[J]. Applied Mathematics and Optimization, 1989, 19: 313 - 327.

[77] Basak S, Chabakauri G. Dynamic hedging in incomplete markets: a simple solution[J]. The Review of Financial Studies, 2012, 25(6): 1845 - 1896.

[78] Basak S, Chabakauri G. Dynamic mean-variance asset allocation[J]. The Review of Financial Studies, 2010, 23(8): 2970 - 3016.

[79] Basak S, Shapiro A, Value-at-risk-based risk management: optimal policies and asset prices[J]. The Review of Financial Studies, 2001(14): 371 - 406.

[80] Beja A. The structure of the cost of capital under uncertainty[J]. Review of Economic Studies, 1971, 38(7): 359 - 368.

[81] Benveniste L M, Marcus A J, Wilhelm W J. What's special about the specialist? floor exchange versus computerized market mechanisms[J]. Journal of Finance, 1992(32): 61 – 86.

[82] Bertsimas D, Kogan L, Lo A W. Pricing and hedging derivative securities in incomplete markets: an ε – arbitrage approach[R]. Working Paper, 1997: 1 – 15.

[83] Bertsimas D, Lo A W. Optimal control of execution costs[J]. Journal of Financial Markets, 1998(1): 1 – 50.

[84] Biais B, Martimort D, Rochet J C. Competing mechanisms in a common value environment[J]. Econometrica, 2000, 68(4): 799 – 837.

[85] Bischi G I, Valori V. Nonliner effects in a discrete -time dynamic model of a stock market[J]. Chaos, Solitons and Fractal, 2000(11): 2103 – 2121.

[86] Björk T, Khapko M, Murgoci A. On time-inconsistent stochastic control in continuous time[J]. Finance and Stochastics, 2017, 21(2): 331 – 360.

[87] Björk T, Murgoci A, Zhou X Y. Mean-variance portfolio optimization with state dependent risk aversion[J]. Mathematical Finance, 2014b, 24(1): 1 – 24.

[88] Björk T, Murgoci A. A theory of Markovian time-inconsistent stochastic control in discrete time[J]. Finance and Stochastics, 2014a, 18(3): 545 – 592.

[89] Black F, Litterman R. Global portfolio optimization[J]. Financial Analysts Journal, 1992, 48(5): 28 – 43.

[90] Black F. Toward a fully automated stock exchange: Part I[J]. Financial Analysis Journal, 1971(27): 28 – 35.

[91] Black F, Scholes M. The pricing of options and corporate liabilities[J]. Journal of Political Economy, 1973, 81(3): 637 – 654.

[92] Bloomfield R, O'Hara M. Market transparency: who wins and who loses? [J]. Review of Financial Studies, 1999, 12(1): 5 – 35.

[93] Bo L, Tang D, Wang Y. Optimal investment of variance -swaps in jump -diffusion market with regime-switching[J]. Journal of Economic Dynamics and Control, 2017, 83 (Supplement C): 175 – 197.

[94] Board J, Sutcliffe C. The effects of trade transparency in the London stock exchange: a summary[R]. Working Paper, London School of Economics, 1995.

[95] Boness A J. Elements of a theory of stock option value[J]. Journal of Political Economy, 1964, 72(2): 163 – 175.

[96] Boyd John H, Chun, Chang and Smithy, Bruce D. Deposit insurance: a reconsideration [J]. Journal of Monetary Economics, 2002, 49: 235 – 260.

[97] Boyle P P, Vorst T. Option replication in discrete time with transaction costs[J]. The Journal of Finance, 1992, 47(2): 272 – 293.

[98] Brandt M W. Estimating portfolio and consumption choice: a conditional euler equations approach[J]. The Journal of Finance, 1999, 54(5): 1609 – 1645.

[99] Branger N, Muck M, Seifried F T, et al. Optimal portfolios when variances and covariances can jump [J]. Journal of Economic Dynamics and Control, 2017, 85 (Supplement C): 59 – 89.

[100] Branger N, Schlag C, Schneider E. Optimal portfolios when volatility can jump[J]. Journal of Banking & Finance, 2008, 32(6): 1087 – 1097.

[101] Brennan M J, Schwartz E S, Lagnado R. Strategic asset allocation[J]. Journal of Economic Dynamics and Control. Computational financial modelling 1997, 21 (8): 1377 – 1403.

[102] Brock W, Mirman L. Optimal economic growth and uncertainty: the discounted case [J]. Journal of Economic Theory, 1972(4): 479 – 513.

[103] Buraschi A, Porchia P, Trojani F. Correlation risk and optimal portfolio choice[J]. The Journal of Finance, 2010, 65(1): 393 – 420.

[104] Bushman R, Dutta S, Hughes J, Indjejikian R. Earnings announcements and market depth [J]. Contemporary Accounting Research, 1997, 14(1): 43 – 68.

[105] Campbell J Y, Serfaty-De Medeiros K, Viceira L M. Global currency hedging[J]. The Journal of Finance, 2010, 65(1): 87 – 121.

[106] Capon A. The revolution in risk[J]. Institutional Investor, 2000, 34(8): 39.

[107] Chacko G, Viceira L M. Dynamic consumption and portfolio choice with stochastic volatility in incomplete markets[J]. Review of Financial Studies, 2005, 18(4): 1369 – 1402.

[108] Chan L, Lakonishok J. Institutional trades and intra-day stock price behavior[J]. Journal of Financial Economics, 1993(33): 173 – 200.

[109] Chang H, Chang K. Optimal consumption-investment strategy under the Vasicek model: HARA utility and Legendre transform [J]. Insurance: Mathematics and Economics, 2017, 72(Supplement C): 215 – 227.

[110] Chen L, Qian L, Shen Y, et al. Constrained investment-reinsurance optimization with regime switching under variance premium principle[J]. Insurance: Mathematics and Economics, 2016, 71(Supplement C): 253 – 267.

[111] Chiu M, Wong H. Mean-variance portfolio selection with correlation risk[J]. Journal of Computational and Applied Mathematics, 2014b(263): 432 – 444.

[112] Chiu M, Wong H. Mean-variance asset-liability management with asset correlation risk and insurance liabilities[J]. Insurance: Mathematics and Economics, 2014a(59): 300 – 310.

[113] Chordia T, Roll R, Subrahmanyam A. Market liquidity and trading activity[J]. The

Journal of Finance, 2001, 56(2): 501 – 530.

[114] Chow B G, Brophy D J. Treasury bill futures market: a formulation and reinterpretation[J]. Journal of Futures Market, 1982, 2(1): 25 – 47.

[115] Chowdhry B, Nanda V. Multi-market trading and market liquidity[J]. The Review of Financial Studies, 1991(4): 483 – 511.

[116] Christie W, Schultz P. Why do NASDAQ market makers avoid odd-eighth quotes[J]. The Journal of Finance, 1994(49): 1813 – 1840.

[117] Clarke R, Silva H d, Thorley S. Risk parity, maximum diversification, and minimum variance: an analytic perspective[J]. The Journal of Portfolio Management, 2013, 39 (3): 39 – 53.

[118] Cochrane J H. A mean-variance benchmark for intertemporal portfolio theory[J]. The Journal of Finance, 2014, 69(1): 1 – 49.

[119] Cochrane J H. The dog that did not bark: a defense of return predictability[J]. The Review of Financial Studies, 2008, 21(4): 1533 – 1575.

[120] Cohen K J, Maier S F, Schwartz R A, et al. Transaction costs, order placement strategy, and existence of the bid-ask spread[J]. Journal of Political Economy, 1981 (89): 287 – 305.

[121] Copeland L Y, Galai D. Information effects and the bid-ask spread[J]. The Journal of Finance, 1983(38): 1457 – 1469.

[122] Cox J C, Ross S A, Rubinstein M. Option pricing: a simplified approach[J]. Journal of Financial Economics, 1979, 9(7): 229 – 263.

[123] Cox J C, Huang C. Optimum consumption and protfolio policies when asset follow a diffusion process[J]. Journal of Economic Theory, 1989(49): 33 – 83.

[124] Cox J C, Ross S A. A survey of some new results in financial option pricing theory[J]. The Journal of Finance, 1976a, 31(2): 383 – 402.

[125] Cox J C, Ross S A. The valuation of options for alternation stochastic processes[J]. Journal of Financial Economics, 1976b, 3(1): 145 – 166.

[126] Crandall M G, Evans L C, Lion P L. Some properties of viscosity solutions of Hamilton-Jacobi equations[J]. Transactions on American Mathematical Society, 1984 (282): 487 – 502.

[127] Crandall M G, Lion P L. Viscosity solution of Hamilton-Jacobi equations [J]. Transactions on American Mathematical Society, 1983(277): 1 – 42.

[128] Cui X, Li D, Wang S, et al. Better than dynamic mean-variance: time inconsistency and free cash flow stream[J]. Mathematical Finance, 2012, 22(2): 346 – 378.

[129] Dang D M, Forsyth P A. Better than pre-commitment mean-variance portfolio allocation strategies: a semi-self-financing Hamilton-Jacobi-Bellman equation approach

[J]. European Journal of Operational Research，2016，250(3)：827 - 841.

[130] Dang D M，Forsyth P A. Continuous time mean-variance optimal portfolio allocation under jump diffusion：an numerical impulse control approach[J]. Numerical Methods for Partial Differential Equations，2014，30(2)：664 - 698.

[131] Das S R，Uppal R. Systemic risk and international portfolio choice[J]. The Journal of Finance，2004，59(6)：2809 - 2834.

[132] David S B，Johnson H. The American put option and its critical stock price[J]. The Journal of Finance，2000，55(5)：2333 - 2356.

[133] Davis M H A，Norman A. Portfolio selection with transaction costs [J]. Mathematical，Operation Research，1990(15)：676 - 713.

[134] Davis M H A，Zariphopoulou T. American option and transaction fees [J]. Mathematical Finance，New York：Springer-verlag，1995：47 - 61.

[135] Debreu，G. Theory of value：an axiomatic analysis of general equilibrium[R]. New Haven：Yale University Press，1959.

[136] Demirguc-Kunt A，Baybars K，Luc L. Deposit insurance around the world：a comprehensive database[R]. policy research working paper，Washington DC：World Bank，2005.

[137] Demsetz H. The cost of transacting[J]. Quarterly Journal of Economics，1968(82)：33 - 53.

[138] Detemple J. Portfolio selection：a review[J]. Journal of Optimization Theory and Applications，2014，161(1)：1 - 21.

[139] Domenico C. Optimal consumption and equilibrium prices with portfolio constraints and stochastic income[J]. Journal of Economic Theory，1997，72(1)：33 - 73.

[140] Duan J C. Maximum likelihood estimation using price data of the derivative contract [J]. Mathematical Finance，1994(4)：155 - 167.

[141] Duffie D，Fleming W，Soner H，et al. Hedging in incomplete markets with HARA utility[J]. Journal of Economic Dynamics and Control，1997，21(4，5)：753 - 782.

[142] Duffie D. Dynamic assets pricing theory[M]. New Jersey：Princeton University Press，1992.

[143] Dumas B，Luciano E. An exact solution to a dynamic portfolio choice problem under transaction costs[J]. Journal of Finance，1991，46(3)：577 - 595.

[144] Dutta P，Madhavan A. Competition and collusion in dealer markets[J]. Journal of Finance，1997(52)：245 - 276.

[145] Easley D，O'Have M，Saar G. How stock splits affect trading：a microstructure approach[J]. JFQA. 2001，36(1)：25 - 52.

[146] Ederington L H. The hedging performance of the new futures markets[J]. Journal of

Finance, 1978, 34(1): 157 – 170.

[147] Elton E, Gruber M. Finance as a dynamic process[M]. Englewood Cliffs N J: Prentice-Hall, 1975.

[148] Embrechts P, McNeil A., Straumann D. Correlation and dependency in risk management: properties and pitfalls[R]. working paper, Zurich University, 1999.

[149] Engle R F, Lange J. Predicting VNET: a model of the dynamics of market depth[J]. Journal of Financial Markets, 2001, 4(2): 113 – 142.

[150] Escobar M, Ferrando S, Rubtsov A. Optimal investment under multi-factor stochastic volatility[J]. Quantitative Finance, 2017b, 17(2): 241 – 260.

[151] Escobar M, Ferrando S, Rubtsov A. Robust portfolio choice with derivative trading under stochastic volatility[J]. Journal of Banking & Finance, 2015(61): 142 – 157.

[152] Escobar M, Neykova D, Zagst R. HARA utility maximization in a Markov-switching bond-stock market[J]. Quantitative Finance, 2017a, 17(11): 1715 – 1733.

[153] Fama E. Efficient capital markets: a review of theory and empirical work[J]. The Journal of Finance, 1970, 25(2): 383 – 417.

[154] Fama E. The behavior of stock market prices[J]. Journal of Business, 1965, 38(1): 34 – 105.

[155] Faria G, Corrcia da Silva J. Is stochastic volatility relevant for dynamic portfolio choice under ambiguity? [J]. The European Journal of Finance, 2016, 22(7): 601 – 626.

[156] Fleming W H. Optimal investment models and risk sensitive stochastic control[M]. Mathematical Finance, New York: Springer-Verlag, 1995: 75 – 88.

[157] Forster M, George T. Pricing effects and the NYSE open and close: evidence from internationally cross-listed stocks[J]. Journal of Financial Intermediation, 1996(5): 95 – 126.

[158] Foster F D, Vishwanathan S. A theory of interday variations in volume, variance, and trading costs in securities markets [J]. Review of Financial Studies, 1990 (3): 593 – 624.

[159] Foster F D, Viswanathan S. Strategic trading when agents forecasts the forecasts of others[J]. Journal of Finance, 1996, 51(4): 1437 – 1478.

[160] Gao J. Optimal portfolios for DC pension plans under a CEV model[J]. Insurance: Mathematics and Economics, 2009, 44(3): 479 – 490.

[161] Garman M B, Ohlson J A. Valuation of risky assets in arbitrage free economies with transaction costs[J]. Journal of Financial Economics, 1981, 9(2): 271 – 280.

[162] Garman M B. Market microstructure[J]. Journal of Financial Economics, 1976(3): 257 – 275.

[163] Gemmill G. Transparency and liquidity: a study of block trades on the London stock

exchange under different publication rules[J]. Journal of Finance, 1994, 51(4): 1765 - 1790.

[164] Giammarino Ronald, Schwartz Eduardo, Zechner Josef. Market valuation of bank asset and deposit insurance in Canada[J]. Canadian Journal of Economics Revue canadienned' Economique, 1989(1): 109 - 127.

[165] Glosten L, Milgrom P. Bid, ask, and transaction prices in a specialist market with heterogeneously informed traders[J]. Journal of Financial Economics, 1985(13): 71 - 100.

[166] Goldstein M, Kavajecz K. Eighths, sixteenths, and market depth: changes in tick size and liquidity provision on the NYSE[J]. Journal of Financial Economics, 2000(56): 125 - 149.

[167] Grossman S, Stiglitz J. On the impossibility of informationally efficient markets[J]. American Economic Review, 1980, 70(3): 393 - 408.

[168] Guan G, Liang Z. Optimal management of DC pension plan in a stochastic interest rate and stochastic volatility framework[J]. Insurance: Mathematics and Economics, 2014 (57): 58 - 66.

[169] Guidolin M, Timmermann A. Asset allocation under multivariate regime switching[J]. Journal of Economic Dynamics and Control, 2007, 31(11): 3503 - 3544.

[170] Guidolin M, Timmermann A. International asset allocation under regime switching, skew, and kurtosis preferences[J]. The Review of Financial Studies, 2008a, 21(2): 889 - 935.

[171] Guidolin M, Timmermann A. Size and value anomalies under regime shifts[J]. Journal of Financial Econometrics, 2008b, 6(1): 1 - 48.

[172] Hainaut D. Impulse control of pension fund contributions, in a regime switching economy[J]. European Journal of Operational Research, 2014, 239(3): 810 - 819.

[173] Hamada R. Portfolio analysis market equilibrium and corporate finance[J]. Journal of Finance, 1969, 24(1): 86 - 98.

[174] Hansen L P, Singleton K J. Stochastic consumption, risk aversion, and the temporal behavior of asset returns[J]. Journal of Political Economy, 1983(91): 249 - 265.

[175] Harris R D, Stoja E, Tan L. The dynamic Black-Litterman approach to asset allocation [J]. European Journal of Operational Research, 2017, 259(3): 1085 - 1096.

[176] He X D, Jin H, Zhou X Y. Dynamic portfolio choice when risk is measured by weighted VaR[J]. Mathematics of Operations Research, 2015, 40(3): 773 - 796.

[177] He X D, Zhou X Y. Portfolio choice via quantiles[J]. Mathematical Finance, 2011, 21 (2): 203 - 231.

[178] Heflin F, Shaw K W. Blockholder ownership and market liquidity[J]. Journal of

financial and quantitative analysis, 2000, 35(4): 621 - 633.

[179] Hegde S P, Branoh B. An empirical analysis of arbitrage opportunities in the treasury bill futures market[J]. Journal of Futures Market, 1985, 5(3): 407 - 424.

[180] Henderson V. Explicit solutions to an optimal portfolio choice problem with stochastic income[J]. Journal of Economic Dynamics and Control, 2005, 29(7): 1237 - 1266.

[181] Heston S L. A closed-form solution for options with stochastic volatility with applications to bond and currency options[J]. The Review of Financial Studies, 1993, 6 (2): 327 - 343.

[182] Ho T, and H, Stoll H. The dynamics of dealer markets under competition[J]. Journal of Finance, 1983, 38: 1053 - 1074.

[183] Ho T, Stoll H. Optimal dealer pricing under transactionsand return uncertainty[J]. Journal of Financial Economics, 1981(9): 47 - 73.

[184] Holden C, Subrahmanyam A. Long-lived private information and imperfect competition[J]. Journal of Finance, 1992, 47(1): 247 - 270.

[185] Hong Y, Jin X. Semi-analytical solutions for dynamic portfolio choice in jump-diffusion models and the optimal bond-stock mix[J]. European Journal of Operational Research, 2018, 265(1): 389 - 398.

[186] Hsuku Y. -H. Dynamic consumption and asset allocation with derivative securities[J]. Quantitative Finance, 2007, 7(2): 137 - 149.

[187] Huang R, Stoll H. Dealer versus auction markets: a paired comparison of execution costs on NASDAQ and the NYSE[J]. Journal of Financial Economics, 1996(41): 313 - 357.

[188] Huberman G. , Stanzl W. Optimal liquidity trading[R]. working paper, Columbia University, 2001.

[189] Jin X, Zhang A X. Decomposition of optimal portfolio weight in a jump-diffusion model and its applications[J]. The Review of Financial Studies, 2012, 25(9): 2877 - 2919.

[190] Jin X, Zhang K. Dynamic optimal portfolio choice in a jump-diffusion model with investment constraints[J]. Journal of Banking & Finance, 2013, 37(5): 1733 - 1746.

[191] Jung E J, Kim J H. Optimal investment strategies for the HARA utility under the constant elasticity of variance model[J]. Insurance: Mathematics and Economics, 2012, 51(3): 667 - 673.

[192] Kassouf, S. T. An econometric model for option price with implications for investors expectations and audacity[J]. Econometrica, 1969, 37(4): 685 - 694.

[193] Kast Rk, Luciano E, Peccati L. Value-at-risk as a dicision criterion[R]. University of Turin, 1999.

[194] Kawaller I, Koch T W. Cash and carry trading and the pricing of treasury bill futures

[J]. Journal of Futures Market, 1984, 4(2): 115－123.

[195] Keller L R. An empirical investigation of relative risk aversion[J]. IEEE Transactions on Systems, Man, and Cybernetics. 1985, 15(4): 475－482.

[196] Kempf A, Korn Q. Market depth and order size[J]. Journal of Financial Markets, 1999(2): 29－48.

[197] Kim T S, Omberg E. Dynamic nonmyopic portfolio behavior[J]. The Review of Financial Studies, 1996, 9(1): 141－161.

[198] Klemkosky R C, Lee J H. The intraday ex post and ante profitability of index arbitrage [J]. Journal of Futures Market, 1991, 11(3): 291－311.

[199] Knight F. Risk, Uncertainty and profit[M]. Boston: Houghton Mifflin Co, 1921.

[200] Koijen R S J, Nieuwerburgh S V. Predictability of returns and cash flows[J]. Annual Review of Financial Economics, 2011, 3(1): 467－491.

[201] Koijen R S J, Rodríguez J C, Sbuelz A. Momentum and mean reversion in strategic asset allocation[J]. Management Science, 2009, 55(7): 1199－1213.

[202] Ksendal B. Stochastic differential equations[M]. Fourth Edition, New York: Springer-Verlag, 1998.

[203] Kyle A S. Continuous auctions and insider trading[J]. Econometrica, 1985, 53(6): 1315－1335.

[204] Kyle A S, Obizhaeva A A, Tuzun T. Microstructure invariance in U. S. stock market trades[J/OL]. Journal of Financial Markets, 2019. Doi: https://doi.org/10.1016/j.finmar.2019.100513. Accepted

[205] Larsen L S, Munk C. The costs of suboptimal dynamic asset allocation: general results and applications to interest rate risk, stock volatility risk, and growth/value tilts[J]. Journal of Economic Dynamics and Control, 2012, 36(2): 266－293.

[206] Lee Ch. Market integration and price execution for NYSE-listed securities[J]. Journal of Finance, 1993, 48: 1009－1038.

[207] Li D, Rong X, Zhao H. Time-consistent reinsurance-investment strategy for an insurer and a reinsurer with mean-variance criterion under the CEV model[J]. Journal of Computational and Applied Mathematics, 2015, 283(Supplement C): 142－162.

[208] Li K, Liu J. Optimal dynamic momentum strategies[R]. SSRN Scholarly Paper ID 2746561. Rochester, NY: Social Science Research Network, 2017.

[209] Li Q, Gu M, Liang Z. Optimal excess-of-loss reinsurance and investment polices under the CEV model[J]. Annals of Operations Research, 2014, 223(1): 273－290.

[210] Li Y, Zhu S, Li D, et al. Active allocation of systematic risk and control of risk sensitivity in portfolio optimization[J]. European Journal of Operational Research, 2013, 228(3): 556－570.

[211] Liang Z, Bi J, Yuen K C, et al. Optimal mean-variance reinsurance and investment in a jump-diffusion financial market with common shock dependence[J]. Mathematical Methods of Operations Research, 2016, 84(1): 155 – 181.

[212] Lintner J. The valuation of risk assets and the selection of risky investments in stock portfolios and capital budgets[J]. Review of Economics and Statistics, 1965, 47(2): 13 – 37.

[213] Liu H. Dynamic portfolio choice under ambiguity and regime switching mean returns [J]. Journal of Economic Dynamics and Control, 2011, 35(4): 623 – 640.

[214] Liu J, Longstaff F A, Pan J. Dynamic asset allocation with event risk[J]. The Journal of Finance, 2003, 58(1): 231 – 259.

[215] Liu J, Pan J. Dynamic derivative strategies[J]. Journal of Financial Economics, 2003, 69(3): 401 – 430.

[216] Liu J. Portfolio selection in stochastic environments[J]. The Review of Financial Studies, 2007, 20(1): 1 – 39.

[217] Luciano E. Fulfillment of regulatory requirements on VaR and optimal portfolio policies [R]. working paper, University of Turin, 1998.

[218] Maccario Aurelio, Sironi Andrea, Cristiano Zazzara. Applying credit risk models to deposit insurance pricing: empirical evidence from the Italian banking system[R]. Unicredit banca mobiliare and università working paper, 2003.

[219] Madhavan A. Consolidation, fragmentation, and the disclosure of trading information [J]. Review of Financial Studies, 1995, 8: 579 – 603.

[220] Madhavan A. Market microstructure: a survey[J]. Journal of Financial Markets, 2000, 3(3): 205 – 258.

[221] Madhavan A. Security prices and market transparency[J]. Journal of Financial Intermediation, 1996, 5: 255 – 283.

[222] Madhavan A. Trading mechanisms in securities markets[J]. Journal of Finance, 1992, 47(2): 607 – 641.

[223] Marcus A. J and Shaked I. The valuation of FDIC deposit insurance using option pricing estimates[J]. Journal of Money, Credit and Banking, 1984(16): 446 – 460.

[224] Markowitz H M. Portfolio theory: as I still see it[J]. Annual Review of Financial Economics, 2010, 2(1): 1 – 23.

[225] Markowitz M H. Portfolio selection[J]. Journal of Finance, 1952, 7(1): 77 – 91.

[226] Massoud N, Bernhardt D. Stock market dynamic with rational liquidity traders[J]. Journal of Financial Markets, 1999, 2(3): 359 – 389.

[227] Merton R C. Lifetime portfolio selection under uncertainty: the continuous-time case [J]. The Review of Economics and Statistics, 1969, 51(3): 247 – 257.

[228] Merton R C. Optimum consumption and protfolio rules in a continuous time model[J]. Journal of Economic Theory, 1971(3): 373 - 413.

[229] Merton R C. Option pricing when underlying stock returns are discontinuous[J]. Journal of Financial Economics, 1976, 3(1): 125 - 144.

[230] Merton R C. An analytical derivation of the cost of deposit insurance and loan guarantees: an application of modern option pricing theory[J]. Journal of Banking and Finance, 1977, 1(1): 3 - 11.

[231] Merton R C. Theory of rational option pricing[J]. Bell Journal of Economics and Management Science. 1973, 4(1): 141 - 183.

[232] Merton R C. On the pricing of corporate debt: the risk structure of interest rates[J]. The Journal of Finance, 1974, (29): 449 - 470.

[233] Mitchell M, Pulvino T, Stafford E. Limited arbitrage in equity market[J]. Journal of Finance, 2002, 57(2): 551 - 601.

[234] Modigliani F, Miller M. The cost of capital, corporation finance and the theory of investment[J]. American Economic Review, 1958(48): 261 - 297.

[235] Morton A, Pliska S. Optimal portfolio management with fixed transaction costs[J]. Mathematical Finance, 1995, 5(4): 337 - 356.

[236] Mossin J. Equilibrium in a capital asset market[J]. Econometrica, 1966, 34(4): 768 - 783.

[237] Munk C, Sørensen C. Dynamic asset allocation with stochastic income and interest rates[J]. Journal of Financial Economics, 2010, 96(3): 433 - 462.

[238] Musiela M, Kutkowski M. Martingale methods in financial modeling[M]. Springer, 1997.

[239] Neil D. Pearson. Risk Budgeting[M]. John Wiley & Sons, Inc. 2002.

[240] O'Hara M. Market microstructure theory[M]. Cambridge: Basil Blackwell, 1995.

[241] Pagano M, Roell A. Transparency and liquidity: a comparison of auction and dealer markets with informed trading[J]. The Journal of Finance, 1996, 51(2): 579 - 612.

[242] Phelim P B, Vorst T. Option replication in discrete time with transaction costs[J]. The Journal of Finance, 1992, 47(1): 271 - 293.

[243] Pliska S R, Selby M J. On a free boundary problem that arises in portfolio management [J]. Philosophical Transactions of the Royal Society A: Mathematical, Physical and Engineering Sciences, 1994, 347(1684): 555 - 561.

[244] Porter D, Weaver D. Post-trade transparency on Nasdaq's national market system[J]. Journal of Financial Economics, 1998(50): 231 - 252.

[245] Porter D, Weaver D. Transparency and liquidity: should U. S. markets be more transparent? [R]. Working paper, 1998, Marquette University.

［246］Poskitt R. An intraday test of pricing and arbitrage opportunities in the New Zealand bank bill futures market［J］. Journal of Futures Market，2002，22（6）：519 - 555.

［247］Poskitt R. The pricing of bank bill futures contracts and FRA contracts in New Zealand ［J］. Accounting and Finance，1998（38）：245 - 264.

［248］Pratt J W. Risk aversion in the small and in the large［J］. Econometrica，1964（32）：122 - 136.

［249］Prisman E Z. Valuation of risky assets in arbitrage free economies with fictions［J］. The Journal of Finance，1986，41（1）：545 - 560.

［250］Roberts H. Statistical versus clinical prediction of the stock market［M］. Unpublished Manuscript，CRSP，Chicago：University of Chicago，1967.

［251］Rogers L C G. Optimal investment［M］. Springer briefs in quantitative finance. Berlin，Heidelberg：Springer，2013.

［252］Roncalli T，Weisang G. Risk parity portfolios with risk factors［J］. Quantitative Finance，2016，16（3）：377 - 388.

［253］Roncalli T. Introduction to risk parity and budgeting［M］. ［S. l. ］：CRC Press，2013.

［254］Ronn，E and Verma A. Pricing risk — adjusted deposit insurance：an option — based model［J］. The Journal of Finance，1986（4）：871 - 895.

［255］Ross S A. Return，risk and arbitrage［M］. In risk and return in finance，ed. Friend I and Bicklier J，Cambridge，Mass. ：Bailinger，1976b.

［256］Ross S A. The arbitrage theory of capital asset pricing［J］. Journal of Economic Theory，1976a，13（3）：341 - 360.

［257］Rubinstein M. The valuation of uncertain income streams and the pricing of options ［J］. Bell Journal of Economics and Management Science，1976，7（2）：407 - 425.

［258］Rytchkov O. Time-varying margin requirements and optimal portfolio choice［J］. Journal of Financial and Quantitative Analysis，2016，51（2）：655 - 683.

［259］Samuelson P A. Rational theory of warrant pricing［J］. Industrial Management Review，1965，6（2）：13 - 32.

［260］Schnitzlein C R. Call and continuous trading mechanisms under asymmetric information：an experimental investigation［J］. The Journal of Finance，1996，51（3）：613 - 636.

［261］Sethi S，Thompson G. Application of mathematical control theory to finance［J］. Journal of Finance and Quantitative Analysis，1970（5）：381 - 391.

［262］Sharpe W. Capital asset prices：a theory of market equilibrium under conditions of risk ［J］. The Journal of Finance，1964，19（9）：425 - 442.

［263］Shimizu H，Shiohama T. Multifactor Portfolio Construction by Factor Risk Parity Strategies：An Empirical Comparison of Global Stock Markets［J］. Asia-Pacific

Financial Markets, 2019, 26(4): 453 - 477.

[264] Shi Y, Li X, Cui X. Better than pre-committed optimal mean-variance policy in a jump diffusion market[J]. Mathematical Methods of Operations Research, 2017, 85(3): 327 - 347.

[265] Shreve S E, Soner H M. Optimal investment and consumption with transaction costs [J]. The Annual of Applied Probability, 1994, 4(3): 609 - 692.

[266] Spiegel M, Subrahmanyam A. Informed speculation and hedging in a non-competitive securities market[J]. Review of Financial Studies, 1992, 5(2): 307 - 330.

[267] Sprenkle C M. Warrant prices as indicators of expectations and preferences[J]. Yale Economic Essays, 1961, 1(2): 178 - 231.

[268] Stiglitz J. A re-examination of the Modigliani-Miller theorem[J]. American Economic Review, 1969, 59(5): 784 - 793.

[269] Stoll H, Whaley R. Stock market structure and volatility[J]. Review of financial studies, 1990(3): 37 - 71.

[270] Stoll H. Dealer inventory behavior: an empirical investigation of NASDAQ stocks[J]. Journal of Financial and Quantitative Analysis, 1976(11): 359 - 380.

[271] Strotz R H. Myopia and inconsistency in dynamic utility maximization[J]. The Review of Economic Studies, 1955, 23(3): 165 - 180.

[272] Subbotin A I. Generalize solution of first-order PDEs: a dynamic optimization perspective[R]. Boston: Birkhauser, 1995: 45 - 80.

[273] Subrahmanyam A. Risk aversion, market liquidity, and price efficiency[J]. Review of Financial Studies, 1991(4): 417 - 442.

[274] Sun J, Li Z, Zeng Y. Pre-commitment and equilibrium investment strategies for defined contribution pension plans under a jump-diffusion model [J]. Insurance: Mathematics and Economics, 2016, 67(Supplement C): 158 - 172.

[275] Theissen E. Market structure, informational efficiency and liquidity: an experimental comparison of auction and dealer markets[J]. Journal of Financial Markets, 2000, 3 (4): 333 - 364.

[276] Thomas W A. The securities markets[M]. London: Philip Alian Publishers Ltd., 1989.

[277] Toft K. On the mean-variance tradeoff in option replication with transactions Costs[J]. Journal of Financial and Quantitative Analysis, 1996(31): 233 - 263.

[278] Tsai J, Wachter J A. Disaster risk and its implications for asset pricing[J]. Annual Review of Financial Economics, 2015, 7(1): 219 - 252.

[279] Vignola A J, Dale C. The efficient of the treasure bills futures market: an analysis of alternative specifications[J]. Journal of Futures Market, 1980, 1(2): 169 - 188.

[280] Von Neumann J, Morgenstern O. Theory of game and economic behavior[M]. New Jersey: Princeton University Press, 1947.

[281] Wachter J A. Asset allocation[J]. Annual Review of Financial Economics, 2010, 2 (1): 175 - 206.

[282] Wachter J A. Portfolio and consumption decisions under mean-reverting returns: an exact solution for complete markets[J]. Journal of Financial and Quantitative Analysis, 2002, 37(1): 63 - 91.

[283] Wang J, Forsyth P A. Continuous time mean variance asset allocation: a time - consistent strategy[J]. European Journal of Operational Research, 2011, 209 (2): 184 - 201.

[284] Wang J, Forsyth P A. Numerical solution of the Hamilton-Jacobi-Bellman formulation for continuous time mean variance asset allocation[J]. Journal of Economic Dynamics and Control, 2010, 34(2): 207 - 230.

[285] Wang Y, Rong X, Zhao H. Optimal investment strategies for an insurer and a reinsurer with a jump diffusion risk process under the CEV model[J]. Journal of Computational and Applied Mathematics, 2018, 328(Supplement C): 414 - 431.

[286] Guo W, Xu C. Optimal portfolio selection when stock prices follow an jump-diffusion process[J]. Mathematical Methods of Operations Research, 2004, 60(3): 485 - 496.

[287] Xiao J, Hong Z, Qin C. The constant elasticity of variance (CEV) model and the Legendre transform-dual solution for annuity contracts[J]. Insurance: Mathematics and Economics, 2007, 40(2): 302 - 310.

[288] Yao H, Chen P, Li X. Multi-period defined contribution pension funds investment management with regime switching and mortality risk[J]. Insurance: Mathematics and Economics, 2016, 71(Supplement C): 103 - 113.

[289] Yiu K. -F C, Liu J, Siu T K, et al. Optimal portfolios with regime switching and value at-risk constraint[J]. Automatica, 2010, 46(6): 979 - 989.

[290] Zarphopoulou T. Investment-consumption mode with transaction fees and Markov-chain parameters[J]. SIAM Journal of Control Optimization, 1992(30): 613 - 636.

[291] Zeng X, Taksar M. A stochastic volatility model and optimal portfolio selection[J]. Quantitative Finance, 2013, 13(10): 1547 - 1558.

[292] Zhang J, Tan K S, Weng C. Optimal hedging with basis risk under mean-variance criterion[J]. Insurance: Mathematics and Economics, 2017, 75 (Supplement C): 1 - 15.

[293] Zhang M, Chen P. Mean-variance asset-liability management under constant elasticity of variance process[J]. Insurance: Mathematics and Economics, 2016, 70(Supplement C): 11 - 18.

[294] Zhang P G. Exotic options: a guide to second generation options[M]. Singapore: World Scientific, 1998.

[295] Zhao H, Rong X. Portfolio selection problem with multiple risky assets under the constant elasticity of variance model[J]. Insurance: Mathematics and Economics, 2012, 50(1): 179 - 190.

[296] Zhou K, Gao J, Li D, et al. Dynamic mean-VaR portfolio selection in continuous time [J]. Quantitative Finance, 2017, 0(0): 1 - 13.

[297] Zhu D M, Xie Y, Ching W K. Optimal portfolios with maximum Value-at-Risk constraint under a hidden Markovian regime-switching model[J]. Automatica, 2016 (74): 194 - 205.

[298] Zhu S, Li D, Sun X. Portfolio selection with marginal risk control[J]. The Journal of Computational Finance, 2010, 14(1): 3.

[299] Zou B, Cadenillas A. Explicit solutions of optimal consumption, investment and insurance problems with regime switching [J]. Insurance: Mathematics and Economics, 2014, 58(Supplement C): 159 - 167.

索 引

B

保证金　13,14,67—71,73,118,181

报价驱动　5,14,17—19,21—25,28,
30,31,33,187

波动性　13,14,22,23,25,26,29,
33—35,43,118,162,165,166,189,
191

不完全复制　58

C

策略交易者　10,12,13,16

持有成本　67,187

存款保险定价　77—79,82,84—86,
88—91,187

E

二阶微分方程　118,164,188

F

非完全市场　41,51,55,56,59,60,
64—66,68,95,96,187,190

风险控制　1,14,93,118,127,151,
156,162,163,166—168,172,176,
188

风险平价　172,173,176,184,185

风险厌恶　9,12,46,151,163,165,
174—178

风险预算　168,171—173,176,184,
185,189

J

机制转换模型　182,183,185

集合竞价　14—20,24,27

几何布朗运动　47,79,95,102,107,
118,147,152,153,176,177,179—
181,183

交易策略　3,4,6,7,9,11,12,27,28,
32,65,93,96,97,114—117,143—
150,152,155,160—162,165,167,
186,188—190

交易成本　3—6,13,14,16,20—22,
24—26,28—31,47,182,184,190

交易机制　4,13—20,24—29,186,
187,190

交易效率　67,68,75,76

均值方差效用　151,162,163,167,
184,189

K

库存模型　190

L

离散时间　41,53,56,57,65,66,108,
152,155,166,178,187,190

连续竞价　14,17,19,20,24,25,27

连续时间　3,53,65,66,108,151,
152,155,162,166,173,177,179,
183,187,190

流动性 5,7,9—14,17,19—23,25—
　40,67,76,151,152,155,165—167,
　172,182,184,185,187,190,191,
　199,200,202,204
流动性度量 30,31,33,151,187
流动性风险度量 151,156,188,189

N

黏性解 97,111,112,114,140,141,
　143,147,193

Q

期权定价 3,41,47—53,55,62,64—
　66,77,78,84,85,90,128,180,187,
　189
期望损失 6,77—79,90,187
强复制 56—58,60
区间定价 41,51,55,56,59,61,62,
　64,65,187,190
确定性套利 41,51,55,57—59,63—
　65,187

R

熔断机制 14,15,23,186
融资融券 13,166

S

市场摩擦 68,182
市场深度 7,10,11,21,23,31—33,
　36,39
市场质量 16,20,23,25,26,28,29
瞬时冲击 153,160,164,189,191
算术布朗运动 151—153,155,162,
　178,189
随机波动率 177—181,184,185
随机控制 108,110,174,177
随机收益率 177,185

T

套利定价 1,3,41,46,47,49,51,
　54—57,59,61—67,69,76,138,
　187,189,190
投资策略 55,95—97,101—103,
　105—109,114,116,117,128,129,
　131,134,135,137,138,143,145—
　147,149,150,175,177—183,187,
　188,190
投资决策 95,96,108,109,113,
　117—120,124,128—131,136,138,
　139,141,142,147,150,171,187,
　188
透明度 13,20,22—24,26,27

W

完全复制 55,57,59,61—63
微分对策 95—97,107,138—150,
　187,188,192—196
微观结构 1,3—6,13,16,17,21—
　23,25—27,29—31,36,186,189,
　190
无套利区间 67—69,71,187

X

效用函数 96—98,102,104,105,
　107,109,110,128,129,131—134,
　136,151,174,176,177,181,185
信息模型 3,5,6,11,16,27,186,
　189,190
信用交易 13

Y

衍生产品 41,43,48,50,190
永久冲击 153,160,164,189,191
有效流速 34—36,38,39,202,204

Z

涨跌幅限制　14,15,23

知情交易者　7—12,32

执行成本　151,153—155,161,162,
165—167

值函数　95,97,100—105,108,110,
112,114,116,117,119,120,123—
127,129—135,137,139,140,143,
145—150,188,192—196

指令驱动　14,17—19,21,24,25,30,
32—34,187

资本充足率　78,79,87,91

资产定价　3,41,46,47,49,55,56,
58,59,68,138,171,173,177,180,
187,189—191

资产配置　151,168,170—185,189

最优消费　95—97,101—105,107,
178,187,188

做市商　3—12,14,17—19,21—32

后　记

庄子说："人生天地之间，若白驹之过隙，忽然而已"。转眼间大半个人生已经过，忆往昔，点点滴滴，学文化，谈理想，峥嵘岁月，学工学农，上山下乡，适应环境，磨炼意志。回忆起来，虽然也有酸甜苦辣，但也没有大的波折，一生谨小慎微，错过了许多机会，但也抓住了几次大的机遇，考大学、调工作、评职称、读博士和闯上海都是重大转折。小时候虽然出生在一个贫穷的家庭，生活窘迫，但父母含辛茹苦，孩儿也能勉强吃饱穿暖，无忧无虑、天真烂漫，经常与一群同伴玩捉迷藏、跳方格、滑冰车、抽冰猴和下五道等游戏，这些玩法都已经成为历史。小时候听大人们说要好好学习，争取考大学，当时也不明白为什么，不过我们学校那时候是十年一贯制，六年级以后我是数学课代表，经常讲解和回答同学们提出的数学问题。1982 年大学毕业第一次考研究生失败了，1986 年结婚成家以后逐渐感到有了压力和责任，但究竟为社会的发展、人类的进步做出了多大贡献，不能说没有贡献，但一定是微不足道的，我自认为起了大海里的一滴水的作用。

我于 1976 年 7 月至 1977 年 7 月，在吉林市化建第五中学任数学课教师兼班主任；1977 年 7 月至 1978 年 9 月，在吉林省舒兰县（现为舒兰市）金马公社参加劳动；1978 年 9 月至 1982 年 7 月，在吉林大学（原长春地质学院）学习，获学士学位；1982 年 7 月至 1984 年 5 月，在铁岭地质九队教育科任教员兼教学统计；1984 年 5 月至 1987 年 5 月，在辽宁省地质矿产局职工大学任教兼班主任；1987 年 5 月至 1995 年 3 月，在沈阳工业高等专科学校管理工程系任教（曾任三年教研室主任）；期间 1992 年 9 月至 1995 年 3 月，在东北大学管理科学与工程专业在职攻读硕士学位，研究方向是生产调度理论，硕士论文题目：JOB－SHOP 生产系统多目标调度问题研究，指导教师是东北大学工商管理学院黄小原教授；1995 年 3 月至 2000 年 2 月，在沈阳大学工商管理学院任教；期间：1996 年 9 月至 1999 年 7 月，在东北大学控制理论与工程专业在职攻读博士学位，研究方向是金融风险控制的理论与方法，博士论文题目：金融风险建模与控制的理论方法研究，指导教师是东北大学工商管理学院潘德惠教授。2000 年 2 月至今，为上海交通大学安泰经济与管理学院金融系教授，研究方向是金融工程与金融风险管理。

曾多次被评为沈阳大学优秀教师,沈阳市骨干教师,多次获得上海交通大学年终考核优秀奖,2018年被评为上海市优秀社会科学学会工作者。1983年在辽宁省地质矿产局职工大学期间主要讲线性代数、概率统计与线性规划,1987年在沈阳大学期间主要讲经济计划方法、经济活动分析、管理会计和成本会计,工作期间在东北大学获取了硕士和博士学位,那时对研究还不够重视,2000年来到上海交通大学做博士后,这期间逐渐对研究重视起来,主要感兴趣的方向是金融工程,更具体一点说是资本资产定价与风险管理,后来又对证券市场的微观结构理论有了浓厚的兴趣。出站后在上海交通大学管理科学与工程系,主要讲的课有运筹学、统计学、计量经济学、金融工程,金融风险管理和微观结构理论。这期间主要负责5项国家自然科学基金,参与了国家自然科学基金重大课题2项,重点课题3项,2003年负责完成上海市哲学社会科学课题《开放式基金流动性风险管理问题研究》,1998年负责完成了冶金工业部科研课题《JOB-SHOP生产系统调度理论问题研究》。在国内外核心期刊发表学术论文100余篇,其中英文期刊论文5篇,在国际和国内重要学术会议上发表论文数篇。出版专著4部,编写教材3本。虽然取得了一点点成绩,但所有取得的成绩,都离不开亲人、老师和朋友的帮助和支持。

首先,最应该感谢的是勤劳朴实的父母含辛茹苦的养育,心地善良的妻子默默无闻的奉献,血浓于水的兄妹甘于奉献的支持。特别要感谢具有远见卓识的中学数学教师庄雪芳,是她很早就预见要恢复高考,殷切期望我一定要努力考大学。我是在恢复高考的第二年、全国统一考试的第一年考上了全国重点大学吉林大学(原长春地质学院)。可以说没有大学打下的坚实数学基础,我就不可能读硕士和博士,也不可能有这本书的出版。因此,这里必须特别感谢大学期间给我上课的数学分析老师张锡令、线性代数老师付泽州、解析几何老师刘光清、常微分方程和泛函分析老师陈俊文、数学物理方法老师谢靖、计算方法老师姜佩仁、复变函数老师杨天行、实变函数老师邓本让和概率论老师夏立显。他们的辛勤耕耘和无私奉献,对我的培育、影响和灵魂的塑造,非笔墨所能形容。在此,谨向他们致以我深深的敬意和由衷的感谢!

作者还要感谢在攻读硕士学位期间,东北大学工商管理学院黄小原教授的精心指导和帮助。感谢在攻读博士学位期间,东北大学工商管理学院潘德惠教授的精心指导和无微不至的关怀,无论是博士论文选题,还是具体的研究内容,都浸透着导师的汗水和心血,字里行间都闪烁着指导教师智慧的火花。潘德惠教授严谨的治学态度,精益求精的钻研精神,心系国家、关心他人、严于律己、平易近人的处事风格和乐观豁达、积极进取的人生态度,深深地教育了我,不仅使我在知识上有了质的飞跃,而且使我深悟了做人的道理,这一切,使我受益匪浅。可以说,没有导师的精心指导,我就不可能获得博士学位。

作者还要衷心感谢上海交通大学安泰经济与管理学院的吴冲锋教授。在从事博士后研究工作的两年期间,始终得到了吴冲锋教授的精心指导。吴教授给予了我参与多项课题研究的机会,使我的研究能力得到了锤炼。他渊博的学识、深远的见地、扎实的功底、敏捷的思维、严谨的治学态度和对工作精益求精的敬业精神无一不让我敬佩。也正是他的言传身教和高标准、严要求才使作者有今天的进步。在此,谨向黄小原教授、潘德惠教授、吴冲锋教授表示我深深的敬意和由衷的感谢!

在我的学术生涯中,还要感谢郑立辉博士和东北大学工商管理学院樊治平教授的指点和帮助,感谢人生旅途中与我一起共同研究学习的老师与同学们,与他们的交往不仅使我感受到了集体生活的温馨,而且深深地认识到"一个人的力量有限,众人的智慧无穷"这一真理。还有其他因篇幅所限未能一一列出的同事好友,在此一并表达最衷心的谢意!

作者在写作过程中,参考了大量的著作和论文等文献,这些著作和论文对作者的研究思路有很大的启发,对本书的写作有很大的帮助。因此,借此机会也非常感谢这些著作和论文的编著者。

作者还要感谢上海国际金融与经济研究院、上海交通大学安泰经济与管理学院和上海交通大学出版社等相关部门的领导和老师的大力支持,感谢我的妻子郑春,她承担了本书的大部分校对工作,付出了辛苦的劳动,在此表示最衷心的谢意。